AN EQUAL
START?

保育政策の国際比較

子どもの貧困・不平等に
世界の保育はどう向き合っているか

ルドヴィクァ・ガンバロ／キティ・スチュワート／ジェーン・ウォルドフォーゲル〈編〉

山野良一／中西さやか〈監訳〉

大野 歩／鈴木佐喜子／田中 葵／南野奈津子／森 恭子〈訳〉

明石書店

AN EQUAL START?

edited by Ludovica Gambaro, Kitty Stewart, Jane Waldfogel

Copyright © 2014 by Policy Press

Japanese translation published by arrangement with The Policy Press

through The English Agency (Japan) Ltd.

謝　辞

　私たちは、その資金提供によってこのプロジェクトを実現可能なものにしてくださったナフィールド財団並びに、特に最初に指導していただいたシャロン・ウイザースプーンに本当に感謝申し上げます。また、このプロジェクトについての最初のアイデアを提示していただいたアリスン・ガーンハムにも特別な謝辞を表明します。

　私たちは、また専門家諮問グループを持てたことは幸運でした。彼らは、多くの時間を割いて、会議に出席いただき、プロジェクト全体を通して示唆に富む意見やフィードバックをいただきました。キャシー・シルヴァ、ナオミ・アイゼンシュタット、ポール・グレッグ、ブロンウェン・コーヘン、コレット・ファガンに感謝いたします。

　私たちは、2012年9月にロンドン・スクール・オブ・エコノミクス（LSE）において、筆者たちの会議を開催し、各国の事例を検討し、共通のテーマや政策的レッスンについて考え始めるようになりました。また、私たちは、非常に刺激的な日々をもたらした貴重な情報と洞察を提供し、結論を形成するのを助けていただいた、評論家とパネリストに感謝を申し上げたいと思います。専門家諮問グループのメンバー同様に、エバ・ロイド、デビッド・ピアショー、インゲラ・ナウマン、ウェンディ・シグラ＝ラシュトン、ヒーサー・ジョーシ、リズ・ワッシュブルック、サンドラ・メイザーズ、ミホ・タグマに感謝します。

　さまざまな会議やセミナーの場で、さらに 私^{インフォーマル}的 な形で、フィードバックをしていただいた、社会排除分析センター（CASE）の同僚に感謝します。打ち合わせ、予算、さらに大きなものから小さなものまでさまざまなことを整理していただいたジェーン・ディクソンに、本書をまとめ会議において援助していただいたシェリル・コナーに、最後の最後に助けていただいたベン・グラッブに、私たちは大きな借りがあります。私たちは、また社会政策局の同僚から、さまざまな点で貴重な情報とアドバイス

をいただきました。ジェーン・ルイスには、比較分析プロジェクトの意義と検討するべき国についての有用な初期の議論をしていただきました。スティーブン・ジェンキンスには、データの問題に関する議論をしていただき、イザベル・シュートは、デブ・ブレナンと連絡をとっていただきました。誠にありがとうございました。

　これは、「デイケア協会」（現在の「家族と児童福祉協会」）との共同プロジェクトであり、ケイト・グロッカットとジル・ラターによる全体を通じての尽力に感謝したいと思います。最後に、私たちと専門的な知識を共有し、すべての要望と締め切りに快く応じていただいた各国の事例研究者に感謝します。私たちはその共同作業から多くのことを学び、それをいっぱい楽しんで参りました。

保育政策の国際比較

子どもの貧困・不平等に世界の保育はどう向き合っているか

目 次

謝辞 3

第 1 章　はじめに　……………………………………………………………　9

ルドヴィクァ・ガンバロ Ludovica Gambaro
キティ・スチュワート Kitty Stewart
ジェーン・ウォルドフォーゲル Jane Waldfogel

第 2 章　イギリス　…………………………………………………………　45
保育・幼児教育への平等なアクセスは保証されているのか？

ルドヴィクァ・ガンバロ Ludovica Gambaro
キティ・スチュワート Kitty Stewart
ジェーン・ウォルドフォーゲル Jane Waldfogel

第 3 章　ノルウェー　………………………………………………………　75
普遍的で質の高い乳幼児期の保育をめざして

アンネ・リセ・エリンセター Anne Lise Ellingsæter

第 4 章　フランス　…………………………………………………………　105
質が高く費用負担の少ない保育・幼児教育システムについての教訓

ジャンヌ・ファニャーニ Jeanne Fagnani

第 5 章　オランダ　…………………………………………………………　135
質の高い保育への平等なアクセス

ユースフ・エムレ・アグンドゥス Yusuf Emre Akgündüz
ヤンネケ・プランテンガー Janneke Platenga

第 6 章 **ドイツ** ……………………………………………………………… 159

保育・幼児教育におけるアクセスと質をめぐる問題

パメラ・オーバーヒューマ Pamela Oberhuemer

第 7 章 **ニュージーランド** ……………………………………………… 189

乳幼児期の教育とケアに対する政策の転換に関する 1 つの
解説

ヘレン・メイ Helen May

第 8 章 **オーストラリア** ………………………………………………… 221

乳幼児教育と保育：混合市場体制における公正とは？

デボラ・ブレナン Deborah Brenan

マリアンヌ・フェネック Marianne Fenech

第 9 章 **アメリカ** …………………………………………………………… 249

低所得の子どもに対する質の高い幼児教育と保育の提供

キャサリン・マグナソン Katherine Magnuson

ジェーン・ウォルドフォーゲル Jane Waldfogel

第 10 章 共通した政策上の課題および教訓 …………………………… 279

キティ・スチュワート Kitty Stewart

ルドヴィクァ・ガンバロ Ludovica Gambaro

ジェーン・ウォルドフォーゲル Jane Waldfogel

ジル・ラター Jill Rutter

監訳者あとがき　315

【全章共通の訳注】

ペダゴジー（pedagogy）（形容詞ではペダゴジカル）

　北欧諸国やドイツなどでは、pedagogyという概念はソーシャルペダゴジー（社会的な教育学〈social pedagogy〉）と結びつくものとして捉えられている。すなわち、学校教育における体系的なカリキュラムと結びついた狭い意味での教育（education）に対して、pedagogyは学校教育外の生活を含めた包括的な人間のあり方を念頭において、人間が社会の中で生きるために必要なものを総合的に育む働きかけを表している。

セッション（session）

　「セッション型」（保育）は「全日型」（保育）の対概念と考えられる。1人の子どもの保育時間が計4時間を超えないものがセッション型保育であり、4時間以上の場合は全日型保育となる。

チャイルドマインダー（childminder）

　自分の家庭または子どもの家庭で子どもを保育する保育者。ただし、国によって状況が異なっており、家庭的保育とほぼ同様の役割を担っている場合からベビーシッターに近い場合まである。

資金調査（means test）

　何らかの社会サービスを利用するにあたって、その要件に該当するか否かを確認するために資産や所得などの状況を把握する調査。

＊為替レート

　参考として、本書が執筆された2012年（44頁参照）の8か国についての年間平均為替レート（円単位・各通貨購入時）は、ユーロ＝104.13、イギリス・ポンド＝130.49、ニュージーランド・ドル＝66.68、オーストラリア・ドル＝84.67、アメリカ・ドル＝80.82であった。

＊原文には表現・表記がないが、翻訳にあたってカッコを用いて注を加えたほうがよいと判断した場合は〔　〕で示した。

第1章 はじめに

ルドヴィクァ・ガンバロ Ludovica Gambaro
キティ・スチュワート Kitty Stewart
ジェーン・ウォルドフォーゲル Jane Waldfogel

ここ数十年の間に、世界各国で保育・幼児教育[訳注1]の推進は重要な政策的課題の1つに浮かび上がっている。1つの大きな推進力は、女性の社会進出だろう。それは、保育サービスの大幅な需要をもたらした。一方、政府が保育サービスを促進し補助しようとする動機はそれにとどまらない。イギリスなどでは、子どもの貧困に対する関心が政府を動かしてきたといえるだろうし、一方で大陸の欧州各国では移民に対する社会的排除を克服する必要性がその大きな要因になっている。世帯構造の変化が重要な契機となっている場合もある。離婚後の母子世帯に対して、伝統的に政府として支援をしてきた国においては、ひとり親の増加が財政的なプレッシャーをもたらしている。ドイツのような国では、ワークライフバランスを図ることが出生率を上昇させることにつながる政策と考えられてきた。

同時に、子どもの発達保障の観点から幼児教育の重要性に対する関心

訳注1　early childhood education and care（ECEC）本書では、「保育・幼児教育」と訳している。また、「保育」という訳語は時に幼児教育などを含む場合がある。なお、本章24～25頁において示されているように、各国独自の保育・幼児教育に関する用語法がある場合、各章において説明がなされている。

が高まっている。将来の可能性を広げるためには、人生早期の経験が重要であることをいくつかの研究はますます強調するようになっている（レビューとして Almond and Currie, 2011 を参照）。さまざまな国のエビデンスは、幼児教育を受けておくことがその後の学校教育で良い成績をもたらし、その効果は長く維持されることを指摘してきた（Heckman et al, 2010; Ruhm and Waldfogel, 2012）。

　保育・幼児教育のインパクトについての研究からは、特に2つのポイントが明らかになってきた。1つは、質の重要性である。子どもたちは、保育の質の良いところでこそ、多くのものを得る（Shonkoff and Phillips, 2000; Blau, 2001; Baker and Milligan, 2008; Sylva et al, 2011）。保育の質という概念は、国によって（または各国内においても）さまざまである。しかし、おおざっぱにいえば、大人との間で細やかで応答的で刺激のある環境にいることが子どもの能力を最も大きく伸ばすようだ。もし、ケアのあり方が劣悪であれば期待される効果は現れないばかりでなく、その施設は子どもの可能性をつぶしてしまうかもしれない。こうして、最も良質の保育施設とは、親が働いている間に子どもを預ける場所という価値より、はるかに大きなものを子どもにもたらすところである。と同時に、すべての施設が子どもの認知能力、社会性や情緒的な発達を促進できるわけではない。保育・幼児教育施設の中で何が起きているかが重要なのである。

　もう1つのポイントは、保育・幼児教育は社会的に不利な背景の子どもたちに最大の効果をもたらすということだ。そこにはいくつかの理由が考えられる。豊かな子どもたちは、家庭内で本や発達を促すおもちゃなどに接したり博物館や公園を訪れる可能性が高く、彼らはそこから知識の幅を広げ思考を刺激されるだろう。一方で、保育や幼児教育に参加することでより多くの効果を得ることができるのは、そうした経験が不足している子どもたちだろう。移民の子どもは、家庭内で親たちと母国語で会話しており、保育施設において学校入学前に自国語に接することができるだろう。家庭内で語彙の少ない環境で生活している子ども、狭い家屋で生活していて体をいっぱい使って遊べない子ども、まだ幼い弟や妹がいて、さらには経

済的なストレスから親が手をかけてあげられない子どもなどがいるだろう。

　こうして、保育・幼児教育は親、特に母親が家庭外で働き収入を得ることができるという利益をもたらすだけでなく、子ども自身も質の高い保育・幼児教育から利益を得ることができる。原理的には、ウィン・ウィンの関係がここには生じるように思える。質の高い保育は、短期的には所得の低さという貧困問題を改善することができる（中期的には、ジェンダー不平等に対処できる）、さらに長期的には子どもの学びの基礎を作り、将来の可能性を広げることができる。

　しかし、この「二重の利益」の可能性の**実現**には困難が伴うことははっきりしている。最も本質的な課題は、質の高い保育のためのコストは高いということだ。政府の予算が限られているとき、すべての子どもが保育を利用できるか否かという保育の量の問題の前に、保育・幼児教育の質の改善をしようという動きは後回しにされる。しかし、子どもの発達を促進させるという目的からすれば、どの子どもも保育へのアクセスが可能で費用が安く利用できれば事足りるかといえば、それは違うといわざるを得ないだろう。

　この本は、保育の量を拡大する一方で公平で質の高い保育のあり方を求めていくときに、8か国の政府が直面している課題点についての研究成果を示すものである。まずはイギリスである。イギリスでは、この15年の間保育のアクセスの問題と質の問題の両方の改善に向けて社会的な投資を重ねてきた。しかし、課題は継続したままだ。私たちは、これらの課題に取り組んできたさまざまな国の経験に関する比較研究が、新しい視点をもたらしてくれるのではないかと考えている。

　もちろん、各国の保育を供給するシステムや政策は国ごとでかなり異なる。例えば、フランスのようないくつかの国では、3歳以上のすべての子どものための学校を基盤としたサービスを提供するなど、しっかりした幼児教育システムを伝統的に持ち、さらにはより低年齢児の親たちに対する普遍的で金額も十分な保育利用補助金も提供している（Martin, 2010）。一方で、北欧では（各国で少しの違いはありながら）1960年代からペダゴジー

の伝統に基づいて保育・幼児教育のサービスは発展してきた。今や、子ども
の年齢間でほとんど差は見られない。こうした国々とは異なり、英語圏
の国々では歴史的に保育・幼児教育に対して、政府は消極的な役割しか果
たさず保育システムは発展してこなかった。ただし、オーストラリアは例
外であるが。

　このように発展の時期は異なりながら、現在すべての国は保育・幼児教
育の場を増やすことが求められており、その目的を達するうえでのディレ
ンマに直面している。この本では、異なる国ごとで、どのようにサービス
が運営されているか、その政策はどう設計されているかについて述べられ
ている。この本の目的は、即効性のある政策導入を求めるのではなく、む
しろ政策の文脈的な位置づけから学ぶ姿勢（その政策がどのような理由や背
景から導入され運営されているかに焦点をおく）を大切にしている。この本
の執筆者には同じ質問を投げかけている。あなたの国では、どのように社
会的に不利な子どもに質の高い保育・幼児教育を保障しているのか。彼ら
の答えは、政策面での詳細な説明と実証的なエビデンスに満ちている。ま
た、新しいアイデアと省察を与えてくれる。ただし、それらは明確な解決
策というより、どの国にも共通する政策的な課題に焦点をあてている場合
が多い。

　この章の残りは、次のような構造になっている。私たちは、まず保育・
幼児教育が子どもの成長に及ぼす影響についての最近のエビデンスにつ
いて議論する。次に、この本の目的についてもう少し詳細に論じる。さら
に、私たちが8か国を選んだ理由を述べるとともに、国際的なデータを
用いながら8か国の共通点と相違点を考察する。最後に、第2章以降で
述べる各国の状況についてごく簡単にまとめている。

なぜ、保育・幼児教育は重要なのか？　保育・幼児教育と子どもの成果（アウトカム）について私たちは何を知っているのか？

　ますます多くのエビデンスによって、子どもの発達にとっての保育・幼

第 1 章　はじめに

児教育の重要性、さらには教育面での、雇用面での、そして幅広い社会的な成果に及ぼす保育・幼児教育の長期にわたる潜在的なインパクトが示されている。最も早くは、アメリカにおける「ペリー就学前プロジェクト」を含む、小規模な試行的な事業に対する評価研究からもたらされたエビデンスであった。ペリープロジェクトは、ミシガン州においてランダムに割り当てられた特定の社会的に不利な子どもたちに質の高い幼児教育を提供するものだった。ペリープロジェクトに参加した子どもたちは、彼らが40代になるまで追跡研究がなされ、そのプログラムに在籍していたことによる長期に及ぶ効果が見出された。そこには、教育面での達成、雇用、賃金における改善に加え、犯罪行為が減ることによる社会的な利益を含むものであった（例として Karoly et al, 2005; Heckman et al, 2010 を参照）。ウォルドフォーゲル Waldfogel（2006）は、他の似たような実験的プログラムの評価においても、すべてで認知達成面において実質的な効果があったことを指摘している。

　サンプルサイズの小ささにもかかわらず、これらの評価研究は重要なものである。というのも、これらの研究におけるランダムに割り当てられた調査設計のあり方は、見出された効果は（プロジェクトに参加したゆえのものという）因果関係を持つものであり、教育に対する親の態度の違いなど、見えない違いを単に反映しているものではないことを示すからだ。しかし、それらは小規模で質の高い介入方法における、社会的に非常に不利な子どもたちに対するインパクトを示す確固たる道しるべとなるにもかかわらず、一方で普遍的または大規模なプログラムに関していえば、それらはあまり有益とはいえない（Baker, 2011）。これについては、欧州各国からのエビデンスがこの問題に光をあてつつある。欧州における研究群は、サービス提供のあり方や保育・幼児教育施設を利用できる年齢の地域ごとの違い、または厳密な計量経済学的手法を活用することによって、ランダム割り当ての調査設計ではないにしても、因果的な効果があったことを見出しつつある（レビューとして Ruhm and Waldfogel, 2012 を参照）。例えば、フランス、ノルウェー、デンマークの研究では、1960年代と1970年

代の普遍的な就学前プログラムの拡大がもたらした効果を、地域ごとの整備状況の違いを活用し調べているが、学力面での達成、将来の労働市場への参加においてポジティブな効果があったことを見出している（Havnes and Mogstad, 2011; Bingley and Westergaard-Nielsen, 2012; Dumas and Lefranc, 2012）。さらに最近では、アメリカのいくつかの州で普遍的なプリキンダーガーデン（prekindergarten）プログラムが導入されたが、それに関連する研究は子どもの読み書き能力や算数のスコアおよび社会情緒的な発達に短期的でポジティブな効果があったと指摘している（Gormley et al, 2005, 2008; Magnuson et al, 2007a, 2007b; Wong et al, 2008）。

　イングランドでは、「効果的な就学前教育プロジェクト」Effective Provision of Preschool Education（EPPE）という観察に基づく研究から最適なエビデンスが得られている。「効果的な就学前教育プロジェクト」EPPE は、1997 年にさまざまに異なるプリスクール施設において子どもを観察し、義務教育時における経過を追跡している。プリスクールに在籍した子どもたちは、そうでない子どもに比べ、小学校入学時において認知、社会行動面での成 果において優れた状況にあった（Sylva et al, 2004）。追跡研究では、ポジティブな効果は小学校の卒業時にもまだ明確であった（Sylva et al, 2008）。さらに、14 歳時についても、質の高いプリスクールへの在籍は、算数、科学、社会行動面における良い成 果と引き続き関連していた（Sylva et al, 2012b）。

　経済協力開発機構 OECD の教育に関する調査の分析である、国際学力調査 PISA は、また幼児教育が長期に継続する効果をもたらすことを示している。ほとんどすべての OECD 各国で、就学前教育に在籍した 15 歳の子どもの成績はそうでない子どもより優れていた。社会経済的な背景をコントロールした後でも、プリスクールの 1 年間の在籍は、33 ポイントのテストスコアの差と結びついていた。公 的な幼児教育施設への在籍であればほぼ 39 ポイントであった。同じデータを用いて、モスタファとグリーン（Mostafa and Green, 2012）は、仮にスウェーデンとイギリスが 1990 年代初期に普遍的なプリスクールプログラムを実施していたら、

第1章　はじめに

2009年のPISAのOECD成績表において、スウェーデンは7つ順位を上げ、イギリスは12位上げていたのではないだろうかとしている。

　全般論としての、幼児教育が及ぼす子どもの将来の成果へのポジティブな影響とは別に、この分野の研究からはさらなる2つのことが明確に見出されている。1つは、保育の質の問題である。すべての公的な保育が同等の質というわけではない。保育の質と子どもの成果の両方を評価した研究は非常に少なく、入手できるエビデンスは大部分が観察に基づくものである。しかし、結果はほぼ一致している。つまり、高いプロセスの質を持つ施設を利用することによって、子どもはより良い結果を残せる。高いプロセスの質を持つ施設とは、大人と子どもが思いやりのある応答的な関係を持てるところだ。これは、さらに特定の構造上の特徴、特に職員の資格と職員と子どもの比率とも関連している（例としてRuopp et al, 1979を参照。これはこの分野の非常に珍しい実験的な研究である。文献レビューとしてShonkoff and Phillips, 2000; Vandell and Wolfe, 2000; Blau, 2001を参照）。

　OECD-PISA分析は、保育の質の改善のために投資している国々の将来のテストスコアとプリスクール教育との強い関連性を見出している。また、イギリスにおける「効果的な就学前教育プロジェクト」EPPEの結果もまた質の重要性を強調している。EPPE研究は、教室内での実践および職員と子どもの相互作用の観察を含む、乳幼児期環境評価尺度Early Childhood Environment Rating Scale（ECERS）を用いて保育の質を評価している。質の高さは、特に高いレベルの資格を持つ職員が多いこと、養成教育を受けてきた教員の存在と関連していた。小学校入学時の成果に対する、プリスクールを経験していることの影響力は幼児教育の質が高いところでより高かった。質が低いプリスクール施設への在籍の場合は、在籍しない場合との比較で、11歳時点までにその効果がすべて消えていた。14歳までの時点では、唯一質の高い施設の効果だけが影響を残していた（Sylva et al, 2011, 2012b）。

　さらに、保育の質の低い施設での経験はネガティブな影響すらもたらすというエビデンスが存在する。保育補助金プログラム（それは、親以外の

大人による保育（non-parental childcare）の利用を大幅に促進した）について調査したカナダでの研究では、幼児の社会情緒的成果、健康、語彙に対してネガティブな影響が見られた。研究者は、これらの影響を部分的には親の健康および子どもとの関係性の質の悪化（それは、冷淡で一貫性のない養育態度につながる）のせいであるとしたが、部分的には利用された保育のほとんどが私的で質の悪いものであった事実によるものとしていた（Baker and Milligan, 2008; Lefebvre et al, 2011）。

　第二に明確に見出された点は、低所得や移民世帯の子ども、また学歴の低い親と暮らしている子どもの場合に最も大きな効果が得られていたということである。実際、多くの研究では、ポジティブな効果が得られたのはこうしたグループの子どもに限定されている（Ruhm and Waldfogel, 2012）。イギリスの「効果的な就学前教育プロジェクト」EPPE 研究では、質の良いプリスクールの効果は、社会的に不利な子どもの場合により高いものである（Sylva et al, 2011, 2012a）。プリキンダーガーデンと幼稚園の拡充に関するアメリカの研究では、親など家族が学歴が低い場合、低所得の場合、移民または英語以外の言語背景を持つ場合、さらに社会的な課題を抱える地域に住む場合により大きな効果があるとしている（Gormley et al, 2005, 2008; Magnuson et al, 2007a; Figlio and Roth, 2009; Fitzpatrick, 2010; Dhuey, 2011）。先に引用したデンマーク、フランス、ノルウェーでのプリスクールの拡充についての研究では、すべてで社会的に不利な子どもにより高い効果があった。特にデンマークとノルウェーの両方では、学歴の低い母親を持つ場合にそうした点が見出された（Havnes and Mogstad, 2011; Bingley and Westergaard-Nielsen, 2012; Dumas and Lefranc, 2012）。シュピースら（Spieß et al, 2012a）による研究（ドイツ）、およびフレドリクソンら（Fredriksson et al, 2010）の研究（スウェーデン）では、プリスクールへの在籍が移民の子どもと自国に生れた子どもの 12 歳または 13 歳の学力の格差を減らしていた。

　一方で、それらの研究によってあまり明確にされていない 1 つの課題は、3 歳未満の**低年齢**の子どもに対する保育・幼児教育の効果に関するも

第1章　はじめに

のだ。これまで引用してきた研究の大半は、3歳、4歳、5歳の子どもたちに対するプリスクールプログラムに焦点をあてている。3歳未満の子どもたちのための公的な保育提供の効果について研究したものは少ない。さまざまな文献で誕生後1年の間の母親の就労の影響について記述しており、健康面、認知面、社会行動面でのネガティブな影響（特に母親がフルタイムで働く場合に）を確認することで一致している。しかし、母親の代わりに利用される保育ケアの質、母親による養育ケアの質、さらにその就労がどの程度所得を上昇させるかにより影響力は異なるともされる（Waldfogel, 2006の議論を参照）。

　子どもの年齢が1歳、2歳のときの母親の就労は、子どもの認知面の成果にポジティブまたはニュートラルな影響を及ぼすと一般的にはされている。ただ、長時間に及ぶ集団による保育は社会面、行動面の成果に悪影響をもたらす（特に男児の場合）。この場合もまた、保育の質は重要であるようだ（Langlois and Liben, 2003; Waldfogel, 2006を参照）。こうした研究からは、集団による質の高い保育・幼児教育に参加することは、仮に短時間の参加であれば、1歳児と2歳児の発達にはポジティブな影響を与えるのではないかと推察できる（3歳児以上と同様である）。しかし、この点に関して焦点をあてている研究群（大部分は2歳児のもの）は、1つの結論に達していない。グーとモーリン（Goux and Maurin, 2010）のフランスにおける研究では、3歳の場合と違って、保育学校（nursery school）に2歳から在籍することには将来の学業達成との有意な関連性はないとしている（この研究は、保育学校が利用できるかどうかに地域ごとで違いがある点を利用して行われている）。一方、カイユ（Caille, 2001）による観察を基にした研究では、2歳から在籍した場合のほうが3歳からの場合と比較して、将来の学校生活において落第する可能性がわずかだが減るとしている（ただし、移民の子どもの場合に、より大きな結果がもたらされているが）。シルバ（Sylva, 2012a）によるイングランドでの研究では、3歳の場合と異なり、2歳からプリスクールに在籍を始めた場合では、中期に及ぶ有利さはほとんどないとしている。片や、フェルフェとラリーブ（Felfe and Lalive,

17

2011）のドイツにおける研究では、施設型の保育を受けている 0 歳児から 3 歳児では、標準的な子どもでは小さな程度の発達的な効果があり、低所得世帯の子どもにはより大きな長く続く効果があったとしている。

　要約すれば、ひとたび子どもが 3 歳に達すれば、プリスクールに在籍することが子どもに良い効果をもたらすことには強力なエビデンスが存在する一方で、3 歳になるまでに集団施設を利用することに懸念を持ったほうがいいかどうかについては明確な結果が出ていない。他方、3 歳以上の子どもたちに関しては、子どもがどこに在籍するか、つまりは保育の**質**が成 果^{アウトカム}に大きな違いをもたらすことを示すしっかりしたエビデンスが存在している。実のところ、この本の研究の対象となっているすべての国で、母親の就労の増加に合わせて 3 歳未満の子どもに対する公 的^{フォーマル}な保育の利用は増えている。乳児や年少児に対する公 的^{フォーマル}なサービスへのアクセスを確保し質の高いものとすることは、ますます優先していかなければならない政策的課題の 1 つとなっている。

この本のねらいと対象範囲

　ここまでやってきた文献レビューでは、質の高い保育・幼児教育は、女性の労働力参加を高めると同時に、子どもの発達にポジティブな効果をもたらすことができるという堅固なエビデンスを提示できたが、そのようなサービスをどう提供したらいいかについての道しるべ^{ガ イ ダ ン ス}となるものではなかった。この種の分析、つまりは政府など行政機関が介入可能な方法に焦点をあてた分析は、これまで主に OECD が担ってきた。特に、影響力を持ったのは、OECD 保育白書（Starting Strong）シリーズによって行ったレビュー分析である。このシリーズでは、各国の制度・施設の違いや保育・幼児教育に関連して生じる共通する政策的な課題についての細かな分析を行っている（OECD, 2001, 2006）。この本のアプローチの仕方も OECD 保育白書と同様であり、この本でカバーされる 8 か国の最新の報告を行う。しかし、この本ではある特定の視点から政策を眺望することをめざしている。それは、社会的に不利な子どもが質の高い保育を受けるのに各国の政

策がどの程度貢献できているかに焦点をあてるということである。

　この本で行われる政策の検討においては、3つの政策的なツールについて区分されている。供給（誰が、直接的に保育・幼児教育を提供するか）、規制、財源の3つである。この本で取り上げられているすべての国では、保育・幼児教育は程度の差こそあれ、3つのタイプの事業者による混合経済（mixed economy）体制によって供給されている。公営部門の事業者、非営利部門の事業者、さらに多くの場合民間営利部門の事業者である（3つが互いに並置し合う形で運営されている）。混合経済体制の存在はいくつかの理由で、重要かつ興味深いものである。1つには、誰が事業者であるかによって、利用可能なサービスのあり方は決まってしまうからである。数か国では、職員の資格、倫理や姿勢（ethos）、利用可能な時間の長さなどが部門ごとでかなり異なる。事業者ごとで差異があるのは、親たちが自分のニードにあったサービスを選択できる可能性が拡がることを意味する。しかし、それはまた細分化（fragmentation）を導くかもしれない。つまり、年齢ごとに、また一年や一日を通しての利用期間ごとに、あちこちの異なる事業者を利用することになってしまい、子どもたちは分断化され、または一貫した保育・幼児教育を受けることができない。

　次に、さまざま事業者が存在するということは、政府や自治体の役割をかなり複雑にする。政府など行政機関が直接的にサービスを提供する場合（義務教育システムではそれがほとんどだが）、どの程度の支出をしたらいいか、どうやって支出したらいいか、保育の質をどう改善しモニターしたらいいかという課題は残る。しかし、非営利事業者や営利事業者が加わると、サービスの費用や質を行政機関がどう改善したらいいかという点はさらに大きな課題となる。その場合、行政機関は2つの広い意味での政策的なメカニズムを持っている。財源と規制である。その2つを効果的に展開して、子どもの発達と就業中の親たちに十分な保育を提供するという2つの目標を達成するには、多くの政策的なディレンマに遭遇することになる。例えば、行政機関は保育の質に対する規制にフォーカスするべきなのだろうか？　それとも、保育・幼児教育の価格をコントロールすること

を企てるべきなのか？　すべての施設に対する高い基準の規制が必要なのだろうか？　それとも、親は自分の子どもには最適の保育・幼児教育の基準を選ぶだろうと親の選択を基にして、政府など行政機関は市場が自由に展開することに委ねるべきなのだろうか？　もし、後者であるならば、低所得世帯の子どもが質の高い施設という選択肢から価格の問題で排除されることをどうやって防ぐことができるのだろうか？　行政機関は、強制的な方法を使わずに質の改善を促し動機《インセンティブ》づけられるのだろうか？　そして、政府や自治体が営利事業者に補助金を出す場合、その財源が（利益ではなく）質の改善につながることをどう保証できるのか。

　これらは、この本で考察を始めようとする課題である。私たちの目標は、これらの問題に取り組んでいるさまざまな国の経験から学ぶことである。それをやりとげるために、理論ではなく実際に起きている（nuts and bolts）政策についての、実証的なエビデンスを伴った詳細な議論を集めることをめざしている。実際のところ、社会的に不利な子どもは保育・幼児教育をどの程度利用できているのか、また彼らが利用している保育の質はどうなのかについてのエビデンスである。この種類の実証的なエビデンスは、必ずしも簡単に手に入れられるものではない。なぜなら、政府など行政機関がこの問題に目を向け始めたのは相対的に最近のことであり、また行政組織の責任は伝統的に部門ごとに縦割りになっており、多くの場合公的な統計はつぎはぎ状態であり、社会的に不利な子どもに特化した情報が含まれていることは稀であるためだ。より良いデータを収集することは、OECDがこの領域において提案することの1つである（OECD, 2006, 2011c）。社会的に不利な子どもに対して各国の政策が、実際のところどの程度首尾よく作用してきたかを解明するために、この本の各国の章において、筆者たちは上記のような課題があるにもかかわらず、最新の行政機関のデータまたは研究データも交え、さまざまな出所からの情報を集めながら、また時に最近のデータを新たに分析することで巧みにやり遂げている。

　国際比較研究の利点とは、幅の広いさまざまな政策やシステムのあり方を吟味できるところである。しかし、なかなか大変な課題を抱えることに

第1章　はじめに

もなる。最初に、最も重要な点として、保育・幼児教育システムは国内の社会経済システムや文化的な価値観・規範と深く関連していることである。この点は、比較研究をする研究者が十分に検討してきたところであり、サービス提供のあり方のさまざまな側面についても触れてきた（例として Michel and Mahon, 2002; Cameron and Moss, 2007; Kremer, 2007; Leira and Saraceno, 2008; Scheiwe and Willekens, 2009）。また、保育・幼児教育は、子どもを経済的に支えながら日々育てていくという二重の役割を背負う家族たちを、政府や自治体がどの程度サポートしていくべきかという点に関するさまざまな応答のあり方を反映している（Gornick and Meyers, 2003; Lewis, 2006; Saraceno, 2011）。さらに、学校教育システムの各国の違いを保育・幼児教育は反映する（Moss and Penn, 1996; Scheiwe and Willekens, 2009）。もっと一般的には、保育・幼児教育政策のあり方とは、資源とサービスの分配システムにおいて市場の影響力をどの程度重要と考えるかについての、各国ごとの特定の価値観や実情と関連している（O'Connor et al, 1999）。まとめていえば、子どもたちの保育と教育システムにおける各国ごとの違いとは、歴史的な展開の違いに深く関連し、家族と市場と政府のさまざまな関係性のあり方を反映している。

　この本では、最近の政策的な展開にしっかり焦点をあてているが、各国の実情は固有な歴史的な経過についても言及しながら（参考文献とともに）紹介されている。しかし、ここでこの本の目的を確認しておくべきであろう。それは、各国ごとの違いの**原因**を理解することよりも、むしろそれらのシステムの違いが子どもたち、特に社会的に不利な子どもたちにどのような**結果**をもたらしているかを探ることである。この点からすれば、各国間の背景の違いはそれほど重要ではない。さらにいえば、政策的な手段（供給、規制、財源）の違いに注目しながら、他方で政策の選択肢の**組み合わせ**がどのように社会的に不利な子どもに影響をしているかをこの本では考察している。こうして、私たちはこの本全体を通して各国内のさまざまな政策間で生じる可能性のある、緊迫関係や相乗作用について焦点をあて続けていく。そうすることで、詳細な政策のあり方に注目するという私た

21

ちの姿勢が、それらが生起する背景を無視した各国個々の特徴についての議論のみをもたらさないようにしている。

　異なる国の経験を結びつけようとするときの2番目の課題は、保育の質についての認識と関連している。問題は二重（twofold）になっている。各国で保育の質についての意味合いが多少異なるという問題だけではなく、保育の質というものが異なる次元の内容を包含する広い概念であるという点である。保育の質に単一の基準が存在しないことはよく知られているが、子どもたちのニードに応答的に反応しその発達を促進するサービスであるために、いくつかの点は不可欠のものであると考えられている。それらの点には、以下のようなことを保証するための十分な資源と基準が含まれているだろう。子どもたちが安全でいること、職員に十分な賃金保障がなされていること、一定の養成教育を受けた職員であること、そして施設において行われている実践が高度にペダゴジカルな価値を有する種類のものであることだ。こうした条件はごく当たり前に見えるが、それらは数か国では達成できていない。それらの条件が達成できている国では、現在の政策的システムによってそれらの条件が支えられている。

　保育の質については、他の側面もまた重要である。例えば、フランスでは保育の質の重要な側面の1つとして、個人が育つ環境において、多様な人々と接するというソーシャルミックス（social mix）の点が充足されているかというものがある。それは、乳幼児期のサービスは社会的結束（social cohesion）に寄与すべきだという考え方を反映している。同じように、保育・幼児教育の連続性も、一部の国では重要な価値を持ち、適切に追及されてもいる。しかし、そうでない場合もある。

　私たちが直面する最後の課題は、社会的不利についての定義に関することだ。不利な子どもがおかれている社会的状況と特徴は、この本で考察されている国々の間で実にさまざまである。1つには、不平等と貧困のレベルは、後ほど述べるように、考察されている国々の間で著しく異なっている。さらに、各国では必ずしも社会的不利な状況のすべての側面が目立っているわけではない。所得は重要な側面であり、この本でも多くの筆者た

第1章　はじめに

ちが触れていることである。しかし、他の側面もまた重要である。移民であることは、調査されているいくつかの国で主要な要素である。特にドイツ、ノルウェー、オランダにおいてである。また、マオリやアボリジニの子どもたちの社会的状況は、ニュージーランドとオーストラリアの章で議論されている。こうして、社会的不利の定義は、特定の国の文脈に合わせるために各章**内**で行われている。しかしながら、スペースの関係で触れられなかった重要なテーマの1つとして、障がいに関することがある。障がいには、さまざまなカテゴリーがあり、ある障がいの子どもは特定のサービスシステムによって支援を受けるかもしれないが、他の障がいの子どもはそうではないかもしれない。深く議論すれば、各章の筆者たちは、これらの問題を掘り下げてくれるかもしれないが、単純にスペースが不足しており残念ながらできなかった。しかし、本書はこのテーマを研究するにあたって、有用な出発点を提示している。補助金不足と規制の少ないシステムは、すべての子どもに対する不十分なサービスにつながるが、特別なニードを持つ子どもたちについてはなおさらである。

国　々

　この本における比較研究は、以下の8か国を含んでいる。オーストラリア、フランス、ドイツ、オランダ、ニュージーランド、ノルウェー、イギリス、アメリカである。事例研究の対象の選定を、主に3つの基準をもとに行った。1つは、先進工業国に限定した。地球規模で多くの地域で保育・幼児教育対策の発展には興味深いものがある（例として参照：発展途上国における自主的な動きについての概観としてPenn, 2004）。一方で、私たちはイギリスと同等の所得レベルの国における対策のあり方を探求したかった。次に、この本では、さまざまな部門の幅のある事業者によって保育・幼児教育の提供がなされている国を選び、サービスの大部分を政府・自治体が直接的に行っている国を除いた。先に記した通り、多様な事業者が含まれているところでは、財源の問題やサービスのあり方を規制するのはかなり複雑になる。3点目に、私たちはさまざまに異なる国の経験を把

握することと、最近改革に着手するか、ここまで指摘してきた課題に積極的に取り組んでいる国を包含することを追求した。

　こうして選ばれた国は、何点かの共通性を持っているが、一方でまた非常に異なってもいる。特に、「混合経済」サービスに含まれる組織は、国によってさまざまに異なるタイプとなっている。イギリスでは、保育・幼児教育の一部は政府・自治体によって、一部は営利組織や非営利組織（の両方）によって供給されている。営利型施設の中では、商業的なチェーン組織の目立つ存在がある。オーストラリア、ニュージーランド、アメリカでも起きていることである。商業的な事業者の存在は、この本で私たちが探求している重要な論点の提起につながる。ドイツのような他の国々では、政府・自治体と非営利部門との協力という強力な伝統がある。非営利部門は、幼児教育施設の大部分を運営しているのだが、保健や教育など他のサービスの運営にも深くかかわっており、より幅広い状況の中で運営がなされている。

　また、幼児期のサービスが伝統的に主として教育なのか、または主として保育なのか、さらに完全に統合されているのかどうかについての違いがある（Kaga et al, 2010; Moss, 2010）。フランスでは、2層システムの強い伝統が目立っている。3〜5歳は学校システムの中で対応されており（義務教育ではないが）、「保育」は3歳未満の子どもに関係するものだ。ノルウェーとニュージーランドは統合システムを持っている。子どもの教育と保育は文部科学省の責任下にあり、その言葉の最も広い意味での教育と考えられている。また、教育と保育の区分は他の国ではあいまいであり、プリスクールと保育サービスの間は重なる部分が存在する。

　この重なり具合は、保育と教育の歴史的な区分をサービスの拡大があいまいにさせたという事実を反映している。両方の目的に合致するサービスを提供することは、歴史的に統合された制度のない国においてでさえ、今やますます渇望されている。これに関連して、「保育・幼児教育」ECECという用語も、この本で議論されているサービス群を一括して表すのに最適な言葉であると広く受け入れられている。私たちは、各章の筆者にこの

第 1 章　はじめに

用語を使うように促してきたが、ところどころでは、ある国において一般的とされている言葉が使われている（例えば、ノルウェーでは 1 ～ 6 歳の子どものためのサービスとして、「保育施設」〈kindergareten〉が使われている）が、それはより自然であろう。異なる用語法が使われている場合は、各章の筆者はそれぞれのやり方で（それぞれの章において）説明し意味をはっきりさせている。

　この節の残りでは、私たちは 8 か国に関する何点かの社会的状況データを示す。このことで、その後に続く事例研究の背景を理解する準備となる。

　表 1.1 からは、直近の数値における各国間の類似点と相違点が見える。1 つの明確な違いは、人口規模である。世界の中でも人口規模の小さないくつかの国（ノルウェーとニュージーランド）と大きな国の 1 つ（アメリカ）が含まれている。一方で、すべての 8 か国は高所得の国である。だが、1 人あたりの GDP はニュージーランドの 2 万 5000 ドル（購買力平価）からその約 2 倍のノルウェーまでの範囲がある。すべては豊かな国なのだが、8 か国の所得分布は非常に異なっている。子どもの貧困と所得の不平等が OECD 平均より高い 4 つの英語を母国語とする国と、4 つの平等な欧州の国で隔たりがある。ひとり親の割合もかなり異なっている。最も低いオランダの 11％から最も高いアメリカの 26％である。こうした違いは、明確に保育・幼児教育の整備と関連性がある。ひとり親世帯では、保育に対する非常に高い需要があるだろう。一方で、子どもの貧困率の高い国では、質の高いサービスを提供することは、より重要であり、かつコストがかかる難問となるだろう。同時に、子どもの貧困率は費用が安く信頼ができる保育サービスが利用できるかどうかをある程度反映している。もう 1 つの保育の需要に影響する人口統計的な要因は出生率である。それは、ドイツを除いたすべての国で OECD 平均より高い。

　表 1.2 は、女性と母親の労働市場参加の指標である。女性の就労率はすべての場合で OECD 平均並みか高く、アメリカ（70％）からノルウェー（84％）まで幅がある。しかしながら、パートタイム労働と母親の就労の両方に関係する興味深い相違点が生じている。パートタイム労働はオラン

25

ダではごく一般的であり（56％）、またドイツ、イギリス、オーストラリア、ニュージーランドでも一般的であり、おおよそ女性の労働の3分の1がパートタイムである。これは、パートタイムが例外的である、フランス、ノルウェー、特にアメリカの状況と対照的である。子どもの誕生後最初の数年間の就労と関連して、この本の8か国のうち6か国では、最初の3年の間に仕事に就くのはかろうじて女性の半分にとどまっている。ここでは、オランダ（69％）とノルウェー（81％）が目立っている。3〜5歳の間にその差はわずかに縮まるが、ノルウェー（88％の母親は働く）と他の国々（働いているのは3分の2以下である）で隔たりはまだ残っている。

表 1.1　事例研究対象国の社会背景統計

	人口 （100 万） 2011	1 人あたり GDP（ド ル・購買 力平価） 2009	ジニ係数 2008	子どもの 貧困率 （%） 2008	ひとり親 の割合 （%） 2007	出生率 2009
オーストラリア	22.6	34,259	0.315	14.0	16.8	1.90
フランス	63.1	29,578	0.293	9.3	13.5	1.99
ドイツ	82.2	32,255	0.295	8.3	15.0	1.36
オランダ	16.7	36,358	0.294	9.6	11.1	1.79
ニュージーランド	4.4	24,706	0.330	12.2	23.7	2.14
ノルウェー	4.9	47,676	0.250	7.8	25.0	1.98
イギリス	62.4	32,147	0.342	13.2	21.5	1.94
アメリカ	313.1	41,761	0.378	21.6	25.8	2.01
OECD 平均			0.314	12.3	14.9	1.74

注：1 人あたり GDP は 2005 年のドル・購買力平価で表示されている。オーストラリアのジニ係数は 2007/08、ニュージーランドとイギリスは 2008/09。子どもの貧困率は、等価可処分所得の中央値の 50％未満の家庭に住む子どもの割合を示す。イギリスの数字は 2007年。ひとり親の割合は、ひとり親と一緒に暮らす 0 〜 17 歳の子どもの割合を示す。ノルウェーの数値は 2011 年。
出典：人口と GDP は、国連開発計画 UNDP 人間開発データベース（http://hdr.undp.org/en/statistics/）。子どもの貧困率は、OECD 社会指標、Society at a Glance（2011）。
ジニ係数は、所得分配と貧困に関する OECD データベース（www.oecd.org/els/social/inequality）。ひとり親の割合と出生率は OECD（2011b）。ノルウェーのひとり親の数値は、Statistics Norway（www.ssb.no/barn/）。

第 1 章　はじめに

表 1.2　事例研究対象国の女性の就労率

	25～54 歳女性の就労率（%）2009	女性全体の中のパートタイム労働の割合（%）2009	末子が 3 歳未満の母親の就労率（%）2007	末子が 3～5 歳の母親の就労率（%）2007
オーストラリア	72	34	48	n/a
フランス	77	21	54	64
ドイツ	75	39	36	55
オランダ	80	56	69	68
ニュージーランド	74	30	45	61
ノルウェー	84	22	81	88
イギリス	74	35	53	58
アメリカ	70	14	54	63
OECD 平均	71	22	52	61

注：パートタイム雇用のデータは、アメリカの場合 2005 年。オーストラリアの母親の雇用データは 2005 年、ノルウェーは 2009 年。
出典：OECD（2011b）。ただし、ノルウェーの母親の雇用については、Meld St 6 (2010–11) likelønn［均等賃金における男女平等］Table 6.1。

　表 1.3 は、2008 年時点における子どもの異なる年齢ごとの保育・幼児教育の在籍率を示している。数か国では、その後、在籍率にかなりの上昇が見られている。それについては、各国の章で議論されるのだが、表 1.3 の数値は OECD によって発表されている国際比較ができる最新の数値である。3 歳以上になると在籍率は、オーストラリアとアメリカを除くすべての国で少なくとも 80％に達している。4 歳以上になると、この 2 か国を除き事実上普遍的な状況になっている。もちろん、表 1.3 からは以下のような点は見えない。在籍が短時間_{パートタイム}なのか全日制のものなのか、保育として幼児教育として十分なものなのか、子どもたちは高学歴の養成教育を受けてきた職員と接することができるのか、職員と子どもの比率はどうなのか、社会的に不利な背景の子どもたちは最も質の高い保育・幼児教育を受ける割合が最少であったり、そこから疎外される割合が最高だったりしていないか。こうした疑問は、各国の事例研究の中で探究され、最終章でこの問題を再度議論したい。

表 1.3 保育・幼児教育の在籍率 (%) 2008

	3 歳未満	3 歳	4 歳	5 歳
オーストラリア	29	12	53	100
フランス	42	99	100	101
ドイツ	18	87	95	96
オランダ	56	n/a	100	99
ニュージーランド	38	88	95	100
ノルウェー	51	92	95	96
イギリス	41	82	97	99
アメリカ	31	36	58	73
OECD 平均	30	60	80	92

注:3 歳未満の在籍率は、保育所でのグループケア、1 人以上の子どもを自宅でケアして
いる登録されたチャイルドマインダー、および子どもの家庭でケアを提供する保育などの
公的な保育についてのもの。3 ～ 5 歳の在籍率は、公的な就学前教育サービスへの在籍や、
一部の国では 4 歳や 5 歳の小学校への在籍についてのもの。オランダの 3 歳児についての報
告された数字(1% 未満)は信じがたい(implausible)ものであり、ここでは含まれていな
い。いくつかの国では、2008 年以降、特に 3 歳未満については大幅に在籍率が増加した。
出典:OECD 家族データベース(Family Database)(www.oecd.org/els/social/family/database)

　表 1.3 からは、3 歳未満の子どもたちの在籍率は、それ以上の年齢に比
べてかなり低く、かなりばらつきがあることが見え、ドイツの 18％が最
も低くオランダの 56％が最も高くなっている(一方、2012 年までにドイツ
ではこの年齢グループは 27％になったが)。低年齢の子どもたちの低在籍率
は、子どもたちが 1 歳になるまでは親たちを家にとどまるように支援す
る各国の加速する動きを部分的には反映している。図 1.1 は、アメリカを
例外として他のすべての国では、出産休暇と育児休暇の組み合わせで、少
なくとも 9 か月間はひとりの親が家庭にとどまることができる権利が保
障されており、実質的には少なくとも 1 年間はすべての国(アメリカを除
いて)で可能であることを示している[1]。この休暇のすべてが給付の対象と
なっているわけではないが、ノルウェー、フランス、ドイツでは少なくと
も 9 か月の間は賃金の満額と**同じ額**が支給される[2]。
　1 歳と 3 歳の間の在籍率の違いは、(関連する)要因の組み合わせを反
映している可能性が高い。母親の就労、公的な施設の費用、アクセスの

28

第 1 章　はじめに

図 1.1　事例研究対象国における出産・育児休暇政策

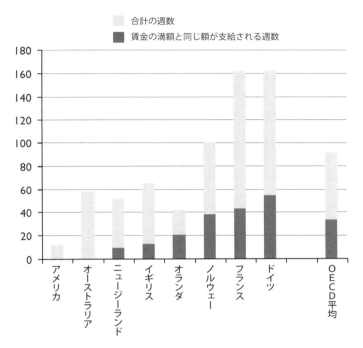

注：図は、出産・育児両休暇において権利保障される週数を示している。出産休暇の数字だけでは誤解を招くこともある。なぜなら、一部の国では短期間の出産休暇と両親がともに取得できる長期の育児休暇の組み合わせがあるためである。「賃金の満額と同じ額が支給される週数」は、その期間中に請求者が受け取った平均支給額の水準として、満額が支給される休暇の期間を示す。支払いには育児手当が含まれる（例えば、フランスの 職業自由選択補足手当〈*Complément de libre choix d'activité*〉）。オランダでは、父親は 26 週間の休暇をとる権利があり、母親にその権利を譲渡することはできない。これは図には示されていない。
出典：OECD（2011b, Figure 4.1）。データは 2008 年のもの。2011 年にオーストラリアでは 18 週間の最低賃金での有給休暇、パートナーにはさらに 2 週間の休暇の権利保障が導入された。これは図に反映されていない。

しやすさ、質の高さ、さらに 1 歳と 3 歳の間の子どものための公的な保育・幼児教育に対しての価値観についてどの程度多様性を持っているか（これらの点は、先にこの章で議論されてきた相反するさまざまなエビデンスをそれぞれ反映しているようだ）。各国の章で示されるように、3 歳以上と未満で子どもが利用できる選択肢に違いがないのは、この本の研究ではノルウェーのみであった。ノルウェーでは、ソーシャルペダゴジー的な伝統の一部として、保育施設の在籍は 1 歳、2 歳の子どもたちも 3 歳以上と同様にその発達にポジティブな価値があると広く受け入れられており、1 〜 6 歳の子どもすべてに対して同じ保育施設でケアが提供されている。多くの国では、3 歳未満の子どもへの保育・幼児教育の場の提供は、子どもの発達に関する必要性よりも労働市場の動因によって（子どもではなく親たちが必要な場合に）実施されている。ただし、数か国では（イギリス、フランス、ドイツを含む）、親の就労にかかわらず 2 歳児に対する短時間保育・幼児教育の提供を行おうという動きがある。

　最後に、表 1.4 は保育・幼児教育、他の「現物支給」（家族サービスを含む）への公的支出に関する OECD による数値を示している。ここには、保健や住宅など広い意味での社会政策は含まれていない。これらの数字は、各国間の全般的な支出の違いと年齢ごとの支出のあり方に対する大ざっぱな案内を提示してくれる。例えば、イギリスとニュージーランドは 3 歳と 5 歳の間の子どもに集中して支出をしているが、フランスはより均等に分散している。こうした数値は、興味深い社会的背景についての情報を提供しており、読者はそれらの国の章を読んだときに振り返りたくなるかもしれない。だが、いくつかの点で少し注意をしてこれらの数値は使われるべきである。この種の国際的な比較では避けられないことではあるが、各国が正確に同じカテゴリーを用いて把握しているのかという疑問がある。加えて、ここでは子ども 1 人あたりの数値は所得の中央値に対する割合として算出されているが、それは各国の国民総所得と所得分布によって異なる。ノルウェーは豊かであり、かつ相対的に平等な国であり、所得の中央値はイギリスより高い。こうして、子ども 1 人あたりの平均的な

第 1 章　はじめに

表 1.4　子ども 1 人あたりの保育・幼児教育・他の現物給付に対する公的支出
（就労年齢世帯の所得の中央値比）2007（%）

子どもの年齢	オーストラリア	フランス	ドイツ	オランダ	ニュージーランド	ノルウェー	イギリス	アメリカ
0	4.1	19.3	2.8	11.8	0.7	7.0	2.6	1.7
1	6.0	19.3	3.0	12.0	1.0	10.5	2.6	1.2
2	6.5	25.0	7.5	12.1	1.4	14.1	4.8	1.3
3	11.1	36.5	21.1	12.3	34.4	31.2	41.2	8.2
4	23.5	37.0	23.3	36.7	38.2	32.7	45.3	12.4
5	31.7	37.0	23.5	37.0	24.6	33.0	30.8	15.6
0 〜 5 歳平均	13.8	29.0	13.5	20.3	16.7	21.4	21.2	6.7
全現物給付支出（GDP 比）（%）	0.65	1.66	0.75	1.39	0.79	1.45	1.13	0.55

注：子ども 1 人あたりの支出額は、保育・教育と「その他の現物給付」を含む。後者は、家族のためにだけ（例えば、家族へのアウトリーチ援助活動）行われるものの費用をカバーしている。保健や住宅のような他の社会政策の領域の支出は、含まれていない。直接税を考慮に入れているために、最下列で提示されている数値は OECD social expenditure database のものと異なる。
出典：OECD（2011b, Figures 1.11, 2.4）

支出は 2 つの国で同じようだが、ドル換算為替平価ではノルウェーはイギリスより高い（実際、子どもへの公的支出の合計額の国民総生産比では表の最下部の行にあるように、ノルウェーはより多く支出している）。にもかかわらず、これらの数値は、異なる国における保育・幼児教育に対する投資の大きさと様相を大まかに考える場合の便利なツールとなる。私たちは、結論の章で再度ここに戻ってくるだろう。

　各国の章を紹介する前に、一般的な注（note）を 1 点伝えておきたい。費用徴収と補助金を議論するときに、各章の筆者は頻繁に自国の通貨単位を用いる。解釈を助けるために、為替変換表をこの本では用意している。この章の付録 1.1 をご覧いただきたい。

各国の章についての概略

　第 2 章以降は、イギリスから始める。ルドヴィクァ・ガンバロ Ludovica Gambaro、キティ・スチュワート Kitty Stewart、ジェーン・ウォルドフォーゲル Jane Waldfogel が書いているように、イギリスを構成する 4 つの国の保育・幼児教育対策はこの 15 年の間にとてもよくなってきた。しかし、社会的に不利な子どもたちが質の高い保育・幼児教育にどの程度アクセスできているかについては、まだかなりの格差や課題点が存在している。短時間制のプリスクールでの教育を受ける権利の保障とは、3 歳、4 歳のほとんどすべての子どもが保育・幼児教育の機会にいくらかでも接することができることを意味する。しかし、保育の質と権利保障以外のアクセスの問題についての懸念は残っている。経済的な支援は働いている親だけが利用でき、仮に利用できても、保育・幼児教育にかかる子ども 1 人あたりのコストの少なくとも 30 ％を払わなければならない部分的な補助金にすぎない。イギリスの保育・幼児教育の質に関しては、職員の資格が他の国に比べ低い。特に、大部分を占める民間・非営利・独立（PVI）部門では低いのだが、低所得家庭の子どもたちがこの部門の質の低い施設に在籍している割合が高いというエビデンスがある。地方自治体は、地方資金提供方式によって奨励金を与えられ質を上げることを促進されているが、PVI 部門は質を上げるための追加の資金提供をほとんど、またはまったく得ていない。権利保障はあるとしても、施設が質を上げられるのは、そのコストを親たちに転嫁できた場合のみに可能であり、親たちが払っている費用はすでに高い。イギリスで肯定的に評価できるのは、貧困な地域の 3 歳、4 歳の子どもたちは、豊かな地域の子どもたちよりも相対的に公立の施設に在籍している可能性が高いということだ。そこには、資格を持つ職員がいる。イギリスの状況は、課題を多く抱えるものだが、その章の筆者たちは状況改善に向けていくつかの提案をしている。公立の保育学校を拡大することによって、権利保障をより確かなものにすること（2 歳児も含む）、すべての施設で職員の資格のレベルを高め平等にすること、親

第 1 章　はじめに

たちの費用負担を下げるために低年齢児をカバーする供給側への補助金を
拡充することなどである。

　アンネ・リセ・エリンセター Anne Lise Ellingsæter によるノルウェーの
章では、興味深いイギリスとの対照例を提示している。「保育施設」への
普遍的なアクセスは 1 〜 6 歳の子どもたちの社会権の 1 つとして法制化
されており、この年齢のグループのほとんど（90％）が在籍している。イ
ギリスと同様に、民間部門は実際のサービス供給をかなり担っている（す
べての施設の半分は民間部門のものである）。しかし、イギリスの場合と異
なり、このことが質の高い保育・幼児教育の提供のさまたげにつながっ
ていない。その理由の大部分は、保育・幼児教育の職員の教育レベルに
よる。職員には、大学を卒業した保育施設教諭（petagogus）たちの割合が
高い。筆者が議論するように、最近の政策的取り組みは、費用負担の少
ないサービスへのアクセスを拡充することとサービスの質を高めること
に焦点をあてている。それらは、低所得世帯や親が学歴の低い子どもの
社会的包摂^{ソーシャルインクルージョン}に関して良い結果をもたらしている。

　フランスは、ノルウェーと同様に、保育・幼児教育界のリーダーの 1
つである。しかし、ジャンヌ・ファニャーニ Jeanne Fagnani による章に書
かれているように、フランスは 3 歳以上の子どもに対する質の高い保育
学校での普遍的なプリスクールの整備を成し遂げているが、3 歳未満の子
どもたちに対する保育・幼児教育の供給では課題を抱えている。保育の場
が不足しており、在籍率には社会階層で濃淡がある。働いていない親、低
所得の親、または学歴の低い親の子どもの場合、社会的に有利な子どもに
比較して在籍率が低く、特に保育所（crèches）への在籍は低い傾向がある。
その不足状況に対応するために（また、非熟練労働者の女性の就労機会を拡
大するために）、政府はチャイルドマインダー（childminder）の供給を増や
すことを進めている。ただ、多くの親たちは、自由に選択できるとするな
らば、質が高いと親たちにみなされている保育所のほうを望むことだろ
う。このような供給面での課題は、仮に保育の質を落とすことにつながっ
たとしても（例えば、資格の低い職員の採用や職員と子どもの比率の悪化を認

33

める）、利用できる保育の場を増やそうという、最近の政策的な取り組み
の方向につながってしまうことを意味する。

　オランダの保育・幼児教育のシステムは、ユースフ・エムレ・アグ
ンドゥス Yusuf Emre Akgündüz とヤンネケ・プランテンガー Janneke
Plantenga による第5章によって知ることができるように、やはり社会階
層によって違いがある。民間の保育所は、働いている親たちの乳幼児への
ケアを提供している。多くの場合、短時間制の保育だが、全日制でかつ年
単位で在籍することもできる。公的な資金を提供されているプレイグルー
プは、対照的に子どもの発達を主目的とするものだが、2〜4歳だけを重
点的に対象としており、また週に約10時間、年間42週のみカバーして
いる。中心となる目的が異なるために、プレイグループがサービスを提供
するのは、低所得の家族の子どもたち、マイノリティの背景を持つ子ども
たちのほうが多い。また、プレイグループは社会的に不利な子どもたちに
特別なプログラムも実施している。この章の筆者たちは、子どもたちが受
けている2種類のプログラムの相対的な保育の質について、2歳児に対す
る Pre-COOL 調査のデータを用いて分析し新しいエビデンスを提示して
いる。それによると、安心できる結果として、プレイグループで行われて
いる保育ケアの平均的な質は、民間の保育所でのケアと少なくとも同じ
程度のものであることがわかった。これによって、低所得家庭やマイノリ
ティの子どもたちは、プレイグループの在籍率が高いことによって不利益
をこうむっているわけではないことがわかった。しかし、筆者たちは民間
保育所部門内の比較では、高所得家庭の子どもは低所得の場合と比べ質の
高い保育を受ける傾向があることを見出している。

　最後の欧州の事例はドイツである。パメラ・オーバーヒューマ Pamela
Oberhuemer が書いているように、ドイツは保育・幼児教育部門の急速な
整備拡大を経験している。ジェンダー平等、女性の労働力参加、子どもの
教育的達成、社会的リスクのあるグループ（特に、移民の背景を持つ家族の
子どもたち）の社会的包摂などに対する注目がその動機となっている。
その変化は、伝統的に保育の整備が遅れていた、西部地域において目ざ

ましいものがある。1996年から3歳以上のすべての子どもは、保育施設または家庭的保育への在籍の権利保障がなされている。その権利保障は、今、1歳や2歳にまで延ばされようとしている。しかし、これまでのところ、より低年齢の子どもが保育・幼児教育を利用しているのは、高学歴、高所得の家族たちが大半である。部分的には、それはこうした家族の母親たちは、働いている可能性が高いからである。3歳以降は権利保障がなされているにもかかわらず、低年齢の移民の子どもはそうでない子どもと比べ、3歳未満でも以後でも在籍している割合は低い傾向がある。

　次の2つの章は、ニュージーランドとオーストラリアである。ヘレン・メイ Helen May は、過去20〜30年の間にニュージーランドで起きた、保育・幼児教育政策の顕著な変化について記述している。この間、ニュージーランドでは、3〜4歳の子どもたちに対するプリスクールの普遍的な権利保障および3歳未満の子どもたちへの補助金制度の確立、さらに政治的な公約として保育・幼児教育部門の職員を100％資格のあるものにするという点を含む保育の質の改善目標があった。ニュージーランドでは、現在、財政削減の時期に入っているが（例えば、3歳と4歳の子どもの権利保障のための予算は凍結され、職員の資格の目標も100％から80％に変えられた）、社会的に最も不利な子どもたちの保育・幼児教育のアクセスや質を高めるための予算は使えるようにしているのは、少なくとも部分的には上記のような目的に沿うものである。こうした改革の最終的な効果（社会的に不利な子どもたちにとって、またシステム全体として）がどうなるかは今後の課題として見届けられるべきであろう。

　オーストラリアにおける保育・幼児教育も、また改革が現在進行中である。しかし、連邦制という独自性がある。デボラ・ブレナン Deborah Brenan とマリアンヌ・フェネック Marianne Fenech は第8章において、現在の連邦政府の動き（すべての子どもに学校入学前の1年に、養成教育を受けてきた教員による質の高いプリスクール教育を提供することを含む）を記述している。そこには、「乳幼児期の学習枠組み」（early years learning framework）を通して質を改善しようという努力もある。しかしながら、

地域ごと、州ごとの格差は残っている。第8章では、低所得世帯の子どもが保育の質の改善に伴い保育料の面で排除されていないかについての危惧を指摘している。費用が在籍の障壁となってはならないという政府の意図はあるのだが、プリスクールは無償ではない。在籍することは普遍的に認められているのものではなく、低所得世帯の子どもは高所得の場合と比較して在籍率が低い傾向がある。さらなるオーストラリアが抱える複雑な要因としては、営利事業者を含んだ民間部門が大きな役割を担っていることである。

　最後の事例として、アメリカは一部オーストラリアと似ている。キャサリン・マグナソン Katherine Magnuson、ジェーン・ウォルドフォーゲル Jane Waldfogel が述べているように、連邦政府と州（さらに地方自治体）で責任はバラバラである。また、オーストラリア同様に、民間部門（営利事業者を含む）が大きな役割を担っている。さらに、オーストラリア同様に、在籍率には大きな格差が目立ち、低所得家庭の子どもと移民の子どもが全体としての在籍率、また公的な学校または施設型の保育への在籍率が低い傾向がある。低所得家庭の子どもたちが在籍している保育の場は高所得家庭の場合と比べ平均的に質が悪い。筆者たちは、格差を減らす最近の政策的な動きを論じている。そこには、低所得家庭の子どもたちのための連邦政府によるヘッドスタートプログラムを拡大・改善する取り組み、連邦・州政府による質改善の取り組み、そして州政府および地方自治体による3歳、4歳児へのプリキンダーガーデンプログラムの拡充が含まれている。

政策的な含意

　この本の結論については、ルドヴィクァ・ガンバロ Ludovica Gambaro、キティ・スチュアート Kitty Stewart、ジェーン・ウォルドフォーゲル Jane Waldfogel、ジル・ラター Jill Rutter が各国の研究から導き出した政策的な含意について第10章で議論している。各国の背景、またそれぞれの課題はさまざまだが、いくつかの共通するテーマが現れている。ここで短

く要約すると、無償かつ普遍的な保育・幼児教育（3～4歳におけるイギリス、フランス、ニュージーランド）が在籍率の高さをもたらす、最も効果的な方法であるということを筆者たちは主張している。一方、費用がかかる場合は所得に連動した、また所得階層の底辺にある家族にやさしい費用制度であること、さらに補助金制度は働く親たちだけでなく働いていない場合もカバーされるものであることが重要である。また、補助金制度は透明性があり安定したものであるべきであり、少なくとも直接的に政府から事業者に給付されるという選択肢が存在するべきであること、また還付のための手続きの必要がないものとするべきだとされている。税額控除、還付制度よりも、所得連動型の保育料制度（フランス、ノルウェー、ドイツを含む多くの国で運用されている）のほうが在籍率の高さをもたらすことのできる最も単純な方法であるだろう。

　保育の質の高い施設における在籍を低所得世帯の子どもたちに保証する最も効果的な方法は、全体の基準を上げることである。保育・幼児教育の質に対する理解は、異なる国々でほとんど変わらない。カリキュラム、監査、構造的な指標、それぞれに対する重点のおき方には違いはあるが、職員の資格を重くみることは共通している。すべての子どもたちは、大学を卒業した教員または乳幼児期のケアの専門家に接することで効果を得ることができるが、社会的に不利な子どもたちが最も高い効果を得る。

　保育料を伴うサービスの質の改善があったとしても、低所得世帯の子どもたちが費用の問題で排除されないためには、最低基準による規制強化が重要であり、補助金はすべての事業者に均等であるよりも、保育の質の改善（例えば、職員の資格レベル）と連動させるべきである。これによって、事業者は質の向上のための費用を親に転化させずに済み、親たちは追加の重い費用負担なしに質の高い施設を選ぶことができる。質と関連した補助金は現時点では稀である。しかし、ニュージーランドは1つの例を提供している。社会的に課題を抱える地域の供給側に提供される補助金（ウェールズやイングランドの義務教育学校で利用されている「生徒割り増し金」に似ているもの）は、親たちが経済的に余裕のない地域の保育の質を向上させ

るには重要な方法である。

　また、この本では営利部門を含む、「混合経済」型の供給体制を運用している国々からの教訓も導き出している。混合経済型システムにおいて、事業者同士の競争自体が質の向上をもたらすというエビデンスは、各国の研究では見出されていない。おそらく質のよさ、悪さは、親が簡単に見分けられるものではないために、オランダの例が提示するように、事業者間の競争は、保育料によって主になされてしまうようである。イギリス、アメリカ、オーストラリアを含む数か国は、質についての格づけを発表することにより親たちに質の違いに敏感になるように促している。しかし、前述のような方策がなければ、この方法は質の高い保育・幼児教育へのアクセスに対する、社会経済的な大きな階層差をもたらす可能性があることを政策立案者は認識するべきである。ノルウェーにおける最近の営利事業の拡大は、営利部門は質が高く平等な供給システムを形成できることを示している。しかし、ノルウェーでこれができるのは、この部門に対する寛容な政府の資金提供を通じて、職員の資格に関する最低基準の高さ、保育料と事業者が受け取る利潤の制限などの厳格な規制システムがうまく働いているからのようである。さらに、ノルウェーの営利部門はまだ相対的に小規模であり、オーストラリアの経験は大企業を含む財力を持った部門となれば、営利部門は規制を強化する改革に抵抗できる政治的な力をもつことを示している。

　最後にこう結論づける。確かに、現在よりもっと効果的に予算を使う方法はあるかもしれないし、質に関する異なる面の予算を互いにトレードオフ交換することによって（例えば、職員の資格の高さの面に財源を回すために、職員１人あたりの子ども数を少し増やすなど）、効果をもたらすことができるかもしれないが、最終章での提案は質とアクセスの両方を改善するためにはより多くの公的な支出が必要になるということだ。最終章は、以下のように主張している。この研究対象となった多くの国では、国民総所得に対するさらなる割合を保育・幼児教育に投資するべきである。この投資は、短期的には母親たちがより容易に就労に参加できることを通じて、長

第1章　はじめに

期的には子どもたちの長期のライフチャンス（life chance）を高めること
で、子どもの貧困を減らし経済成長につながることで完済されるはずであ
る。少なからず重要なことだが、この投資はすべての社会的背景の乳幼児
の現在のウェルビーイングもまた保障するものである。

注

1　オランダでは、育児休暇は家族の権利ではなく個人の権利として制度化されて
いる。両親の間で権利を譲り渡すことはできない。父親は、主に賃金保障のない
26週間の育児休暇を取得する権利があり、柔軟に取得できる（例えば、短時間の
取得など）。父親と母親の両方がそれぞれの休暇を取る場合、累積期間は1年以上
となる。

2　ここでは、休暇の合計期間は、給付の水準によって重みづけされている。例え
ば、ドイツでは、給付は12か月間純所得の67％である。

文献

Almond, D. and Currie, J. (2011) 'Human capital development before age five', in O. Ashenfelter and D. Card (eds) *Handbook of Labor Economics*, Amsterdam: North Holland, Vol 4, Part B, pp 1315–486.

Baker, M. (2011) 'Innis Lecture: Universal early childhood interventions: What is the evidence base?', *Canadian Journal of Economics*, vol 44, no 4, pp 1069–105.

Baker, M. and Milligan, K. (2008) 'Maternal employment, breastfeeding, and health: Evidence from maternity leave mandates', *Journal of Health Economics*, vol 27, no 4, pp 871–87.

Bingley, P. and Westergaard-Nielsen, N. (2012) 'Intergenerational transmission and day care', in J. Ermisch, M. Jantti and T. Smeeding (eds) *From Parents to Children: the Intergenerational Transmission of Advantage*, New York: Russel Sage Foundation, pp 190–203.

Blau, D. (2001) *The Child Care Problem*, New York: Russell Sage Foundation.

Brennan, D. (2002) 'Australia: Child care and state-centered feminism in a liberal welfare regime', in S. Michel and R. Mahon (eds) *Child Care and the Welfare State Restructuring: Gender and Entitlements at the Crossroads*, New York and London: Routledge, pp 95–112.

Caille, J.P. (2001) 'Scolarisation à 2 ans et réussite de la carrière scolaire au début de l'école élémentaire', Éducations and Formations, vol 60, pp 7–18.

Cameron, C. and Moss, P. (2007) *Care Work in Europe: Current Understandings and Future Directions*, London and New York: Routledge.

Dhuey, E. (2011) 'Who benefits from kindergarten? Evidence from the introduction of state subsidization', *Educational Evaluation and Policy Analysis*, vol 33, no 1, pp 3–22.

Dumas, C. and Lefranc, A. (2012) 'Early schooling and later outcomes', in J. Ermisch, M. Jantti and T. Smeeding (eds) *From Parents to Children: the Intergenerational Transmission of Advantage*, New York: Russel Sage Foundation, pp 164–88.

Felfe, C. and Lalive, R. (2011) *How Does Early Childcare Affect Child Development?*, Mimeo, University of St Gallen.

Figlio, D. and Roth, J. (2009) 'The behavioral consequences of prekindergarten participation for disadvantaged youth', in J. Gruber (ed) *The Problems of Disadvantaged Youth: An Economic Perspective*, Chicago, IL: University of Chicago Press, pp 15–41.

Fitzpatrick, M.D. (2010) 'Preschoolers enrolled and mothers at work? The effects of universal prekindergarten', *Journal of Labor Economics*, vol 28, no 1, pp 51–85.

Fredriksson, P., Hall, C., Johansson, E.A. and Johansson, P. (2010) 'Do preschool interventions further the integration of immigrants? Evidence from Sweden', in E.A. Johansson (ed) *Essays on Schooling, Gender and Parental Leave*, Economic Studies, 121, Uppsala: Department of Economics, Uppsala University, pp 45–68.

Gormley, J., Gayer, T., Phillips, D. and Dawson, B. (2005) 'The effects of universal pre-K on cognitive development', *Developmental Psychology*, vol 41, no 6, pp 872–84.

Gormley, W.T., Phillips, D. and Gayer, T. (2008) 'Preschool programs can boost school readiness', *Science*, vol 320, no 5884, pp 1723–4.

Gornick, J.C. and Meyers, M. (2003) *Families that Work: Policies for Reconciling Parenthood and Employment*, New York: Russell Sage Foundation.

Goux, D. and Maurin, E. (2010) 'Public school availability for twoyear olds and mothers' labour supply', *Labour Economics*, vol 17, no 6, pp 951–62.

Havnes, T. and Mogstad, M. (2011) 'No child left behind: Subsidized child care and children's long-run outcomes', *America Economic Journal – Economic Policy,* vol 3, no 2, pp 97–129.

Heckman, J.J., Moon, S.H., Pinto, R. and Savelyev, P.A. (2010) 'The rate of return to the HighScope Perry Preschool Program', *The Journal of Public Economics*, vol 94, no 1–2, pp 114–28.

Kaga, Y., Bennett, J. and Moss, P. (2010) *Caring and Learning Together*, Paris: UNESCO.

Kamerman, S.B. and Kahn, A.J. (2000) 'Child and family policies in an era of social policy retrenchment and restructuring', in K. Vleminckx and T.M. Smeeding (eds) *Child Well-being, Child Poverty and Child Policy in Modern Nations: What Do We Know?*, Bristol: Policy Press, pp 501–26.

Karoly, L.A., Kilburn, M.R. and Cannon, J.S. (2005) *Early Childhood Interventions: Proven Results, Future Promise*, Santa Monica, CA: RAND Distribution Services.

Kremer, M. (2007) *How Welfare States Care: Culture, Gender and Parenting in Europe*, Amsterdam: Amsterdam University Press.

Langlois, J.H. and Liben, L.S. (2003) 'Child care research: An editorial perspective', *Child Development*, vol 74, no 4, pp 969–75.

Lefebvre, P., Merrigan, P. and Roy-Desrosiers, F. (2011) *Quebec's Childcare Universal Low Fees Policy 10 Years After: Effects, Costs and Benefits*, CIRPEE Working Paper 11-01 (www.cirpee.org/fileadmin/documents/Cahiers_2011/CIRPEE11-01.pdf).

Leira, A. (2002) *Working Parents and the Welfare State: Family Change and Policy Reform in Scandinavia*, Cambridge: Cambridge University Press.

Leira, A. and Saraceno, C. (eds) (2008) *Childhood Changing Contexts*, Bingley: Emerald.

Lewis, J. (2006) 'Introduction: Children in the context of changing families and welfare states', in J. Lewis (ed) *Children, Changing Families and Welfare States*, Cheltenham and Northampton, MA: Edward Elgar, pp 1–24.

Magnuson, K.A., Ruhm, C. and Waldfogel, J. (2007a) 'Does prekindergarten improve school preparation and performance?', *Economics of Education Review*, vol 26, no 1, pp 33–51.

Magnuson, K.A., Ruhm, C. and Waldfogel, J. (2007b) 'The persistence of preschool effects: Do subsequent classroom experiences matter?', *Early Childhood Research Quarterly*, vol 22, no 1, pp 18–38.

Mahon, R. (2006) 'The OECD and the work/family reconciliation agenda: Competing frames', in J. Lewis (ed) *Children, Changing Families and Welfare States*, Cheltenham and Northampton, MA: Edward Elgar, pp 173–97.

Martin, C. (2010) 'The reframing of family policy in France: Actors, ideas and instruments', *Journal of European Social Policy*, vol 20, no 5, pp 410–21.

Michel, S. and Mahon, R. (eds) (2002) *Child Care and the Welfare State Restructuring: Gender and Entitlements at the Crossroads*, New York and London: Routledge.

Moss, P. (2010) 'Early childhood education and care', in S.B. Kamerman, S. Phipps and A. Ben-Arieh (eds) *From Child Welfare to Child Well-Being*, Dordrecht: Springer, pp 371–84.

Moss, P. and Penn, H. (1996) *Transforming Nursery Education*, London: Paul Chapman.

Mostafa, T. and Green, A. (2012) *Measuring the Impact of Universal Preschool Education and Care on Literacy Performance Scores*, LLAKES Research Paper 36, London: Centre for Learning and Life Chances in Knowledge Economies and Societies (www.llakes.org).

O'Connor, J.S., Orloff, A. and Shaver, S. (1999) *States, Markets, Families: Gender, Liberalism, and Social Policy in Australia, Canada, Great Britain, and the United States*, Cambridge: Cambridge University Press.

OECD (Organisation for Economic Co-operation and Development) (2001) *Starting Strong: Early Childhood Education and Care*, Paris: OECD.

OECD (2006) *Starting Strong II: Early Childhood Education and Care*, Paris: OECD. 〔OECD 編著、星三和子・首藤美香子・大和洋子・一見真理子訳（2011）『OECD

保育白書——人生の始まりこそ力強く：乳幼児期の教育とケア（ECEC）の国際比較』明石書店〕

OECD (2011a) *PISA in Focus: Does Participation in Pre-primary Education Translate into Better Learning Outcomes at School?*, Paris: OECD.

OECD (2011b) *Doing Better for Families*, Paris: OECD.

OECD (2011c) *Starting Strong III: A Quality Toolbox for Early Childhood Education and Care*, Paris: OECD.

Penn, H. (2004) *Childcare and Early Childhood Development Programmes and Policies: Their Relationship to Eradicating Child Poverty*, Childhood Poverty Research and Policy Centre Report No 8, London: CHIP.

Ruhm, C. and Waldfogel, J. (2012) 'Long-term effects of early childhood care and education', *Nordic Economic Policy Review*, no 1, pp 23–51.

Ruopp, R., Travers, J., Glantz, F. and Coelen, C. (1979) *Children at the Center: Summary Findings and their Implications*, Cambridge, MA: Abt Books.

Saraceno, C. (2011) 'Childcare needs and childcare policies: A multidimensional issue', *Current Sociology*, vol 59, no 1, pp 78–96.

Scheiwe, K. and Willekens, H. (eds) (2009) *Childcare and Preschool Development in Europe: Institutional Perspectives*, Basingstoke: Palgrave Macmillan.

Shonkoff, J.P. and Phillips, D. (2000) *From Neurons to Neighborhoods: The Science of Early Childhood Development*, Washington, DC: National Academy Press.

Spieß, C.K., Buchel, F. and Wagner, G.G. (2003) 'Children's school placement in Germany: does kindergarten attendance matter?', *Early Childhood Research Quarterly*, vol 18, no 2, pp 255–70.

Sylva, K., Melhuish, E., Sammons, P. and Siraj-Blatchford, I. (2011) 'Preschool quality and educational outcomes at age 11: Low quality has little benefit', *Journal of Early Childhood Research*, vol 9, no 2, pp 109–24.

Sylva, K., Melhuish, E., Sammons, P., Siraj-Blatchford, I. and Taggart, B. (2004) *The Effective Provision of Preschool Education (EPPE) Project: Final Report*, London: Department for Education and Skills.

Sylva, K., Melhuish, E., Sammons, P., Siraj-Blatchford, I. and Taggart, B. (2008) *Final Report from the Primary Phase: Preschool, School and Family Influences on Children's Development during Key Stage 2 (7–11)*, Research Report DCSF-RR061, London: Department for Children, Schools and Families.

Sylva, K., Melhuish, E., Sammons, P., Siraj-Blatchford, I., Taggart, B., Hunt, S. and Jelicic, H. (2012a) *The Effect of Starting Pre-school at Age 2 on Long Term Academic and Social-behavioural Outcomes in Year 6 for More Deprived Children: Analyses Conducted for the Strategy Unit*, London: Department for Education.

Sylva, K., Melhuish, E.C., Sammons, P., Siraj-Blatchford, I. and Taggart, B. (2012b) *Effective Pre-school, Primary and Secondary Education 3–14 Project (EPPSE 3–14): Final*

Report from the Key Stage 3 Phase: Influences on Students' Development from Age 11–14, Research Report DfERR202, London: Department for Education.

Vandell, D.L. and Wolfe, B. (2000) *Child Care Quality: Does it Matter and Does it Need to be Improved?*, Washington, DC: Office of the Assistant Secretary for Planning and Evaluation, US Department of Health and Human Services.

Waldfogel, J. (2006) *What Children Need*, Cambridge, MA: Harvard University Press.

West, A. (2006) 'The preschool education market in England from 1997: Quality, availability, affordability and equity', *Oxford Review of Education*, vol 32, no 3, pp 283–301.

Wong, V.C., Cook, T.D., Barnett, W.S. and Jung, K. (2008) 'An effectiveness-based evaluation of five state pre-kindergarten programs', *Journal of Policy Analysis and Management*, vol 27, no 1, pp 122–54.

付録 1.1　為替レート

	オーストラリア・ドル[a]	ユーロ[b]	ニュージーランド・ドル[c]	アメリカ・ドル[d]	イギリス・ポンド[e]
オーストラリア・ドル	1	1.24	0.78	0.97	1.53
ユーロ	0.8	1	0.63	0.78	1.23
ニュージーランド・ドル	1.28	1.59	1	1.23	1.96
ノルウェー・クローネ	6.03[f]	7.48	4.71[f]	5.82	9.22
アメリカ・ドル	1.04	1.28	0.81	1	1.59
イギリス・ポンド	0.65	0.81	0.51	0.63	1

注：提示されている為替レートは、各中央銀行によって報告されている 2012 年の「スポット為替レート」の年間平均である。各列は、対象通貨が最大いくら購入できるかを示している。

出典：a オーストラリア準備銀行：統計、過去の為替レート
　　　b 欧州中央銀行：統計ウェアハウス——為替レート——二国間金利
　　　c ニュージーランド準備銀行：統計——為替レート——二国間金利
　　　d イングランド銀行：統計インタラクティブ・データベース——米ドルに対する毎日のスポット為替レート
　　　e イングランド銀行：統計インタラクティブ・データベース——英ポンドに対する日々のスポット為替レート
　　　f ノルウェー銀行：為替レート

第2章 イギリス

保育・幼児教育への平等なアクセスは保証されているのか？

ルドヴィクァ・ガンバロ Ludovica Gambaro
キティ・スチュワート Kitty Stewart
ジェーン・ウォルドフォーゲル Jane Waldfogel

はじめに

　イギリスにおいて、保育・幼児教育は1990年代半ばから、政策課題として重要な位置を占め続けている。1997年から2010年にかけての労働党政権下では、反子どもの貧困運動を背景として、保育の拡大は極めて重要な政策課題であった。同時に、平等なライフ・チャンス（life chance）促進に向け、幼児教育の重要性を示す研究は増加し、それらは質の高い幼児教育による「二重の利益」も示していた（DfES et al, 2002: 29）。1997〜2007年の間、5歳未満の子どもに対する保育サービスへの支出額は実質的に3倍にも増加し、そのスピードは他のどの政策よりも早かった（Sefton, 2009）。今のところ、2010年に政権についた保守自由民主党連立政権は、保育の補助金を減らし、代わりに、社会的に不利な2歳児への幼児教育拡大を含め、社会的流動性に関する政策課題の1つとして幼児教育に傾倒している。

45

15年という長い歳月をかけて保育対策は進んでいる一方、社会的に不利な子どもたちが質の高い保育・幼児教育にどの程度アクセスできているかについては、いまだ考慮すべき格差と課題がある。3歳未満の限られた子どもたちのみが依然として割高である公的な保育を経験し、社会的に不利な子どもたちほど公的な保育を経験しない傾向が強くあることは、エビデンスとして示されている。3、4歳児の短時間保育事業は無償であり、ほぼ普遍的に全国一律ではあるが、特に3歳児に関しては、いまだに格差がある。いくつかの評価基準でみると保育の質は向上しているが、ばらつきが大きい状況は変わらない。

本章では、イギリスの5歳未満の子どものための保育・幼児教育に関する主要政策について述べることから始める。さらに、質の高い保育サービスへのアクセスの平等性に対して、その政策がどのように効果的に働いているのかを問うこととする。まず、イギリスにおける保育システムとその利用状況の説明から始める。次に、各サービス間での子どもの在籍状況および保育の質の違いについてのエビデンスを確認する。最後に、このような状況と政策的枠組みとの関連性について考察する。

この話は少々複雑である。なぜなら、イギリスは4つの国（nation）——イングランド（イギリス人口84％在住）、スコットランド（8％）、ウェールズ（5％）、北アイルランド（3％）——から成り立っているからである。税制度はウエストミンスターのイギリス国会が管理しているが、スコットランド、ウェールズ、北アイルランドの自治政府は、それぞれの国において、保育・幼児教育および教育政策を含めた、ほとんどの政策分野の権力を保持している。[1]

混合型供給、多様な保育の質

イギリスにおける保育・幼児教育では、多様な保育サービスが5歳未満の子どもたちに提供されている。施設は、行政（公立）部門、あるいは、民間・非営利・独立（private, voluntary and independent: PVI）部門に属する。公立サービスは一般的には学校を基盤としてはいるが、地方自治体はチル

ドレンズ・センター（children's centre）をはじめとしたさまざまなタイプの保育施設もまた運営している。公立サービス以外で最も重要な事業者は、民間営利部門である。

　各部門には、職員の資格、さらに保育の質に違いがある。学校を基盤とした保育は、教員と保育士（nursery nurse）を配置している。その一方、学校以外の施設では大学卒業レベルの職員は少なく、職員全体における労働人口の約4％である（Phillips et al, 2010; Brind et al, 2011; Gambaro, 2012）。重要なことは、乳幼児期環境評価尺度 Early Childhood Environment Rating Scale（ECERS）により測定された保育の質に関する観察研究では、学校を基盤とする公立サービスが、民間・非営利・独立（PVI）部門より高い質を示しているということである。昨今では、非営利施設が最も大きな改善を示しているにもかかわらず、である（Sylva et al, 2004, 1999; Matchers et al, 2007）。

　イングランド、スコットランドとウェールズにおいては、5歳以上の子どもから義務教育となっている。北アイルランドにおいては、その年の7月1日までに4歳になったすべての子どもは、9月から義務教育を受けることとなる。このように相対的に早い時期にイギリス各地で開始される学校教育と1年の産休の権利とを合わせると、保育サービスは、最長で4年間を対象としていることになる。

　1999年以降、イングランドにおける4歳の子どもは、週15時間、年間38週間、無償の幼児教育を受ける権利を有することになっている。スコットランドとウェールズにおいても、類似する子どもの権利はあるが、表2.1に示す通り、保育時間はどういうわけか短い。子どもたちは、公立の学校あるいは民間・非営利・独立（PVI）部門にアクセスする権利を有する。しかし、実際には、イングランドとウェールズにおいては、4歳になった子どもが9月から「レセプション」（就学前学級 reception）に通うことが普通である。レセプションは全日制であり、上記の子どもが有する権利よりも、長時間アクセスすることになる。スコットランドにおいては、義務教育前の保育はいまだ短時間制^{パートタイム}であり、5人に1人の子どもはPVI施

設で過ごしている（Gambaro et al, 2013）。

　2004 年、短時間制（パートタイム）の無償幼児教育における権利保障は、3 歳までに引き下げられた[2]。つまり、3 歳児はさまざまな保育施設での幼児教育が無償で受けられるということである。3 歳児は、公立部門では短時間（パートタイム）（週 5 日午前、あるいは午後）利用である小学校付属の保育学級（nursery class）[訳注1]、あるいは保育学校（nursery school）[訳注2]において対応されている。他の方法としては、数多くの民間・非営利・独立（PVI）施設の 1 つに通うことで子どもの権利保障がなされている。選択肢としては、民間の保育学校や保育学級、非営利または民間事業者が運営しているプレイグループ（playgroup）、あるいは終日保育をしている保育所（childcare centre）がある。イングランドでは、3 歳児の 40％が公立、60％が PVI 施設に通う（Gambaro et al, 2013）。スコットランドでは、公立事業はもう少し普及しており、ほぼ 70％の子どもが、義務教育前の 2 年間、学校ベースの幼児教育を受けている（Gambaro et al, 2014）[3]。しかし、表 2.1 に示されるように、PVI 部門による役割の範囲は、国によって違いがある。この表は、イギリスでは地域により異なる保育サービスが実施されているということを反映しているわけだが、国によって政策アプローチが異なることも明らかにしている（Gambaro et al, 2014）。

　理論的には、求められている保育の質に対する基準を満たしていれば、登録されたチャイルドマインダー（childminder）も、3 歳以上の子どもの権利保障に貢献できる。しかし実際は、地方自治体では一般的にチャイルドマインダーを通じた保育提供に消極的であり、イングランドでは 3 歳児の 1％未満のみが、家庭を基盤としたサービスによって権利を保障されている（Gambaro et al, 2013）。

　訳注 1　小学校に併設された幼児教育クラス
　訳注 2　単独の幼児教育施設

第 2 章　イギリス

表 2.1　イギリスの 4 つの国における幼児教育権利保障

	イングランド	ウェールズ	スコットランド	北アイルランド
時間／週	15	10	12.5	12.5
時　期	通常は年度	年度	通常は年度	年度
入園時期	3 歳の誕生日後に迎えた年度（注：9 月）から			
施　設	公立部門学校、民間・非営利部門施設・独立学校、チャイルドマインダー			
組　織	レセプション クラス ＋ 保育クラス・ 保育学校、 または PVI 事業	レセプション クラス ＋ 保育クラス・ 保育学校、 または PVI 事業	プリスクール （公立および PVI） ＋ アンティ・_{訳注3} プリスクール （公立および PVI）	義務教育 （4 歳から） ＋ 保育クラス・ 保育学校、また はレセプション

　3 歳未満の子どもに対して、公的に提供される保育はほんのわずかし
かない。イングランドでは、保育と並行して、他のサービスも提供され
る、地方自治体によるチルドレンズ・センターがあるが、その数は少な
く、3500 人の 5 歳未満児に対して 1 つしかない[4]。したがって、3 歳未満
の保育・幼児教育は、民間・非営利・独立（PVI）施設において、あるい
はチャイルドマインダーによって主に遂行されており、親はその保育料
を支払わなければならない。これを執筆している 2013 年 9 月時点におい
ては、一握りの社会的に不利な 2 歳児のみが、質が高いと判断された保
育を週に 15 時間、無償で提供されている。政府は 13 万人の社会的に不
利な子どもにそのサービスを拡大する計画である。このプログラム以外で
は、通常は親の収入に関係なく保育料は同じだが、子どもの年齢が上がる
に従って安くなるという規定により、保育料は子どもの年齢に応じること
となる（Brind et al, 2011）。全国的な保育慈善団体である「デイケア協会」
Daycare Trust（現在は「家族と児童福祉協会」Family and Childcare Trust）は、
保育料のデータを毎年集計している。2012 年には、イギリスの平均保育

　訳注 3　執筆当時、スコットランドにおいては、4 歳が通うのがプリスクール（preschool）、3
歳がアンティ・プリスクール（ante-preschool）と呼ばれていた。

図2.1 イギリス：幼児教育に在籍する3〜4歳児、部門別

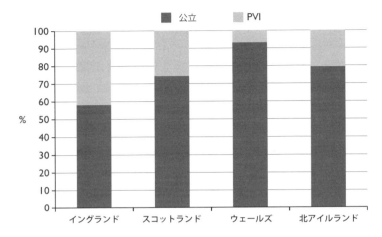

出典：イングランド：2011年学校国勢調査（School Census 2011）、2011年乳幼児国勢調査（Early Years Census 2011）
スコットランド：2011年プリスクール国勢調査（Pre-school Census 2011）
ウェールズ：2011年学校国勢調査（School Census 2011）——学校からの情報のみ。したがって、ウェールズのデータの解釈には注意が必要である。
北アイルランド：2011–2012年学校国勢調査（School Census 2011–2012）

料は、チャイルドマインダーによる週25時間保育（2歳児以上対象）の92ポンドから、施設を拠点とした週25時間保育（2歳児未満対象）の102ポンドまでであることを発表した（Daycare Trust, 2012）。政府後援の年間事業者調査では、類似の数値が見られる。イングランドのみのものではあるが、2歳児未満の全日制の保育においては1時間あたり4.10ポンド、チャイルドマインダーは1人の子どもに対し1時間あたり平均3.60ポンドの保育料を請求している（Brind et al, 2011）。

イングランドにおける親を対象とした2012年の年間調査では、3歳未満の子どもの59％は、親以外による保育を何らかの形で受けている。39％は公的な（有料）保育（33％は施設型保育、7％はチャイルドマインダーやベビーシッターによる保育）、33％は私的な（無償の）保育（主に祖父母）（合計が100％以上になるのは、子どもの保育が1つに限らないためである）

50

である（Smith et al, 2012）。ウェールズにおける類似調査でも、同様のデータが見られる（Smith et al, 2010）。

政策的枠組み

　直接的な公営保育に加え、イギリス政府は、保育・幼児教育サービス事業において、多様に介入している。この節では、主な政策的な仕組みを概観し、特に政府資金と保育の質管理について焦点をあてる。

資金提供

　イギリスでは、主に2つの資金提供策が施行されている。1つは、無償の権利保障による幼児教育に関するものであり、もう1つは権利保障制度の枠外の事業に関するものである。権利保障制度のための資金提供は、全国レベルで行われており、地方自治体に分配され、そこから事業者に直接譲渡される。イングランドでは、地方自治体が中央政府から受け取り、3～16歳の子ども1人あたりに対して提供される、より規模の大きな教育のための補助金の一部として資金を受け取っている。それは、主に前年の配分に基づいている。権利保障制度の資金は限定されていない。つまり、各地方自治体は、初等・中等教育と対比してどの程度の資金を幼児教育に費やすかを自ら決定する。しかし、2006年チャイルドケア法 Childcare Act 2006 のもと、幼児教育を受ける資格があり、それを望むすべての子どものための無償の短時間保育を行う法的義務を地方自治体は負っている。実際のところ、監査局 National Audit Office（NAO）によるイングランドの最近の報告では、その支出は補助金の3.5％から9.8％までとさまざまであった。また、あるエビデンスからは、より経済的に困難な自治体では、他よりも乳幼児期の子どもに対する支出の割合が高かったことが明らかとなった（NAO, 2012）。

　当初、地方自治体から個々の事業者への資金配分基準はほとんど存在しなかった（Campbell-Barr, 2007）。しかし2011年4月から、地方自治体は基本料金システム（子ども1人あたり1時間あたりの提供額）を用い、社会

的に不利な子どもたちには追加資金を補充することが求められた。その目的は、事業者が不利な子どもたちをより多く在籍させることを促すためである。しかしながら、そのような不利な子どもへの追加補充の規模には、自治体間で大きな差がある。監査局（NAO）は、24の地方自治体を抽出し、子ども1人あたり1時間に支給される追加資金が3ペンスから79ペンスまでの範囲で異なることを見出した。保育の質、あるいは柔軟な対応（flexibility）の向上を事業者に促すその他の追加資金はオプションである。2010〜11年には、自治体の約半数が質向上を含む資金を選択した。その質の基準は、オフステッド（教育監査局：Ofsted）[訳注4]、による、「良い」（good）または「優れている」（outstanding）[訳注5] という評定の有無、大学卒業レベルの職員の雇用、自治体独自の評価などが含まれている（監査局〈NAO〉報告書では、78％の自治体がこのような評価を作成しているが、定期的な公表や親への公表が行われていないことが明らかとなっている）。

　全体的に、民間・非営利・独立（PVI）部門が子ども1人あたり1時間に対し3.77ポンドであるのに対し、公立の保育学級は3.97ポンドと、公立の事業者に支払われる金額はわずかに高かった（NAO, 2012）。後ほど示すように、公立の職員は、PVI部門の職員よりもかなり高いレベルの資格を持っている。職員の費用は、一般的に幼児教育の費用の3分の2以上を占めるため、この差は驚くほど小さく見える。しかしながら、公立の保育学級は、所属する小学校との間接費を受けている（学校の便益（ベネフィット）のために、保育学級の補助金を交付する場合もある）。公立の**保育学校**では、校長を雇用せねばならず、さらに共通の間接費を持たないため、その費用は子ども1人1時間あたり6.83ポンドとかなり高い。

　スコットランド、ウェールズ、北アイルランドにおける権利保障制度

訳注4　正式な英語名は、Office of Standards in Education, Children's Services and Skills。

訳注5　オフステッドによる学校評定は、「優れている」（outstanding）「良い」（good）「可」（satisfactory）「不適格」（inadequate）の4段階評定である。また、現在「可」（satisfactory）は、「要改善」（required improvement）と、より厳しい評定となっている。

のための資金提供の方法は、概ね似ている（詳細は Gambaro et al, 2014 を参照）。スコットランドでは 2009 年まで、地方自治体が就学前教育を民間・非営利・独立（PVI）事業者に委託する際に事業者に支払わなければならない最低額を、文部大臣が「最低額に関する諮問」（advisory floor）として毎年公布していた（Scottish Executive, 2003）。現在では、地方自治体が補助金をどのように使用するかは、完全にフレキシブルである。北アイルランドでは、民間や非営利の事業者は、子ども 1 人につき定額の年間補助金を受け取る。公立の施設では、同じように各学校に通う生徒の数に基づいて資金が割り当てられるが、資金供与の水準がより高く、さらに公立施設では建物に関する補助金やその他の資金供与を利用することができる（Northern Ireland Audit Office, 2009）。ウェールズでは、事業者の数は「保育事業に対する資金提供に関する地方の取り決め」によって変動する（Estyn, 2011）。

　幼児の権利保障制度について最後に 2 点示すべきであろう。4 つのすべての国において、地方自治体は資金を提供する事業者の保育の質改善に対して、国から財政的に報いられていない。2 つ目、多くの民間・非営利・独立（PVI）事業者の間では、権利保障制度のためのコストをカバーする資金が十分ではないという強い意見がある。2011 年、権利保障による幼児教育の提供をやめた保育所（day nursery）はわずかだったにもかかわらず、58％の保育所は事業資金が足りないことを報告した（NAO, 2012 の報告から Laing & Buisson, 2011）。

　権利保障制度以外では、保育・幼児教育サービスは高い費用がかかるものである。保育・幼児教育に資金提供するためにイギリス政府が介入する第二の方法は、働く親に直接助成することである。これを執筆している時点では、2 タイプの補助金がある。1 つは、親たちは育児バウチャー（childcare voucher）による一部支払いを選択することができ、年間にかかった保育費用のうち最初の 2860 ポンドを所得税額控除で軽減できる。この政策では、バウチャー制に雇用者が契約している限り、親 1 人につき年間約 900 ポンドの節約を可能にする。2 つ目は、特に低所得者に重要なも

のである。特定の税額控除には資格が必要であり、ある一定の額（世帯規模による）を下回る収入であること、および世帯のすべての親が少なくとも週に 16 時間働いていることである。その場合、親は申告された保育費用の一部を還付請求できる。これは、「就労税額控除」Working Tax Credit の「保育部分」（childcare element）にあたるものであり、しばしば児童税額控除 Childcare Tax Credit と呼ばれる。2011 年 4 月には、該当する親は、申告された保育費用の 70％を請求することができ、子ども 1 人の場合は週に 122.5 ポンド、2 人以上の子どもの場合は週に 210 ポンドを最大に請求する権利を有する。だが、世帯所得に応じて還付額は減ることになっている。控除請求の最新見積もりでは、該当する家族の 81％となっている（HMRC, 2011）。しかし、該当する家族の総数は、実際はとても少ない。なぜなら、資格に該当するだけの時間働いていなかったり、利用している保育が登録されたものでなかったりするからである。2012 年 4 月には、5 歳未満の子どもを持つ 94 万 6000 世帯が就労税額控除を受領しているが、そのうちわずか 31％の家族しか保育部分を受けていなかった（HMRC, 2012, 表 3.2 と 4.4）[5]。

　対象となる親は、チャイルドマインダーや家庭的保育（home childcarer）を含む、登録されたどの保育事業者の費用をも再請求することができ、還付額はどこを選んだとしても変わらない。重要なことは、例えば質の高い保育であっても、追加費用はかからないことである。部分的に支払わなければならない費用が最低 30％残っている背景には、親たちが質の高い保育をあれこれ探すことを促す意図があるようだ（Waldfogel and Garnham, 2008）。しかし、低所得の親たちにとっては、質の高い保育は高額すぎて手が出ない可能性、あるいは公的な保育を選ぶことさえやめてしまう可能性さえある。

　2013 年 3 月、政府は 2015 年秋から 2016 年 4 月までの間に施行される資金提供策を発表した。免税バウチャー（tax-free voucher）に関連して、上限を上げる提案である。親が共働きである限り、年間 6000 ポンドまでの保育費用の支出に対して、20％の税額免除を受けることになり、子ど

も 1 人あたり 1200 ポンドになる場合もある。新しい政策は全体的に充実しており、雇用者を当てにしていない。しかしこの仕組みは、保育費用のかかる共働き家族に特に有利である。税額控除に関しては、保育費用の85％をカバーするようになる。この変更は、働いている低所得家庭には便　益をもたらすが、所得の最も低い無職の家庭の支援には役立たない。

保育の質：資格、カリキュラム、監査

　イギリスにおける保育・幼児教育の質は、主に 3 つの方法でサポートされ、管理されている。1 点目としては、職員の資格と職員と子どもの比率を含む、構造的な点を管理する最低基準という要件である。これらの要件は、以下に説明する通り、サービスの種類によって大きく異なる。2 点目は、すべての国がナショナル・カリキュラムを有することである。例えば、イングランドの乳幼児期基礎段階 Early Years Foundation Stage（EYFS）は、公的資金を受けているかにかかわらず、0 ～ 5 歳児に対応しているすべての事業者をカバーしている。3 点目は、すべての国では、定期的な行政による監査があることである。

　表 2.2 は、イングランドにおける、集団規模、職員と子どもの比率、職員の資格に関する法定要件を表している。ここには、2 つのことが明確に示されている。1 点目は、低年齢児に対応する職員の個人レベルでの最低資格要件は、事実上ないということである。代わりに、施設レベルでは管理職および主任職員（supervisory staff）全員にレベル 3 の資格（中等教育と同等）、残りの半数の職員にレベル 2 の資格（16 歳で受験する試験）がなければならない。チャイルドマインダーは、入門的研修が現在のところの最低要件である。

　これらの要件の低さだけではなく、昨今の第三者によるレビュー研究では、乳幼児教育につながる資格のための訓練や研修として、レベル 2、3 はどちらも不十分で課題があることが示唆されている。なぜなら、このレベルの低さは学歴が乏しい人を誘致するからであり、生徒たちをこうした低い要件の仕事に導いてしまうからである（Nutbrown, 2012）。確かに、レ

表 2.2　イングランドにおける異なるタイプの保育ごとの法定要件

保育者のタイプ	子どもの年齢	職員と子どもの比率	職員に求められる資格
PVI	2 歳未満	1:3	個人レベルでは、無資格可
	2 歳	1:4	
	3 歳	1:8	施設レベルでは、50%の職員がレベル 2 資格保有、すべての管理職と主任はレベル 3 資格保有者
		1:13（有資格保育者／ EYP*）	
		1:8	
	4 歳	1:13（有資格保育者／ EYP*）	
		1:13（1 クラス最大 26 人）	クラスごとに資格保有教員ひとり
公立保育クラス	3 歳	1:30（1 クラス最大 30 人）	クラスごとに資格保有教員ひとり
	4 歳	1:30（1 クラス最大 30 人）	クラスごとに資格保有教員ひとり
	5 歳		

チャイルドマインダー

	子どもの年齢	クラス人数	求められる資格
	8 歳未満	最大 6 人	家庭的保育入門コースの修了
	5 歳未満	最大 3 人*	無償の権利保障による幼児教育の提供のためには、チャイルドマインディング・ネットワーク（Childminding Network）の一員であること、レベル 3 の資格保有者（あるいはそれに向けて取り組んでいる）であること
	1 歳未満	最大 1 人	

注：EYP：幼児教育専門職（early years professional）。* この比率は保育時間（午前 8 時から午後 4 時）のみ適用。保育時間外は、PVI では 1:8 の割合に従う必要があるが、チャイルドマインダーは 4 歳以上児を 3 人以上みることができる。

ベル 3 の資格を得る就労前訓練は、さまざまな実践のあり方に触れる機会や、大学レベルの教育がほとんどない、1 年間のみのものである。レビュー研究ではさらに、すべての施設型保育の職員とチャイルドマインダーが、少なくともレベル 3 の資格を持つべきであることを提案している。職員が資格を向上させる財政的インセンティブがほとんどないこともあり、より厳密な規制が必要である。保育部門が非常に低い賃金を特徴とするだけではなく、資格の高い職員が、ほとんど養成教育を受けていない職員よりも、高い賃金を得ているというエビデンスもまたない（Gambaro,

2012)。

2点目として、3〜4歳の子どもは、通う場所が民間・非営利・独立（PVI）部門か公立部門かで、職員とのかかわりにおいて非常に異なる経験をすることになる。最も重要なこととして、イングランドにおいては、公立部門では保育学級かレセプションクラスに教員を雇うことを要件にしていることに対し、PVI施設はそうではないことである。一方で、職員と子どもの比率は、公立のほうが高い。公立の保育学級では、職員1人に対し子ども13人、クラス規模は最大人数26人であるのに対し、PVI施設では教員がいない場合、職員1人に対し子ども8人である。公立であるレセプションクラスでは、職員1人に対し子ども30人と比率はさらに高い（実際は、補助職員を通常少なくとも1人はつけるため、1:30の割合はあまりない）（Tickell, 2012）。

労働党政権下では、2010年までに各民間・非営利・独立（PVI）施設に大学卒業レベルの職員1名を配置する政策が表明されていた。この大学卒業レベルの職員とは、教員、または幼児教育専門職（幼児教育に特化した養成訓練を受けた有資格者であり、2005年に導入された新しいカテゴリーである）である。しかし、これが規則となることは叶わなかった。実際には、PVI部門で無償の権利保障による幼児教育を受けている子どものわずか36％のみが、大学卒業レベルの職員を採用している施設にアクセスしている。これは、すべての子どもがそうした有資格者と定期的に触れ合うことを保障できていないことを意味するだろう（Gambaro et al, 2013）。

イギリスにおけるイングランド以外の国でも、近年に至るまで、資格に関する規定は似通ったものであった（詳細についてはGambaro et al, 2014を参照）。

遊びを中心とした、発達に適したカリキュラムの導入は、イギリスにおける保育の質を追求する政策立案者の第二の主要な政策である。しかし、イギリスの各地においてその違いは大きい。イングランドにおける乳幼児期基礎段階（EYFS）カリキュラムは、生まれてから5歳までの子どもの学びと発達を目標として定め、保育・幼児教育に携わるすべてのもの

（チャイルドマインダーも含む）が従うことを義務づけている。ウェールズにおけるウェールズ基礎段階 Welsh Foundation Phase の場合は、3～7歳までの子どもが対象である（したがって、義務教育期間にまたがっている）。学校のシステムとより強くつながっているにもかかわらず、ウェールズ基礎段階は、子どもたちの積極的かつ実験的な学習を推奨し、情緒的および社会的発達に重きをおいており、野外活動を重視していることが1つの特徴である。スコットランドはウェールズに似ており、スコットランドのナショナル・カリキュラムである「卓越のためのカリキュラム」Curriculum for Excellence は、3～18歳までの子どもを対象としている。「初等段階」（early level）をプリスクールと初等教育の1年目として取り扱っており、子どもは遊びと直接体験を通して学ぶという指針を基盤としている。北アイルランドでは、プリスクール教育の「カリキュラム・ガイドライン」があり、すべてのプリスクール機関（すべての保育・幼児教育施設として定義されている）の子どもを対象としている（DENI et al, 2007）。

　保育の質を保証するために行われている3点目のメカニズムは、監査である。イングランドでは、すべの乳幼児施設に対する定期的な監査は、オフステッド（教育監査局：Ofsted）によって実施されている。オフステッドは1990年代初めから、イングランドの公立校において監査を実施しており、2000年代初めからは民間・非営利・独立（PVI）施設においても実施している。

　スコットランド、ウェールズ、北アイルランドでは、各々の教育監査官が資金を提供されている学校や民間・非営利・独立（PVI）施設を監査する一方、0～5歳の子どもがいるすべての保育施設は、各国の保育監査官によって監査される。

　原則的には、監査の結果として、民間・非営利・独立（PVI）部門や公立部門などに関係なく、すべての保育施設全体で質を比較するべきである。驚くべきことに、イングランドの最新の報告書（Ofsted, 2011）では、PVI施設の保育の質の平均は公立部門よりも高いことが示唆された。70％のPVI施設では、「良い」あるいは「優れている」の評定を受けていた。

一方、小学校の乳幼児部門^{訳注6}では 55％であった。また、「不適格」と評定された
れたのは、小学校が 5％であったのに対し、PVI 施設はわずか 2％であっ
た。しかし実際には、2 つの部門が受ける監査方法に違いがあるため、両
者の比較は慎重に扱うべきであるといえよう。最も注目すべき点は、PVI
施設に対する監査は、より短時間で行われているものであり、さらにその
監査官はオフステッドの教育監査官より経験も訓練も低いレベルである
ということである。対照的に、スコットランドと北アイルランドの教育
監査官が実施した監査は、同じグループの監査官が PVI 施設と学校を評
定するため、さまざまな種類の保育において比較可能である。双方にお
いて、公立保育が一般的には保育の質が高いことが明らかとなっている
（Education Scotland, 2012, p 9; NIAO, 2009, 図 9）。

　監査官による評定（rating）に対する一般的な疑問点として挙げられる
のは、政府が保育の質のどのような側面を捉え、公的な質基準としている
かということである。

　乳幼児施設の保育の質をランクづけするオフステッド評定は、疑問視
されている。なぜなら、この評定が 5 歳児時点の子どもの成 果としては
アウトカム
は不十分であると見出した研究（Hoplin et al, 2010）、乳児期環境評価尺度
Infant/ Toddler Environment Rating Scale（ITERS）や乳幼児期環境評価尺
度 Early Childhood Environment Rating Scale（ECERS）を含む質評価アセ
スメントとオフステッド評定との間に、わずかな相関しか見出されなかっ
た研究（Mathers et al, 2012）が存在するためである。もちろん間違いなく、
監査システムは保育プロセスの質だけでなく、保育施設のより幅広い要素
および特性を把握しようとする。なぜなら、職員配置、比率、健康および
安全基準に関する法定要件の 遵 守 を確実にする必要があるためであ
コンプライアンス
る。しかし、オフステッド評定は、どのような子どもを受け入れているか
に左右されやすいというエビデンスもある。貧しい子どもが集中してい

訳注6　学校機関に併設された保育、すなわち公立部門を指すものと思われる。

る保育施設においては、職員の資格を含めた他の要件が一定であると仮定しても、肯定的な評定を受ける可能性は低い傾向にある（Gamblo et al, 2013）。これは、施設内において社会的に不利な子どもの数が多いと高い質に達することが難しいため、あるいはオフステッドの質評定が子どもの発達レベルを反映しているため、社会的に不利な子どもたちが集中している保育施設の質に対する評定を下げてしまうからである。ここに、保育の質を測るためにオフステッド評定**のみ**を指標として使うべきではない理由がある。1つの指標のみに頼ることは、誤解を招いたり、社会的に不利な子どもたちに対応している施設にペナルティを与えたりする可能性があるからである。特に、事業者への資金提供がオフステッドの結果と結びつくことがあれば、それは危険をはらむ。

　要するに、イギリスの規制制度は、公立部門以外の職員にはほんのわずかな最低限の資格要件を課す程度である。一方で、統一されたカリキュラムと監査の枠組みを通じ、子どもがどの施設に在籍しているかにかかわらず、すべての子どもに質の高い経験を保証しようとしている（北アイルランド、スコットランド、ウェールズでは、カリキュラムは3〜4歳のみ適用される）。この政策は、**プロセス**の質の高さの保証に対する試みとみなすことができる。つまり、これは保育室内で起こっていること、特に職員と子ども間の相互作用において生じている状況を重視し、職員配置など**構造的**な質の指標や保育にかける資源量（インプット）をほとんど省みないということを意味する。プロセスの質が子どもの発達にとって最も重要であるという多くの研究結果（Blau and Currie, 2006; Sylva et al, 2004）があるように、表面的にはこれは妥当に思える。しかし、構造的な質の指標、特に職員の資格の有無が、保育プロセスの質の高さに、そして子どものより良い成果（アウトカム）につながるという強固なエビデンス（Sylva et al, 1999; Sylva et al, 2004; Melhuish et al, 2006; Siraj-Blatchford et al, 2006; Mathers et al, 2007; Sylva, 2010; Ranns et al, 2011）が、イギリス全土において存在することを考慮すると、この政策はいささかおかしい。

第 2 章　イギリス

誰がどこに行くか？
イギリスにおける保育・幼児教育の利用状況の違い

　ここからは、社会的に不利な家庭の子どもと有利な子どもの保育サービス利用の違いについてのデータを示す。異なる背景の子どもたちが属する施設の種類や、可能な場合はその質の差異について特に触れることとする。

　3歳前に公的な保育を受けている子どもの背景については限られた情報しかないが、ミレニアムコホート研究の第一波から得たデータでは、子どもが9か月のとき、より有利な背景を持つイギリスの子どもたちは、同年の他の子どもたちより公的な保育を受ける傾向が高いことは確認されている。例えば、生後9か月で公的な保育を経験している割合は、親が家を所有している子どもは4分の1であったのに対し、家を所有していない家庭の子どもは10%であった（Roberts et al, 2010）。

　先に説明したように、3歳からの無償の権利保障制度を利用できるようになると、保育・幼児教育施設への入学者数は急増し、4歳までにほぼすべての子どもをカバーするようになる。しかし、イングランドの調査によると、母親の学歴や所得が低い家庭、パキスタン、バングラデシュ、ブラック・アフリカの子どもたちの利用割合はやや低いことが示されている（Speight et al, 2010）。その利用割合は地方自治体によって異なる（NAO, 2012, p 17）。同時に、公立部門で権利保障の幼児教育を受けている、最も社会的に不利な地域の子どもたちは、フルタイムの保育を受けている傾向が高い。多くの地方自治体では、よりニーズが高いと認識されている子どもたちに対してフルタイムの保育を優先的に提供するからである（Gambaro et al, 2013）。

　ここからは、さまざまな背景を持つ子どもたちがどの種類の保育にアクセスする可能性が高いか（または低いか）について検証する。今ここには2つの情報源がある。1つは、イングランドとスコットランドでの近年のコホート研究である。「ミレニアムコホート研究における保育施設の質研

61

究」Quality of Childcare Settings in the Millennium Cohort Study（QCSMCS）
は、3歳前後の施設型保育を受ける1217人のイングランドの子どもたち
をサブサンプルとして調査した（Mathers et al, 2007）。この研究は、ひと
り親や無職世帯の子ども、あるいは賃貸住宅に住む子どもが、その他の
子どもよりも公立の保育施設に通う可能性がはるかに高いことを明らか
にした。乳幼児期環境評価尺度（ECERS）スコアにより測定した場合、公
立施設がより質が高いことが示されたことから、結果として彼らはより
質の高い保育施設にいる傾向があることがわかった。スコットランドに
おける「グローイングアップ・イン・スコットランド研究」Growing up
in Scotland（GUS）では、ミレニアムの年に生まれた子どもたちを2つの
コホート研究で追っており、2007年には、4歳未満の子どもは民間施設
（15％）よりも地方自治体の保育所（nursery）（85％）に通うほうがより一
般的であることがわかった。一方、民間保育所の利用は、社会的に不利な
地域に住む人々よりも豊かな家庭において、より一般的であった（Bradshaw
et al, 2008）。保育プロセスの質については直接観察されなかったものの、
スコットランド教育監査団 Scottish Education Inspectorate の評定と教員の
在籍割合は、地方自治体による保育所のほうが高かった。

　2つ目の情報源は、イギリス全土の保育事業者と無償幼児教育利用者に
ついての管理データの筆者たち自身による分析である。これらのデータの
利点は、「ミレニアムコホート研究における保育施設の質研究」QCSMCS
や「グローイングアップ・イン・スコットランド研究」GUS よりも広い
範囲をカバーし、かつ最新の情報だということである。主なデメリット
は、保育施設の子どもに関する情報をほとんど、あるいはまったく持って
いないということである。いくつかのケースでは（イングランドにおいて
無償施設を利用している3、4歳児）、子どもが住んでいる地域がわかってお
り、地域の貧困データと照合することで、低所得の子どもの割合を知るこ
とができる。子どもたち自身のデータを持たない場合、保育施設の住所と
地域の貧困指標をつなげることとする。イングランドにおけるさらなる詳
細分析は、ガンバロらが行っている（Gambaro et al, 2013）。ここでは、3、

4歳児の結果のみを以下に示した。

　筆者たちの分析結果では（「ミレニアムコホート研究における保育施設の質研究」QCSMCS と一致する）、イングランドにおいては、貧困が集中している地域の子どもは公立部門の施設に通う傾向が高く、したがって職員がより高いレベルの資格を得ている施設に通っていることが明らかとなった。図 2.2 は、権利保障制度で民間・非営利・独立（PVI）部門か公立部門に通う、地域の貧困レベル別の子どもの割合である。最も深刻な貧困レベルの地域の子どものうち、69％が保育学校や保育学級において権利保障に

図 2.2　イギリス：イングランドの 3 ～ 4 歳児が通う施設タイプ、地域の貧困レベルの十分位数ごと

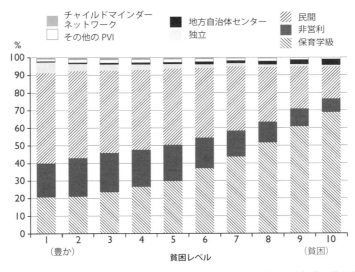

注：図は、2006 年 9 月から 2007 年 12 月までに生まれ、2011 年 1 月に無償の権利保障による幼児教育を受けているすべての子どもを含む。特別支援の必要な子ども（SEN）、レセプションクラスあるいは Year 1 にいる子ども、イギリス小地域調査区（English Lower Super Output Area）のデータと一致しない子どもは含まれていない。
出典：2011 年学校国勢調査（Schools Census 2011）、2011 年乳幼児国勢調査（Early Years Census 2011）。

訳注7　レセプション後の 1 年生、5 ～ 6 歳児。

よる幼児教育を受けているのに対し、最も豊かな地域（貧困レベルが最も小さい地域）の子どもはわずか21％であった。これらの違いは、教員や幼児教育専門職、あるいはその両方を取得している大学卒業レベルの職員を雇用している施設にいる子どもの割合を反映している。最も貧困な地域にいる子どものうち、80％が大学卒業レベルの職員のいる施設に在籍しているのに対し、最も豊かな地域の子どもの割合は53％であった。

　しかし、各部門内においては、この図式は少し異なっているようだ。民間・非営利・独立（PVI）部門に注意を向けてみれば、豊かな地域の子どもたちは、貧困な地域の子どもよりも、大学卒業レベルの職員のいる施設に通っている割合が若干高いが、その違いは大きくなく、地域の貧困指標との関連性もU字型（図2.3）である。これは、貧困地域における、保育供給を支える需要サイドと供給サイドの両方に対する、公的な補助金の影響を示しているのかもしれない。しかし、PVI施設において低い資格レベルは標準的なものである。最も豊かな地域（貧困レベルが最も小さい地域）においても、PVI部門で権利保障による幼児教育を受けている多くの子どもが、大学卒業資格の職員を1人も雇用していない保育施設に通っている。

　すべての保育施設に通じるその他の質基準は、オフステッドによる最新の監査でのランクづけ評定である。ここでは、公立部門と民間・非営利・独立（PVI）部門の両方において、明瞭で一貫した傾向が見られる（図2.4）。豊かな地域（貧困レベルが小さい地域）の子どもは、「優れている」と評定されている保育に通う傾向が高く、「可」あるいは「不適格」という評定の保育に通う傾向は低い。顕著な違いはその大きさである。PVI部門において、最も豊かな地域（貧困レベルが最も小さい地域）の子どもは、「可」か「不適格」な保育施設よりも、「優れている」保育施設に通う可能性は3倍高い（9％と27％）。それに対し、最も深刻な貧困地域の子どもは、どちらに対しても同じ割合（16％）であった。同様に、公立部門（不適格な施設はほぼ存在しない）では、最も豊かな地域の子どもは、「可」（15％）の保育施設よりも「優れている」保育施設（21％）に通う傾向が高い。一方、最も深刻な貧困地域の子どもが通うのは、「優れている」保育施設が

12％、「可」の保育施設が23％と、最も豊かな地域とは真逆な傾向が事実として見られる。

北アイルランドでは、公立部門事業が社会的に不利な地域に集中しているが、類似のパターンが見られる（詳細は Gambaro et al, 2013）。しかし、スコットランドにおける同様の分析は、どちらかといえば異なるストーリーを伝えている。イングランドとは対照的に、公立部門と民間・非営

図 2.3　イギリス：大学卒業レベル職員がいる無償の権利保障施設（PVI のみ）に通うイングランドの子どもの割合

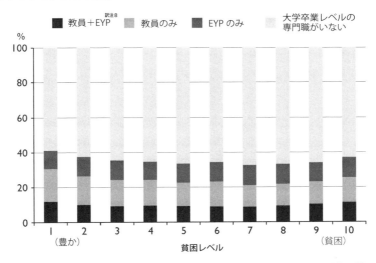

注：図は、2006 年 9 月から 2007 年 12 月までに生まれ、2011 年 1 月に公立学校以外の全種類の無償の権利保障による幼児教育を受けているすべての子どもを含む。特別支援の必要な子ども（SEN）、イギリス小地域調査区（English Lower Super Output Area）に一致しない子どもは含まれていない。チャイルドマインダーから権利保障による幼児教育を受けている子どもは含まれている。しかし、職員の資格についての情報は個人のマインダーかネットワーク・コーディネーターに委ねている。
出典：2011 年学校国勢調査（Schools Census 2011）、2011 年乳幼児国勢調査（Early Years Census 2011）。

訳注 8　幼児教育専門職（early years professional）、表 2.2 注参照。

図 2.4 イギリス：イングランドにおける保育のオフステッド質評定
(a) 評定ランクごとのPVI施設に通う子どもの割合

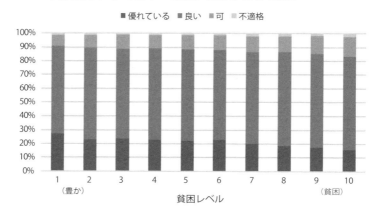

(b) 評定ランクごとの公立部門保育クラスと保育学校に通う子どもの割合

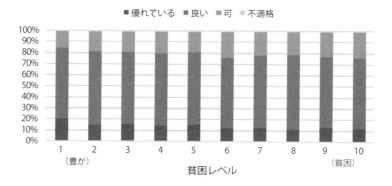

注：図表は、2006年9月から2007年12月までに生まれ、2010年9月から2011年8月の間に監査を受けた公立保育を、2011年1月に無償権利保障として受けている子どもを含む。特別支援の必要な子ども（SEN）、レセプションクラスあるいは Year 1 にいる子ども、さらにイギリス小地域調査区（English Lower Super Output Area）と一致しない子どもは含まれていない。子どもが住む地域の貧困レベルによる評定ランクごとの権利保障施設に通う子どもの割合。
出典：2011年学校国勢調査（Schools Census 2011）、2011年乳幼児国勢調査（Early Years Census 2011）、2010年9月〜2011年8月オフステッド監査データ（Ofsted inspection data）。

利・独立（PVI）事業のどちらのプリスクール（4歳）およびアンティ・プリスクール（3歳）においても、地域の貧困レベルによる子どもの割合に違いはほとんどない（ウェールズ政府は、公的資金を受けている PVI 施設のデータを収集していない。したがって、さまざまな段階における社会的な不利と保育事業の関連性の状況をここで検証することは不可能である）。

　低年齢児のための保育についてはどうなのだろうか？　0〜5歳までの子どもに対応している**すべて**の保育施設を、オフステッドが国のカリキュラムに基づいて監査しているイングランドにおいてのみ、そのデータを検証することで、この質問に答えることができる。権利保障による幼児教育の結果とは異なり、ここでの数字は子どもよりむしろ保育施設に関するものだ。親は地域外の保育を利用する場合もあるので、これらの数字は子どもが受ける保育の正確な全体イメージを伝えるものではない。それにもかかわらず、異なる地域にいる親たちが自宅近くで利用できるものをこれらは示している。結論としては、最も貧困な地域と比較して、最も豊かな地域では、高い確率で「優れている」や「良い」と判断された保育施設があるということである。その相関はかなり大きく、統計的に有意である。例えば、最も豊かな地域における民間・非営利・独立（PVI）施設のわずか 14％は「可」であるが、この割合は最も貧困な地域では 22％に上がる。同様の傾向がチャイルドマインダーについても見られる。貧困地域にいるチャイルドマインダーは、他の地域のチャイルドマインダーよりも、オフステッドによって「可」や「不適格」という評価をされる割合が高い。

結　論

　以上にみてきたように、イギリスは、3歳以上のすべての子どもに対する保育・幼児教育の経験を保証するために前進しているといえよう。子どもは3歳になれば、10〜15時間の無償の幼児教育を受ける資格があり、3歳児の 90％以上と4歳児の 98％が保育・幼児教育を受けている。ほとんどの子どもは、4歳になった9月からフルタイム（午前9時から午後3時30分まで）で学校に通う。これは、保育学校や保育学級に在籍する子ども

が有資格の教員と教室で過ごすことを意味するが、職員1人に対する子ども数の比率は概ね高い。

　しかし、権利保障以外の保育・幼児教育へのアクセスについて、並びに権利保障制度における一部の子どもたちが受ける保育の質については、懸念が残っている。第一に、10 〜 15 時間の権利保障制度を越えた時間の財政支援である。低年齢児に関しては親が働いている場合のみ利用可能であり、それも補助としては部分的なものでしかない。最高レベルの支援を受けている人でさえ、保育にかかるコストの30％を支払う必要がある。これは、就労者のいない世帯の3歳未満の子どもが公的な（有料の）保育・幼児教育を受けることは不可能であり、また多くの働く親たちにとっても困難なことを意味している。

　第二に、民間・非営利・独立（PVI）施設において求められる職員の資格は、公立施設とかなり異なる。PVI 施設において権利保障による幼児教育を受ける子どもの中で、大学卒業レベルの職員のいる保育施設に通っているイングランドの子どもはわずか3分の1である。低年齢児に関してはさらに低い傾向にある。同様に、スコットランドの子どもたちも、地方自治体の保育学校や保育学級に在籍している場合、教員によって対応される傾向が高まる。職員の資格は、保育プロセスの「保育の質向上」のための重要なインプットだが、PVI 職員は、資格も賃金も低い傾向があることを示唆するエビデンスが存在する。

　これらの状況にもかかわらず、政府は積極的に民間・非営利・独立（PVI）部門を通じての保育の拡大を進めてきた。イングランドでは、無償の権利保障制度を遂行することと、就労している親たちに保育を提供することの両方のために、PVI 施設に大きく頼ってきた。イングランドの3、4歳児の保育・幼児教育の場の拡大は、PVI 事業によってほとんど賄われており（Stewart, 2013）、実際、2006 年のチャイルドケア法 Childcare Act 2006 では、地方自治体が公立の施設を新しく開設するのは、民間や非営利の事業者が開設しない場合のみという条件を規定している。新しく創設された、社会的に不利な2歳児に向けた短時間保育事業は、ほぼ PVI 施

設によって提供されことになっている。懸念されることは、社会的に不利な子どもたちに保育を提供する PVI 施設では、職員の資格が最も低い傾向があるいうことである。イングランド以外のイギリスの国では、PVI 施設と公立施設のバランスは、公立部門がより多い傾向があるが、権利保障以外における質の高い保育提供については課題が残っている。

　それに加え、乳幼児基礎段階（EYFS）カリキュラムとその他の国のカリキュラムによって、部門問わず共通の枠組みを課すことで水準を引き上げたのだが（このことは現場で広く受け入れられた）、民間・非営利・独立（PVI）部門の資格レベルを上げることにはほとんど寄与しなかった。権利保障による幼児教育では、地方自治体は、地方における資金提供制度を用いて保育の質を高めることが推奨されているが、保育・幼児教育以外の教育予算に影響を与えずにこれを可能にするための追加資金は、ほとんど、あるいはまったくない。権利保障以外では、そのコストを親たちに肩代わりさせることのみで質を高めることができるが、親が支払わなければならない費用は非常に高い。

　平等という視点からの良いニュースは、社会的に不利な子どもたちにとって、現在のシステムは 2 つの点において優れているということである。1 つ目は、少なくともイングランドにおいては、より貧困な地域の 3 〜 4 歳の子どもたちは、豊かな地域の子どもよりも、公立施設に行く可能性が高く、相対的に良い状況におかれているということである。2 つ目は、民間・非営利・独立（PVI）部門内では、私たちが予想していたよりも、保育の質と貧困状況との相関関係は小さいことである。

　一方で、社会的に不利なすべての子どもが、公立の保育施設のある地域に住んでいるわけではなく、多くの子どもは民間・非営利・独立（PVI）施設での権利保障による幼児教育を受けている。さらに、短時間の保育・幼児教育を最高の質へと尽力することは、働いていない親たちの子どもを支援するには効果的であるかもしれないが、共働きである親たちの元にいる社会的に不利な子どもを潜在的に排除することにもなる。最後に、異なる地域における保育施設間のわずかな質の格差は、楽観視されるかもしれ

ないが、保育制度全体の質の低さは社会的に不利な子どもたちに最も影響を与える。なぜなら、質の高い保育から得るものが最も大きいのも彼らであるからである。すべての子どもへの質の高い保育の保証に向けては、今よりはるかに平等なシナリオが必要だろう。

　もちろん、質の高い保育はコストがよりかかる。エビデンスとして示されたように、その他の民間・非営利・独立（PVI）施設とは対照的に、独立型の保育学校を通した権利保障による幼児教育における1人あたりの支出には大きな違いがある。公立の保育学級とPVI施設との違いはかなり少ないものの、これは保育学級では、おそらく、より充実した学校予算からの間接的な補助金が利用でき、職員と子どもの比率が比較的高いためであろう。したがって、今後検討されるべき点としては、公立の保育学級での権利保障の拡大とともに、すべての施設における資格の均等化、費用の増加を減らすためのより大きなクラス規模、低年齢児対象の供給側への補助金による親の負担の軽減が挙げられる。全体的なコストの上昇は避けられないが、いくつかの研究が経済的にも便益があると指摘している質の高い保育を保証するために、これは価値ある出費である。ただ、現状ではイギリスの少数の保育施設でのみ提供されているのにすぎない。

●注
1　行使されたことはないが、スコットランド議会も、所得課税の基本料金を1ポンドあたり3ペンスまで変更する権限を持っている。スコットランドとイングランドの保育・幼児教育に対するアプローチの違いに関する議論については、Cohen et al, 2004 を参照。
2　北アイルランドでは、すべての3歳児のための規定は、政策目標ではあるが法定保証はない。
3　ウェールズの図表は、学校外でのデータが少ないため、信憑性は低くなる。一方、子どもの80〜90％が義務教育の始まる2年前に保育学級に入所しているように、公立部門の保育は普及していることは明らかである（Gambaro et al, 2014）。北アイルランドでは、3人に2人の子どもが学校での幼児教育を受けている（Gambaro et al, 2014）。
4　チルドレンズ・センターのデータが不足していたため、これは非常に荒い「単純」（back of an envelope）計算である。計算は、Lambert et al, 2011, p 13 のデータ

を基にしているが、彼らがコントクトをとったチルドレンズ・センターの41%
が、終日保育を提供をしていると報告されている。そのうち、地方自治体によっ
て運営されているセンターは、60%である（Brind et al, 2011, p 41）。したがって、
元のデータでは25%前後になる（Brind et al, 2011）。チルドレンズ・センターの総
数に同じパーセンテージをあてはめた場合（DfE, 2010）、保育サービスを提供し
ている各地方自治体のチルドレンズ・センターは、5歳未満の子どもをそれぞれ推
定3500人受け入れていることになる。

5 　執筆時点において、就労税額控除 Working Tax Credit と保育部分（childcare
element）は廃止され、ユニバーサル・クレジットという新制度に組み込まれる予
定である。改定の時期は未定である。

6 　2012年1月からの監査システムの変更は、オフステッドが小学校の基礎段階に
ついての判断を報告しないことを意味する。したがって、公立とPVIの保育学級
を比較することはもはや不可能である。

●文献

Blau, D. and Currie, J. (2006) 'Pre-school, day care, and after-school care: Who's minding
the kids?', in E. Hanushek and F. Welch (eds) *Handbook of the Economics of Education*,
Amsterdam: Elsevier, pp 1163–278.

Bradshaw, P., Cunningham-Burley, S., Dobbie, F., MacGregor, A., Marryat, L., Ormston,
R. and Wasoff, F. (2008) *Growing Up in Scotland: Year 2*, Edinburgh: Scottish
Government.

Brind, R., Norden, O., McGinigal, S., Garnett, E., Oseman, D., La Valle, I. and Jelicic,
H. (2011) *Childcare and Early Years Provision: Providers' Survey, 2010*, Nottingham:
Department for Education.

Campbell-Barr, V. (2007) 'Contextual issues in assessing value for money in early years
education', *National Institute Economic Review*, vol 207, no 1, pp 90–101.

Cohen, B., Moss, P., Petrie, P. and Wallace, J. (2004) *A New Deal for Children? Re-forming
Education and Care in England, Scotland and Sweden*, Bristol: Policy Press.

Daycare Trust (2012) *Childcare Costs Survey 2012*, London: Daycare Trust.

DENI (Department of Education Northern Ireland), DHSSPS (Department of Health,
Social Services and Public Safety) and CEA (Council for the Curriculum, Examinations
and Assessment) (2007) *Curricular Guidance for Pre-School Education*, Belfast: CEA.

DfE (Department for Education) (2010) *Numbers of Sure Start Children's Centres as at 30
April 2010*, ORS 14/2010, London: Department for Education.

DfES (Department for Education and Skills), DWP (Department for Work and Pensions),
HM Treasury, Women & Equality Unit, and Strategy Unit (2002) *Delivering for
Children and Families: Interdepartmental Childcare Review*, London: Strategy Unit,
Cabinet Office.

Education Scotland (2012) *Quality and Improvement in Scottish Education: Trends in Inspection Findings 2008–2011*, Livingston: Education Scotland.

Estyn (2011) *Annual Report 2010–2011*, Cardiff: Estyn (www.estyn. gov.uk/english/ annual-report/annual-report-2010-2011).

Gambaro, L. (2012) 'Why are childcare workers low paid? An analysis of pay in the UK childcare sector, 1994–2008', Doctoral thesis, London: London School of Economics and Political Science.

Gambaro, L., Stewart, K. and Waldfogel, J. (2013) *A Question of Quality: Do Children from Disadvantaged Backgrounds Receive Lower Quality Early Years Education and Care in England?*, CASE Working Paper, London: CASE, London School of Economics and Political Science.

Gambaro, L., Stewart, K. and Waldfogel, J. (forthcoming, 2014) *Early Years Services across the UK: Comparing Policy Approaches and Outcomes*, CASE Working Paper, London: CASE, London School of Economics and Political Science.

HMRC (HM Revenue and Customs) (2011) *Working Tax Credit: Takeup of Childcare Element 2008–09*, London: HMRC (www.hmrc.gov.uk/stats/personal-tax-credits/wtc-take-up2008-09.pdf).

HMRC (2012) *Child and Working Tax Credit Statistics: April 2012*, London: HRMC (www. hmrc.gov.uk/stats/personal-tax-credits/cwtc-main-apr12.pdf).

Hopkin, R., Stokes, L. and Wilkinson, D. (2010) *Quality, Outcomes and Costs in Early Years Education*, Report to the Office for National Statistics, London: National Institute of Economic and Social Research (www.niesr.ac.uk/pdf/Quality%20Outcomes%20 and%20Costs%20in%20early%20Years%20Education.pdf).

Lambert, H., Norden, O., McGinigal, S., Brind, R., Garnett, E. and Oseman, D. (2011) *Childcare and Early Years Providers Survey 2010: Technical Report*, London: Department for Education.

Mathers, S., Singler, R. and Karemaker, A. (2012) *Improving Quality in the Early Years: A Comparison of Perspectives and Measures*, London: Daycare Trust, A+ Education and University of Oxford (www.education.ox.ac.uk/wordpress/wp-content/ uploads/2012/03/Early-Years-Quality-Mathers-et-al-Final-Report-2012.pdf).

Mathers, S., Sylva, K. and Joshi, H. (2007) *Quality of Childcare Settings in the Millennium Cohort Study*, Research Report SSU/2007/FR/025, Nottingham: Department for Education and Skills.

Melhuish, E., Quinn, L., Hanna, K., Sylva, K., Sammons, P., Siraj-Blatchford, I. and Taggart, B. (2006) *Effective Pre-school Provision in Northern Ireland (EPPNI) Summary Report*, Bangor: Department of Education (NI).

NAO (National Audit Office) (2012) *Delivering the Free Entitlement to Education for Three- and Four-Year-Olds*, London: The Stationery Office (www.nao.org.uk/ publications/1012/education_for_3-4-year-olds.aspx).

第 2 章　イギリス

NIAO (Northern Ireland Audit Office) (2009) *The Pre-school Education Expansion Programme*, Belfast: The Stationery Office (www.niauditoffice.gov.uk/a-to-z.htm/ report_archive_2009_preschool).

Nutbrown, C. (2012) *Foundations for Quality: The Independent Review of Early Education and Childcare Qualifications: Final Report*, London: Department for Education.

Ofsted (2011) *The Annual Report of Her Majesty's Chief Inspectorof Education, Children's Services and Skills 2010/11*, London: The Stationery Office.

Phillips R., Norden, O., McGinigal, S. and Oseman, D. (2010) *Childcareand Early Years Providers Survey 2009*, London: Department forEducation.

Ranns, H., Mathers, S., Moody, A., Karemaker, A., Graham, J., Sylva,K. and Siraj-Blatchford, I. (2011) *Evaluation of the Graduate LeaderFund: Evaluation Overview*, DFE-RR144d, London: Department forEducation.

Roberts, F., Mathers, S., Joshi, H., Sylva, K. and Jones, E. (2010)'Childcare in the pre-school years', in K. Hansen, H. Joshi and S. Dex (eds) *Children of the 21st Century: The First Five Years*, Bristol: Policy Press, pp 131–51.

Scottish Executive (2003) *Guidance on Commissioning Pre-school Education Partners*, Edinburgh: Scottish Executive Education Department (www.scotland.gov.uk/Resource/ Doc/46930/0023887.pdf).

Sefton, T. (2009) *A Child's Portion: An Analysis of Public Expenditure on Children in the UK*, London: Save the Children and CASE, London School of Economics and Political Science.

Siraj-Blatchford, I., Sylva, K., Laugharne, J., Milton, E. and Charles, F. (2006) *Foundation Phase Pilot: First Year Evaluation Report*, Cardiff: Department for Training and Education, Welsh Assembly Government.

Smith, P., Gilby, N., Dobie, S., Hobden, S., Sulliva, L., Williams, M., Littlewood, M., D' Souza, J. and Flore, G. (2012) *Childcare and Early Years Parents' Survey 2010*, London: Department for Education and Ipsos MORI.

Smith, R., Poole, E., Perry, J., Wollny, I., Reeves, A., Coshall, C. and d'Souza, J. (2010) *Childcare and Early Years Survey Wales 2009*, Cardiff: Welsh Assembly Government.

Speight, S., Smith, R., Coshall, C. and Lloyd, E. (2010) *Towards Universal Early Years Provision: Analysis of Take-up by Disadvantaged Families from Recent Annual Childcare Surveys*, London: National Centre for Social Research and Department of Education (www.education.gov.uk/publications/eOrderingDownload/DFE-RR066-WEB.pdf).

Stewart, K. (2013) *Labour and the Under Fives: Policy, Spending and Outcomes 1997–2010*, CASE Working Paper, London: CASE, London School of Economics and Political Science.

Sylva, K. (2010) 'Quality in childhood settings', in K. Sylva, E. Melhuish, Siraj-Blatchford, I. and Taggart, B. (eds) *Early Childhood Matters: Evidence from the E!ective Preschool and Primary Project*, London: Routledge, pp 70–91.

73

Sylva, K., Melhuish, E., Sammons, P., Siraj-Blatchford, I. and Taggart,B. (2004) *The Effective Provision of Pre-school Education (EPPE) Project:Effective Pre-school Education. A Longitudinal Study Funded by the DfES 1997–2004*, Annesley: DfES Publications.

Sylva, K., Siraj-Blatchford, I. and Melhuish, E. (1999) *The Effective Provision of Pre-school Education (EPPE) project*, Technical paper 6: Characteristics of the Centres in the EPPE Sample, London: Institute of Education.

Tickell, C. (2012) *The Tickell Review – The Early Years: Foundations for Life, Health and Learning*, London: Department for Education.

Waldfogel, J. and Garnham, A. (2008) *Childcare and Child Poverty*, York: Joseph Rowntree Foundation.

第3章 ノルウェー

普遍的で質の高い乳幼児期の保育をめざして

アンネ・リセ・エリンセター Anne Lise Ellingsæter

はじめに

　歴史的な観点から述べると、ノルウェーの保育・幼児教育制度は、保育を必要とするものを対象とした選別的なサービスから普遍主義的なシステムに発展してきた（Ellingsæter and Gulbrandsen, 2007）。今日、保育（place）への在籍が1～5歳の子どもの社会権として制度化され、実際にこの年齢層にある幼児の大部分（90％）が何らかの保育サービスに参加している点に鑑みると、すべての子どもが利用できる保育のあり方は、政策のみならず現実にも反映されているといえよう。このような現在の保育制度は、過去30～40年の間にみられた保育に関する需要と供給のダイナミックな相互作用によって徐々に発展してきたものである（Ellingsæter and Gulbrandsen, 2007）。

　他の北欧諸国と類似点があるものの、ノルウェーの保育制度はいくつかの点で際立った特徴を示す。保育に関する財源および法律／規制面の責任を担うのは、中央政府である。このため中央政府は、保育事業を確立し、拡大させ、さらには比較的統一された基準を設けることにより、国民に対する保育の保障を進めてきた。けれども、保育施設の運営については官民

が混在しており、1970年代以降は全保育施設のうち、およそ半数が民間経営であった。親たちからの要求に応じつつ、子どもの権利として保育を制度化してきたノルウェーではあるが、とりわけ3歳未満児に対する保育（place）の普及については、他の北欧諸国にはるか後れをとっていた。しかし、2000年代に入ると、親が適正な料金で保育を利用できる制度の確立に向けて、政治的責任が果たされた。就学前のあらゆる年齢・環境にある子どもに保育を普及する新たな施策の下、すべての子どもを包含するために保育の質を高めることへ保育政策のねらいが向けられている。中でも大きな関心が寄せられているのは、移民の子どもや親の所得・学歴が低い家庭の子どもに対する包摂（インクルージョン）的な保育である。本章では、ノルウェーの保育・幼児教育モデルの主な特徴を概説したうえで、主要な政策的課題を論じる。

主な保育改革とその理論的解釈

ノルウェーにおいて、現在のような形態による保育の提供が始まったのは、1975年の保育所法 Day Care Institution Act を契機としている。この法律において、保育はそれを望むすべての親のためにあると明言された。大多数の政党が保育所法の制定を支持する中、保育は普遍主義に基づく福祉サービスの一部として規定された。現在の幼保一体型保育施設法 Kindergarten Act（2005年6月における幼保一体型保育施設〈kindergartens〉に関する法律第64号）は、2006年1月に施行された。ノルウェーにおいては、乳幼児期の保育・教育を担う保育施設は公的・一般的に、バルネハーゲ（barnehage: 英語名 kindergarten）と呼ばれる。バルネハーゲ〔以下、「保育施設」と表記〕は「幼稚園」「保育所」などが意味するところをすべて包括して、ケアと教育を一体的に提供する幼保一体型施設を指す。

保育を求めるすべての親へ子どもたちの居場所を提供する保育の「完全普及」（full coverage）が達成されるまでに、30年以上の月日を要した。1980年代には、保育の拡大に関する政治的な議論が交わされ、より長時間の保育を子どもに提供する必要があると唱える左派政党と、保育サービ

スの過度な提供は子どもの発達に悪影響を及ぼすと考える右派政党の間で政策的な見解が拮抗した（Vollset, 2011）。1990年代に入ると、「親がより長く子どもと触れ合うための時間」と「親による選択の自由」のどちらを保障するかという問題が保育政策の議論における最大の争点となり、親の保育に対する要求は脇に追いやられてしまった（Ellingsæter 2003）。1990年代は、家族政策における2つの重要な改革が実施された。1993年には親の育児休暇期間が1年間にまで延長された。また1998年には、公的な保育施設に通わず家庭で育児されている1歳児と2歳児に対して、家庭保育手当（cash-for-care benefit）を給付する制度が導入された。後者は中道右派政党が推進した施策であり、導入に際して左派政党は激しい抵抗を見せた。というのも、家庭保育手当制度の主なねらいは、子どもが幼い時期は家庭で親によって育てられることが最善であるという考えを前提としており、親が望ましい子育てを行う機会を国が支援しようとすることにあったからだ。制度導入に関するその他の論理的な根拠としては、親が保育施設での保育を受けるか家庭で育児をするか、いずれかを選択ができることによって、政府からの補助金が各家庭へ公平に分配される点が示された。また、個人経営によるチャイルドマインダー（childminder）が公的に資金提供されている保育施設と同じように政府の補助金を受けられる点についても言及された。

　家庭保育手当の導入後には、新たな政治情勢が浮上して、保育の提供に大きな焦点が当てられることとなった（Ellingsæter and Gulbrandsen, 2007）。2000年代に入ると、保育の需要と供給に影響を及ぼす重要な改革が行われた。2003年には、保育にかかわる経済的・法的対策の改正に対し、すべての政党が合意に達した（Ministry of Children and family Affairs, 2003b）。この変革の目的は主に、親の保育料負担の軽減、公営施設と民営施設の平等な待遇、および保育部門の拡大にあった。このため、国家財政の投入や保育部門に関する基礎自治体の責任強化が図られた。保育に対する公的な補助金は運営費の80%にまで引き上げられ、親が支払う保育料の上限が設定された。基礎自治体には、保育を提供する法的義務が課せられ、保育

施設に対する補助金は公営、民営の別によらず公平に配分する原則が敷かれた[1]。さらに、保育の「完全普及」が達成されると、それまでの目的が特定化された補助金から基礎自治体へ提供される包括的補助金として国から助成金が充てられるようになり、基礎自治体には保育の提供に対する法的権利がもたらされた。

現在のノルウェーにおける保育施設は、子どもの発達と学びへのアプローチに代表されるような、北欧諸国に共通してみられるソーシャルペダゴジーの伝統によって導かれてきた。幼児期はそれ自体が固有の価値を持つ人生の一時期として認識され、ケア・遊び・学びは相互に関連し合うものであるとみなされる（NOU, 2010）。ケア・遊び・学びに対する包括的（ラップアラウンド）なアプローチは、次のような保育制度の構築にも反映されている。ノルウェーでは、すべての5歳児以下の子どもが保育の対象となる。ただし、他の多くのヨーロッパ諸国と同様に、3歳未満児に対するケアと3歳児以上を対象とした施設型保育との間に大きな区別はない。

保育施設が子どもの最善の利益に基づいてペダゴジカルな理念を持っていることのねらいは、保育に社会的な正当性を与えることにあった。働く母親に対する政治的姿勢と長時間保育の提供は、長らくあいまいで割り切れない状況にあった（Ellingsæter and Gulbrandsen, 2007）。ノルウェー保育白書の中に「ノルウェーの保育施設では、伝統的にペダゴジーとケアが一体化した実践が行われている」（Ministry of Children and Family Affairs, 2003a, p 7）と明示されているように、今日、親にとって保育が必要であることはノルウェー社会において広く認識されている。近年では、他の多くの国々と同じく保育が社会的投資としてみなされるような政策の転換が起こっている（例えば Jenson, 2004）。保育施設は生涯学習の一部であり、国の将来を担う生産的な国民に対する投資であるとみなされている（Ministry of Children and Family Affairs, 2003a）。2006年に幼保一体化された保育施設の管轄が子ども・平等省から教育・研究省へ移管されると、保育施設はますます教育制度の一部であると捉えられるようになった（NOU, 2010）。ソーシャル・コンピテンスにおける遊びと発達の関係性を重視す

る傾向は幾分弱まりつつあるものの、認知的能力の発達はより強調されている（NOU, 2010）。2000年代における多くの政策文書や政府による専門家委員会の報告書には、保育の「完全普及」を達成するための政策的努力と並行して、保育の質が重要な政策課題とされたことが示されている（NOU, 2007, 2010, 2012; Ministry of Children and family Affairs, 1999; Ministry of Education and Research, 2009）。質の高い保育の提供は、機会均等の保障と社会的不平等の縮小を図るうえで重要な政策分野であると考えられている（NOU, 2009, 2010, 2012）。

子どもの在籍

　幼保一体型保育施設法 Kindergarten Act は保育施設の認定、運営および管理を規制している[2]。地方における保育施設の管理責任は、基礎自治体が担う。このため、保育施設の認可や指導に加え、保育施設に対する法律に基づいた運営管理の徹底を確実に遂行する責務がある。民営の保育施設は設置の目的や保育内容が法律の定める適切な範囲にあり、かつ法律で定められた要件を満たしていれば運営の法的権利を認められる。保育は主に基礎自治体（429の基礎自治体）レベルで提供される。2011年の時点で、ノルウェー全土に6579の保育施設があり、27万7000人の子どもが通っている（Statistics Norway, 2012）。開園時間は施設によって異なるものの、89％の施設が1日あたり9.5 ～ 10時間開園している（NOU, 2012）。子どもたちが保育施設で実際に過ごす時間は、週平均30 ～ 35時間である（NOU, 2012: 91–2）。ほとんどの場合、保育は一般的な保育施設で提供されているが、私（インフォーマル）的なベビーシッターに代わって個人の家庭で小集団の子どもに保育を提供する「家庭的保育」（family kindergarten）も認められている。2010年の時点で主に3歳未満の幼児7568人が利用している家庭的保育は、通常1人の保育者が、預かる子どもの家庭のうち1軒に4 ～ 5人の子どもを集めて保育を行っている（NOU, 2012）。また、在籍登録などをせずに親や子どもの世話をする人が常駐している施設に出向いて保育を受ける「オープン保育」（open kindergarten）もあり、2011年には5270人

の子どもが利用している（Statistics Norway, 2012）。

　過去数十年にわたり、保育の需要と供給の間には大きな隔たりがあった（Ellingsæter and Gulbrandsen, 2007）。保育の拡大は非常に緩やかに進んだ。1990年代に入り、1993年に親の育児休暇が1年間にまで延長され、1997年には就学年齢が7歳から6歳へ引き下げられたことにより、保育を受ける子どもの割合は高まった。しかし、新たに設置された保育施設の数は、実際のところ、過去20年間よりも少なかった。また低年齢の子どもたちを対象とする保育の新たな場については、通常の保育施設より子ども1人あたりの職員数が少なくても認可されるという理由から、家庭的保育の形態をとるものがほとんどであった。国からの公的補助金と運営に対する公的管理を除けば、家庭的保育の利用は実のところ、私的なチャイルドマインダーを手配するに近しい。家庭的保育は、一般的な幼保一体型保育施設に比べてより「家庭的」な環境にあると考えられているため、低年齢児には適しているかもしれない。ただし、大多数の親は一般的な幼保一体型保育施設へ子どもを通わせることを選ぶだろう（Ellingsæter and Gulbrandsen, 2007）。

　2000年代は、保育の革命期として特徴づけるにふさわしい時代ではないだろうか。2000年の時点で保育施設へ通っている0〜5歳児の数は全体の3分の2を占める程度であったが、2011年には90％を占めるまでに増加した。この間、基礎自治体間における在籍率の格差も大幅に縮小した（Borge et.al 2010）。とはいえ、在籍率の地理的な格差は依然として残されており、地域によって85〜95％の幅がある。首都オスロの在籍率は全国で最も低い値を示しているが（Statics Norway, 2012）、これは他地域に比べて移民の人口割合が高いことを事由としている。近年、3〜5歳児の在籍率は横ばいの状態にあるものの、2011年には3〜5歳児のほぼすべて（97％）が保育施設に通っている（表3.1）。著しい増加がみられているのは1〜2歳児であり、一部の学者は「よちよち歩きの侵入」（toddler invation）と称しているほどである（Løvgren and Gulbrandsen, 2012）。2000年における1〜2歳児の在籍率は37％であったが、2011年には80％が在籍してい

る。年齢別でいえば、2歳児の88％、1歳児の71％が在籍しており、在籍児全体に占める3歳未満の割合は36％を示している（Statics Norway, 2012）。1〜5歳児の90％がフルタイムで在籍していることに鑑みると、長時間保育に対する親の要求はこの10年間ですっかり満たされたといえよう。2〜5歳児に限定してみるとノルウェーの在籍率はデンマークやスウェーデンと同じくらいである。1歳児の在籍率については、デンマークより若干低いもののスウェーデンよりも高い値を示している（表3.2）。年齢によって在籍率が異なっている事情の背景には、各国における親の育児休暇期間の長さが関連している。

表3.1　ノルウェー：1980〜2012年における子どもの年齢別在籍率（%）

年　齢	1980	1985	1990	1995	2000	2005	2010	2012
1〜2歳	7	9	15	31	37	54	79	80
3〜5歳	27	38	52	66	78	91	97	97
1〜5歳	19	27	36	52	62	76	89	90

出典：保育施設の統計、Statistics Norway

表3.2　2010[a]年　北欧諸国の保育施設における子どもの年齢別割合

子どもの年齢	デンマーク	ノルウェー[b]	スウェーデン
0〜5歳の合計	82	76	72
0歳	18	4	—
1歳	86	71	49
2歳	94	88	91
3歳	97	95	96
4歳	99	97	98
5歳	97	97	98

注：a 全部または一部の公的資金による保育。b 2011年度。Statistics Norway（2012）。
出典：Nordic Council of Ministers（2011）

在籍率を押し上げる主な要因は、母親の就業率の高さである。ノルウェーにおける母親の就業率は、1〜2歳児では83%、3〜5歳児では86%を占める（Moafi and Bjørkli, 2011）。さらにいえば、保育に対する需要は他の育児政策に影響を受けている。中でも、育児休暇制度と家庭保育手当制度は重要な施策である。ノルウェーでは100%の賃金で47週間、80%の賃金では57週間（2012）の有給育児休暇が保障されている。全体のうち約4分の3の親が、育児休暇を最長期間取得することを選択している（Grambo and Myklebø, 2009）。2012年までは、1〜2歳児に対して、毎月3303ノルウェー・クローネ（≒400ユーロ）の家庭保育手当が非課税で給付されていた。半日など短時間保育で在籍する子どもの場合は、給付金が減額支給された。家庭保育手当制度が導入された際には、ノルウェーの親の大部分が手当てを受け取ったものの、それ以降受給率は年々減少している。1999年末には1〜2歳児の親の75%が給付金を受け取ったのに対して、2011年末の受給率はわずか25%（1歳児で30%、2歳児で20%）にすぎなかった。親が給付金を全額受給する割合も低下した。家庭保育手当の受給率が大幅に減少した背景には、保育の拡大と親の保育料の負担の軽減が関連している。国会で過半数を占める赤・緑連合（red-green government）は、2012年8月1日付で2歳児に対する家庭保育手当の給付を廃止し、1歳児への給付を制限した（Ministry of Children, Equality and Social Inclusion, 2011[4]）。この変革の事由としては、家庭保育手当の給付によって母親の雇用や保育の利用に消極性がもたらされるのと、とりわけ移民家庭の女性や子どもが社会に溶け込むことを阻まれて、幼児期における言語能力の発達に負の影響が及ぶのではないかと懸念されたことが大きい（Ministry of Children, Equality and Social Inclusion, 2011）。

在籍率における社会経済的なばらつき

1980年代後半、保育サービスを利用している親の社会経済的側面が初めて調査され、社会経済的グループによって偏った分布が見られることが明らかとなった。中産階級の家庭の子どもは、より資産の少ない家庭の

子どもに比べて保育施設に在籍している割合が高かった（Gulbrandsen and Tønnesen, 1988）。過去 10 年間において、保育の提供が拡大し、親の保育料に対する負担は軽減した。並行して、家庭環境による子どもの在籍率の格差は、依然として存在するものの縮小傾向にある。例えば、2004 ～ 2008 年の調査では、高所得世帯における保育施設への在籍率が高かったものの、増加率は低所得世帯の伸びのほうが大きかった（Sæther 2010, p 6）。教育水準の高い家庭の子どもと後期中等教育を受けた家庭の子どもとの間にみられていた在籍率の格差も縮小した。

　2010 年には家庭における多様な保育形態の利用状況に関する調査が行われ、保育施設への在籍と親の雇用形態、教育水準、および所得との間に相関関係が認められた。しかし、1 ～ 2 歳児よりも 3 ～ 5 歳児のほうが、これらの相関が低いという結果が示されている（Moafi and Bjørkli, 2011）。実際のところ、3 ～ 5 歳児の在籍率については、家庭の形態によらず、いずれも非常に高い値を示している。最も低い在籍率を示している家庭形態は、賃金所得者がいないもしくは賃金所得者が 1 人の家庭によるもので、87％である。ひとり親家庭あるいは共稼ぎ家庭の場合、多かれ少なかれ、ほぼ全員の子どもが保育施設へ通っている（表 3.3）。1 ～ 2 歳児の在籍率については、家庭環境による格差が目立つ。就労しているひとり親家庭（100％）と共稼ぎ家庭（85％）の子どもについては、高い在籍率が認められる。賃金所得者が 1 人の家庭の場合、子どもの在籍率は 58％であったが、賃金所得者のいない家庭は最も低い値を示した。

　3 ～ 5 歳児の在籍率について親の教育水準別にみてみると、親の学歴が高い家庭は 97％、親が初等教育のみの教育水準にある家庭は 88％と、違いがある（表 3.3）。所得の低い家庭による在籍率の数値も同様のパターンを示している。1 ～ 2 歳児の在籍率になると、親の教育水準による格差がより際立つ。親の学歴が低い家庭の子どもの在籍率は 53％であるのに対して、親の学歴が高い家庭の子どもは 82％である。非西洋社会の背景を持つ子どもは在籍率が低く、また親の所得や学歴が低い家庭の多くは移民である。しかし、移民家庭における 3 ～ 5 歳児の在籍率は、西洋

社会の背景を持つ子どもより7％低いものの、90％と高い値を示す（表
3.3）。非西洋社会の背景を持つ1～2歳児のうち、半数をやや上回る割合
の子どもが保育施設に通っている（58％）が、これは西洋社会の背景を
持つ子どもより22％低い。ただし、保育施設に通う移民家庭の子ども数
は増加傾向にあり、2011年には在籍児全体の11％を占めるまでになった
（Statistics Norway, 2012）。障がいのある子どもは、優先的に保育を利用で
きる（Ministry of Education and Research, 2009, p 91）。2008年の時点で、保
育施設において障がいのある子どもが全在籍児に占める割合は5.5％に達
している。

表3.3　ノルウェー：2010年の社会経済的特徴による保育施設の在籍率

	1～2歳児	3～5歳児
家庭形態		
単一の稼ぎ手、賃金所得なし	60	94
単一の稼ぎ手、賃金所得あり	91	100
既婚／同居、賃金所得なし	31	87
既婚／同居、1人分の賃金所得あり	58	87
既婚／同居、2人分の賃金所得あり	85	99
親の教育水準		
初等教育	53	88
中等教育	76	96
高等教育	82	97
低所得世帯		
低所得（OECD基準50%）	58	84
低所得ではない（OECD基準50%）	80	97
低所得（EU基準60%）	55	89
低所得ではない（EU基準60%）	81	97
母親の出生国		
ノルウェー	81	97
EU、アメリカ、カナダ、オーストラリア、ニュージーランド	82	98
アジア、アフリカ、ラテンアメリカ、その他の非西欧諸国	58	90

出典：Moafi and Bjørkli（2011, Tables 2.2, 2.3）

保育施設に通っていない子どもは、今や少数派となりつつあり、特に3歳児以上では極めて少ない。子どもを保育施設に通わせていない親は、通わせている親よりも学歴と収入が低い（Sæther, 2010）。質的研究の報告によると、親の育児観には文化的な差異が反映されているという。ある研究では、労働者階級の親は 1 〜 2 歳の子どもが育つために必要なものを穏やかな環境であると考える一方で、中産階級の親は子ども個人の発達をより重視することが指摘された（Stefansen and Farstad, 2008）。労働者階級の親が、子どもの発達について穏やかな環境を求める傾向は、3 〜 5 歳の未就園児を持つ親の研究においても言及されている（Seeberg, 2010）。このような親は労働者として送る生活の基準を前提として園生活を捉えており、保育施設を組織的でストレスの多い生活の一部とみなしている。親は子どもにとって最良の養育者であると捉えるがゆえに、母親が家にいる機会を得ることは特権であり、それを生み出すための選択に努める。後者の研究においては、階級や人種民族性に関連する相違点が指摘されたが、多くの類似点も見出された。また、質的研究では、保育施設の教育内容に関する見解にも社会階級による差異がみられることを指摘している（Stefansen and Skogen, 2010）。

　移民家庭の子どもの在籍率が低い点については、いくつかの見解が示されている（NOU, 2012）。1 〜 2 歳児に対する家庭保育手当の導入は、移民の親が保育を利用する割合の減少と関連していた。しかし、一般的な減少傾向に比べれば遥かに少ないものの、アジアやアフリカの文化的背景を持つ親の間でも家庭保育手当の受給は減少した。保育料における親の負担率は保育を利用するうえで重要である。例えば、首都オスロの一部地域で行ったパイロット・プロジェクトでは、すべての 4 〜 5 歳児に対して週20 時間の無償保育を提供している。評価報告によれば、結果的にほぼすべての子どもが保育施設へ在籍しており、保育の総費用が低くなるにつれて、より多くの親が長時間保育の利用へ移行していることが明らかとなった（NOU, 2010）。しかし、ひと月あたり 650 ノルウェー・クローネ（≒ 80ユーロ）の保育料が導入された際には、対象グループのおよそ 3 分の 1 の

子どもが在籍しなかった（NOU, 2012）。無償の一時保育では言語トレーニングを提供している。しかし、マイノリティの子どもが大半を占める（そうでない子どもが2〜10%を占める）場合、トレーニングの効果は限定的なものになるだろう。

社会権としての保育──原則と実際

1975年に制定された保育所法 Day Care Institution Act では、基礎自治体が保育施設の拡大と管理に関する責任を負っていたが、設置義務は伴っていなかった（NOU, 2012）。基礎自治体が十分な数の保育施設を提供する義務を果たしていたのは2004年のみである。2009年には、国会で過半数を占める赤・緑連合が1〜5歳児に対して保育を受ける法的権利を定めた。これは、親の労働市場における立場とはかかわらない独立した権利であり、例えばスウェーデンのように、経済活動を行う親に対して保育の権利保障が定められている状況とは対照的である。

保育の権利は、1歳児より有効となる。したがって、基礎自治体は、9月1日以前に満1歳の誕生日を迎えた子どもに対して、8月から保育を提供しなければならない。[5]自治体が保育の提供を開始する期日の設定は、子どもが保育施設への入園を許可される期日と密接に関連している。というのも、毎年6歳児が就学する時期になると、およそ6000か所の保育施設に空きができて利用可能になるからだ。9月1日以降に満1歳の誕生日を迎える子どもは、翌年の8月まで保育施設に通う権利がないため、保育施設が利用できない場合は1年間待機しなければならない。両親にとっては、無給休暇期間による経済的損失、もしくは、複雑で一時的な育児サービスを手配する事態が伴うだろう。そのため、親は出産を計画的に行うことによって新しい規定に適応しているようである。産科病棟の助産師の報告によれば、以前は春季の出産が最も一般的であったが、最近は夏季における出産数が最も多いことが指摘されている。[6]このような夏季における出産の増加傾向は保育の法的権利が確立される以前からみられていたものの、おそらくは保育施設への入園日と関連していると考えられる。[7]入園

日の設定は基礎自治体によって異なっているため、政府任命の専門家委員会は入園日を2回に分けて設定するよう提案している（NOU, 2012）。子どもの満1歳の誕生日に合わせて随時入園するような在籍案も示されているが、これに従うと保育施設における収容可能人数を多めに用意することが求められるため、非常に経費がかさむことが懸念されている。

　2歳児に対する家庭保育手当を中止すると、保育への需要がさらに増加することは容易に予想される。しかし、19の基礎自治体は2歳児への家庭保育手当を独自に給付する決定を下した。これら基礎自治体のほとんどは、ノルウェーにおいて比較的保守的な地域にある中道右派の地方政権の自治体である[8]。例えば、ノルウェー第4の都市では、2012年の秋に2歳児に対して、毎月およそ4000ノルウェー・クローネ（≒500ユーロ）の家庭保育手当を給付する制度を導入した。ただし、子どもが保育サービスをまったく利用していないことが給付の条件である[9]。この制度は子どもが利用する保育形態を家族が「選択」できるよう支援することをねらいとする一方で、地方自治体の経済を活性化することにもつながる点が強調された。保育施設の運営には家庭保育手当の給付よりも多くの経費を必要とする。そのため、家庭保育手当の導入によって、保育施設における2歳児の定員数は減らされるだろう。しかし、家庭保育手当を導入した基礎自治体に住む親の大半は、給付金の受給を申請していない。政府は、給付金に対する親の関心が高まるようであれば、給付金への非課税化も検討しているという[10]。

保育の財源

　保育施設の財源は、国、基礎自治体、および親によって提供されており、企業の出資は一般的ではない。政府による補助金は、保育の拡大と運営を図るうえでの大きな動機（インセンティブ）づけになる。政府の保育に対する補助金は、2010年に約263億ノルウェー・クローネ（≒33億ユーロ）に達した。2011年には基礎自治体が公営・民営を問わず、すべての保育施設に対する財政の責任を担うことになった。政府による保育への補助金は特定サー

ビスに対する紐つきの特定補助金（earmarked grant）から、基礎自治体に
対する包括的補助金（block grant）という形によって使途を特定しない一
般補助金（general-purpose grant）へ移行した。包括的補助金は十分に確立
されたサービスに使用される資金である。政府による補助金の特定補助金
から一般補助金への移行は、1986 年以降の地方分権化における重要な原
則であった（NOU, 2010）。この施策によって、基礎自治体はその地域で必
要とされる経費や住民の要望に沿って、主体的に財源配分を決めて実際に
配分することが可能になる。このため、地方自治の観点からみれば、特定
補助金から一般補助金への移行は重要な施策である。特定補助金は保育施
設における子どもの数、年齢、および 1 週間あたりの在園時間に基づい
て計上されていた。包括的補助金は、3 ～ 5 歳児の子ども数、家庭保育手
当を受給していない 1 ～ 2 歳児の子ども数、および住民の教育水準など
による潜在的な保育への需要に応じて基礎自治体に割り当てられる。後
者においては、住民の教育水準が高い地域ほど、保育へのより高い需要が
生まれるという前提にあることが暗に示されている。したがって、このモ
デルは、所得の低い家庭や移民家庭の子どもの存在が示す在籍率のばらつ
きを考慮しておらず、実際には真逆の施策を行っているようにも考えられ
る。[11] 基礎自治体に対する国庫補助金の一部はまだ特定化されている。例え
ば、少数民族の子どもの言語能力を向上させる支援への投資に対するもの
である。[12] 特別な支援を必要とする子どもが在籍する保育施設へは、国と基
礎自治体から追加の補助金が支給される。2008 年には、保育施設に在籍
するすべての子どものうち 3.3 ％に対して追加の財政支援があり、そのほ
とんどは職員の増員に充てられた。通常の保育や資源では対応しきれない
ような支援を要する子どもは、個人の権利として特別な教育支援を受ける
権利を保障されている（Education Act, 1998）。

　2011 年における保育の財源はほぼ、国庫補助金が 1 ％、基礎自治
体からの補助金が 83 ％、親からの保育料 15 ％の割合で構成されてい
た（Statistics Norway, 2012）。保育経費は基礎自治体の総運営費における
14.9 ％を占めており、基礎自治体が提供するサービスのうち医療、初等教

育に次いで、3番目に大きな部門である。国家基準では、民間経営の保育施設に対する補助金は一施設あたりに換算して支払われることが定められているが、金額については基礎自治体によって大きく異なっている。[13]

　包括的補助金では保育施設への資金配分方法が大幅に異なってくる。なぜなら、基礎自治体が提供する他の福祉サービスと同じ資金源からの配分を競うことになるからだ（NOU, 2010）。保育の補助金が特定補助金から包括的補助金へ移行することが、保育の拡大と質の向上に対して、長期的にどのような影響を及ぼすのかについては不確かである。保育部門はまだ安定しておらず、新しい保育施設がこれからも建設され、職員もかなり不足している（NOU, 2010）。短期的にみれば、特定補助金から包括的補助金への移行は、基礎自治体における保育の拡大にさほど変化をもたらさなかったようである。しかし、政府任命の専門家委員会は、包括的補助金によって保育の質が低下する可能性があるため、幼保一体型保育施設法 Kindergarten Act においてさらなる内容と質の規制が必要であると述べている（NOU, 2012）。

公営施設と民営施設の財政における公平性

　保育の創成期において、保育施設のほとんどは民間経営施設であった。1963年には公的に運営されていた保育施設はわずか21％にすぎなかった（Gulbrandsen, 2007）。1970年代半ば以降、公営と民営の割合はほぼ五分五分になった。1990年代半ばまでは公営のほうがやや高めの割合であったが、近年における保育の拡大が民営保育施設の増設に負うところが大きいため、2000年代には民営のほうがやや高い割合を占めている。2010年には、保育施設の54％が民営である一方で、全在籍児の53％が公営保育施設へ通っていた（公営施設は、しばしば民営の保育施設よりも大規模である）（NOU, 2012）。公営保育施設のほとんどは基礎自治体が運営している。この10年間において、基礎自治体が就園希望児童の増加に対応できなかった場合、親やその他養育者を公的補助金制度によって転出させることができるようになった。民営の保育施設のうち、37％が個人所有の保育施

設であり、その多くが小規模の家庭的保育である。また、かなりの割合を親が運営する施設が占める（2006年は24％）（Borge et.al, 2010）。学生福祉団体を含む企業所有の保育施設は10％にのぼり、宗教団体の所有施設が8％、特別な支援を要する子どもへの専門機関、もしくは非営利団体の所有施設が5％となっている。有限会社を含むその他の経営形態による保育施設は15％である。

　公営の保育施設と民営の保育施設を同等に扱うことは、基礎自治体から民営保育施設へ流れる補助金が徐々に増加していくことを意味する（2014年には100％に達する見込みである）。これにより、基礎自治体は、民営保育施設にも公営保育施設と同等の労働条件と賃金を提案することができるようになる（NOU, 2010: 52）。概算によれば、多くの民営保育施設（2010年では92％）が公営保育施設よりも経費を抑えるために、子ども1人あたりの職員数や職員の賃金を少なくしている（NOU, 2012）。

　このような保育施設の運営構造に変化が表れ始めた。特に、営利目的の所有者による保育施設の拡大は、保育政策に新たな課題をもたらしている（Ministry of Education and Research, 2012）。2003年以降、いくつかの新しい形態による保育施設の運営が始まっており、その一部は商業的動機によるものである。民営保育施設の運営者の間では、有限会社への移行が広がっている[14]。これら民間営利事業者については、例えば私立学校の利益抽出は認められていないように、保育施設の経営においても利益抽出を認めるべきではないという、ノルウェーの福祉サービスにかかわる問題として論争を巻き起こしている。民間の保育部門が利益を生み出す主な機会は、費用調整、すなわち、公立よりも少ない経費で運用することにあるだろう。今日、民営保育施設における利益抽出はさほど普及していないものの、いくつかの事例では依然として問題視されている。

　「公平な資金配分が保育施設全体における質の向上につながり［中略］、民営保育施設に対する基礎自治体の補助金と親が負担する保育料が子どもの利益に結びつく」（Ministry of Education and Research, 2012, p 5）ために、与党である赤・緑連合は2013年から幼保一体型保育施設法 Kindergarten

Act に、新しい規定を盛り込んだ。それによれば、民営保育施設は「合理的な年次業績」（reasonable annual result）として定義された範囲内の利益を認められている。この法律では、人件費が公営保育施設よりも大幅に低い場合、「合理的」でないとみなされる。「合理的な年次業績」の要件が満たされない場合、基礎自治体は補助金を削減または停止することができる。野党である中道右派政党は、この規定は民間経営者に対する世論の不信感と、民間部門への補助金は子どもの利益に結びつかないとの見解に基づくものだと主張して反対票を投じた（Innst 352 L, 2011–2012, p 8）。このように論争中の政策課題であるため、今後政策が変更される可能性がある。

保育料

保育料の上限は、政府の年間予算によって決定する。2012年には、月額2330ノルウェー・クローネ（≒300ユーロ）であった[15]。幼保一体型保育施設法 Kindergarten Act では、第2子については最低30%、第3子以降は最低50%の保育料を減額しなければならないとされている[16]。基礎自治体はまた、民間の保育施設を含めて、経済的に保育料の支払いが厳しい家庭に対し、保育料の減額または免除の取り決めを行う義務がある。取り決めの内容については、基礎自治体に委ねられる。2011年には基礎自治体の21%が所得に応じた保育料を設定し、保育施設に通っているあらゆる子どものうち53%を対象とした（所得水準に応じた保育料の設定は、人口密集地域の基礎自治体では非常に一般的である）。また、これら基礎自治体の保育施設に通う子どもの約5%が、減額された保育料の対象となった（NOU, 2012）。所得に応じた保育料の設定を行わない基礎自治体のうち60%が、在籍児の28%に対して公的扶助プログラムを提供していた。これによって、保育料が減額あるいは免除された子どもの養育者は、所得の損失を補填される。

保育料は、2005年の保育料上限設定制度の導入により、全般的に大幅な減額がみられている。しかし、最も所得が低い世帯の層では、所得の高い世帯よりも実際の保育料の減額率が低かった（NOU, 2010）。低所得世帯

は高所得世帯に比べて、所得における保育料の負担割合が 2 〜 3 倍大きい（Ministry of Education and Research, 2009）。基礎自治体による保育料の減額は、かなり控えめのようである（NOU, 2012）。

　政府任命の専門家委員会は、保育料の支払いが困難な家庭のために、より強固な国家プログラムの施行を提案している（NOU, 2010）。

保育の規制と質

　幼保一体型保育施設法 Kindergarten Act は、保育の質を担保する最も重要な手段である。この法律では、望ましい保育施設のあり方や質の高い保育を定義づける、保育の目的と内容を示している（NOU, 2010, 2012）。幼保一体型保育施設法 Kindergarten Act に準拠した保育指針 Framework Plan は、保育の内容と課題をさらに明確に示している[17]。法律では、保育施設は子どもの発達、一生涯にわたる学び、および民主的な社会への積極的な参加のために、健全な基盤を構築するものであることが明言されている。しかし、地方の裁量に余地を与える標準的な要件はわずかにすぎない（NOU, 2010）。保育施設の経営者と職員は、子どもの要求に基づいて保育方法、設備、および組織の編成を決定する。協議委員会は、ペダゴジカルな活動のために、年間の保育計画を立てなければならない。保育指針 Framework Plan はナショナルカリキュラムとして確立されており、保育指針と小学校のナショナルカリキュラムとの間には、明確な関係性がある。子どもたちと親は保育に参加する権利がある。幼保一体型保育施設法 Kindergarten Act では、保育施設と子どもの家庭との連携を図るために、各施設に保護者評議会と協議委員会を設置することを定めている。この法律ではまた、保育施設に在籍する子どもは、園での日常的な活動において自分の意見を述べる権利があり、活動の計画や評価に参加する機会を与えられるべきであると明示している。子どもの意見は、年齢や成熟度によらずに尊重される。

　幼保一体型保育施設法 Kindergarten Act によると、基礎自治体は公立と民間、双方の保育施設の運営を監督する義務がある。監督の方法や頻度に

ついては、基礎自治体の裁量に任されている。教育・研究省のガイドラインには、基礎自治体が管理計画を策定し、考慮すべき中心的観点を示す必要性も義務づけられている（NOU, 2012）。地方自治体の知事は基礎自治体の指導と監督を行う。

職　員

　保育施設の職員は大きく 3 つに区分され、管理職である「園長」、子ども集団においてペダゴジカルな活動を導く「保育施設教諭」、および「補助保育者」によって構成される。幼保一体型保育施設法 Kindergarten Act では、職員の資格や保育施設教諭と子どもの比率に関する明確な条件が規定されている。法律では、すべての保育施設に保育施設教諭を配置する必要性を示している。保育施設教諭の資格を得るためには、全日制 3 年間の学士課程における養成教育を受けなければならない。園長や保育施設教諭は、幼児教育にかかわる教員としての専門知識を学ぶだけではなく、子どもとかかわるために必要な幅広い大学教育を受けていなければならない。ただし、保育施設に有資格の候補者がいない場合は、教育要件が免除され得る。保育施設教諭と子どもの比率については、3 歳児以上 14 〜 18 人に対して保育施設教諭が 1 人、3 歳未満児の場合は子ども 7 〜 9 人に対して保育施設教諭 1 人が、必要最低基準とされる。保育施設において子どもが過ごす時間は、1 日あたり最低 6 時間が基準である[18]。その他の職員と子どもの比率に関する規定はなく、十分な職員数が配置されるべきと言及されているにすぎない。最近の調査によると、職員 1 人あたりにおける平均的な子ども数は、3 歳未満児グループで 3.4 人、3 〜 5 歳児グループで 5.5 人であった（Vassenden et al, 2011）。また、異年齢混合グループでは、職員 1 人あたりの平均子ども数が、4.6 人であった。基礎自治体の中には、職員と子どもの比率に対して、地域独自の協定を定めているところもある。例えばオスロ市では、1987 年以来、3 歳未満児 9 人につき 3 人の職員、3 歳児以上 18 人につき 3 人の職員という比率を定めている。ただしこの規定については、2012 年に保育者と親の間でストライキが起こったことを

きっかけにして、基礎自治体が柔軟性を高めるために規制を取り止めようとしている。

　政府任命の専門家委員会は、望ましい職員と子ども数の比率に関する新しい規定を提案した。それによれば、3 歳未満児の場合は、3 人の子どもに対して 1 人の職員かつ、6 人の子どもに対して 1 人の保育施設教諭を、3 ～ 5 歳児の場合は、6 人の子どもにつき 1 人の職員かつ 12 人の子どもにつき 1 人の保育施設教諭の配置が必要であるとされている（NOU, 2012）。この提案は、保育施設教諭の割合を高めつつ、保育現場における実際の状況により近い比率を標準化したものである。この規定によって職員の 50％が保育施設教諭で占められるようになる一方、保育教諭の配置のために 14 億ノルウェー・クローネの費用がかかると推定されている（NOU, 2012）。

　2011 年には合計 8 万 8800 人が保育施設に雇用された（Statistics Norway, 2012）。この 10 年間における保育の拡大によって、保育施設教諭を養成する教育機関も大幅に増えた（NOU, 2010）。にもかかわらず、ノルウェーの保育施設では有資格の職員が不足している。政府任命の専門家委員会は、この「保育者の専門性を問う由々しき問題」と評される状況に懸念を示している（NOU, 2010）。2010 年には、園長の 96％と保育施設教諭の83％がペダゴジカルな活動を導くための資格を持っていた（NOU, 2012）。2003 年に保育施設に勤めていた保育者のうち保育施設教諭の 84％、養成教育を受けていない職員の 63％が 4 年後も同じ職に就いていた。ここからは、補助保育者よりも保育施設教諭のほうが、保育施設において安定的に働いていることが理解できる（NOU, 2012）。また、補助保育者のうち 26％は何らかの教員養成教育を受けている。2007 年の調査ではすべての職員のうち 23％が初等教育に関する養成教育のみ、39％は中等教育に関する養成教育のみを受けていた（Gulbrandsen, 2009）。保育施設教諭の不足は、首都およびその周辺地域（オスロとアーケシュフース）で最も深刻である。ここからは、移民の子どもが多くてあまり魅力的でない地域の保育施設では、資格を持った職員が少ないという結果を読み取れるかもしれな

94

い。2007年において、保育施設で働く職員のうち7.5%が移民であり、そのうち19%のみが教員養成教育を受けていた（NOU, 2012）。明るい筋書きとしては、若く安定した労働力によって、保育施設における有資格者不足は、近い将来解消するのではないかと考えられている（Gulbrandsen, 2009）。

　保育の「完全普及」は、保育施設が変化しつつあることを意味する。つまり、在籍児における子どもの構成が変わったのである。以前にもまして、より多くの3歳未満児、より多くの移民の子ども、より多くの特別な支援を必要とする子どもが保育施設に在籍している。親たちはさらに大きな要求を望んでくるかもしれない。現場における職員の専門性が不足している中で、ますます多くの専門的能力を要求されるという、職員にとっては厳しい状況が広がっている（NOU, 2010: 51）。保育施設では「よちよち歩きの侵入」に対して、いくつかの条件を設けることで対応している。職員の約半数は現状よりも子どもの在籍時期をもっと遅らせて、保育施設での滞在時間も少なくするべきだと考えている（Løvgren and Gulbrandsen, 2012）。ベテランの職員は年齢の若い職員よりも幾分保守的であり、高い教育を受けた職員ほど子どもの受け入れに積極的な姿勢を見せている。

　保育施設教諭は自分の仕事を楽しんでいるが、職場環境については課題があると考えているようだ。報告された中には、騒音、園内環境、仕事量の増加、業務を行うための適切な労働時間配分などが挙げられている（Utdanningsforbundet, 2007）。保育施設では他の職場に比べて病欠の度合いが高く、代理の職員を見つけることが大きな課題となっている（NOU, 2012）。保育施設教諭の賃金は、高等教育を受けている他の職業グループに比べて低い。後期中等教育のみを受けた対象グループと比較した際、医師や弁護士、エンジニアは一生を通じて40～60%多く収入を得ている一方で、保育施設教諭は20%も少ない（看護師は13%、教員は10%低い）（Kirkebøen, 2010）。この数字については、男女ともに同じようなパターンが見られており、補助保育者もまた平均よりも低賃金である。

保育の質の向上にかかわる政策

　保育の質の向上は、保育をさらに発展させるうえで重要な政策課題である。このため、保育の質を向上させる取り組みが強化されている。1999年の政府白書では、保育の質の向上を目的とした3か年プログラムを2001年から開始する計画が示されている（Ministry of Children and Family Affairs, 1999）。質を高めるために重要な課題とされたのが、あらゆる子どものための保育施設、親と子どものニーズに沿った多様で利用者主体のサービス、および能力の高い職員の3点であった。質の問題は、この政府白書以降に発刊された保育施設にかかわるすべての政府文書において重要なテーマとして示された。2009年の秋には、政府は保育施設の質の問題に特化した白書を議会に提出した（Ministry of Education and Research, 2009[19]）。2009年の保育白書では保育の質を向上させるための重要な目標として、すべての保育施設における公平性と質の担保、学びの場としての保育施設の強化、包括的な共同社会たる保育施設へのあらゆる子どもの参加可能性の提供、の3つが掲げられた。中でも次の3点がさらなる質の向上に向けた指標として強調された。

- 職員の専門性
- 学びの場としての保育施設の質
- 特別な支援を必要とする子ども

　2002年に実施された園長を対象とする調査によると、保育の質の向上にかかわる業務は順調なスタートを切った（Gulbrandsen and Sundnes, 2004）。2003年末までに、すべての保育施設が保育の質を向上させ、その質を維持するための方法と体制を園内に確立しなければならなかった。しかし、2004年に実施された新たな調査では5人の園長のうち1人のみが、保育の質の向上として定められた目標を達成することができたと感じていることが明らかとなった（Gulbrandsen and Sundnes, 2004）。保育施設におけるこれほどの目覚しい拡大が、一方で保育の質にどのような影響を及ぼし

ているのかという点にかかわる検討は、極めて重要な問題である。2008年に保育施設を対象として行った調査では、保育部門の拡大と並行する形で、構造的な質の改善が見られたという（Winsvold and Gulbrandsen, 2009）。質の改善を示す指標には、例えば、保育施設の規格、職員の資格、安定した就労と研修、保護者への調査の有無、子どもの健康と発達の実態把握などが含まれている。この調査では、保育施設の規模が大きくなるにつれ、保育の質を改善するプログラムで提示された目標の達成率が高かったことが示唆された。

　教員養成教育を受けた保育施設教諭の割合は、大きな変化を見せた。ある研究では調査対象の保育施設のうち4園に1園の割合で、保育施設教諭の養成教育を受けた職員の割合が27％以下であった（Winsvold and Gulbrandsen, 2009）。一方では、4分の1の保育施設で保育施設教諭の養成教育を受けた保育者が43％以上にのぼった。それでも、2004年と比較した際に保育施設教諭の割合は減少していないようだ。増加率については、公立よりも民間の保育施設のほうが高い伸びを示した。公立の保育施設は、職員に対する研修や資格取得後の学習プログラムを提供するという点については、よく計画されていた。しかし、保育施設と基礎自治体間での連携が改善されず、特に民間保育施設との交流が少なかった。これは、保育施設を管理運営する基礎自治体の責任面から考えると、問題であろう（Winsvold and Gulbrandsen, 2009）。

保育施設の組織、規模および質

　今日、保育施設や子ども集団の規模が拡大している傾向があり、これまで以上に柔軟な組織の編成が求められている。新しく設置された保育施設は、通常、それまでの保育施設よりも規模が大きい。保育施設1か所あたりにおける平均園児数は47人である（NOU, 2012）。保育施設のうち62％では在籍児数が52人以下で、全在籍児の3分の1がこれら保育施設に通っている。しかし、全体の14％にあたる保育施設では75人以上の園児が在籍しており、こちらにも全在籍児の3分の1が通っていることに

なる。公立の保育施設は一般的に民間の保育施設よりも規模が大きい。超大規模の保育施設はまだ珍しく、100人以上の子どもが在籍する保育施設は全体の4％であり、全在籍児の10％が通っているにすぎない。大規模保育施設については懸念の声もあるが、ほとんどの親は最寄りの保育施設に通う以外の選択肢がない。

2010年に実施された調査では、保育の質を保障する手立てについて、規模や組織形態が異なる保育施設間で、複雑な様相が見られていることが示された（Vassenden et.al, 2011）。例えば、職員の構成、能力、経験と業務において責任を持つ範囲、就労の安定性、グループサイズとグループにおける大人1人あたりの子ども数、物理的空間、および、保護者が保育に参加するための恒常的な方法など、幅広い質の指標が調査された。

調査対象園のうち、わずかに過半数を上回る保育施設で、従来のようなグループ編成に基づく保育組織を編成していた。規模と組織形態との間に明確な相関関係は見られなかったが、超大規模保育施設（在園児100人以上）のほとんどが、活動による柔軟なグループ編成やそれらを組み合わせたようなモデルで保育を行っていた。大規模保育施設（在園児80人以上）では、1〜2歳児グループの子ども数が13〜14人であるのに対して、小規模保育施設（在園児45人未満）では、1〜2歳児グループの子ども数が9〜11人と異なっていた（Vassenden et.al, 2011）。柔軟なグループ編成を行った保育施設は、伝統的なグループ編成に基づく保育施設よりも子どものグループサイズが大きい。保育施設における教育的な質を調査した質的研究の結果からは、伝統的なグループ編成を行う小規模保育施設と柔軟なグループ編成を行う大規模施設の間に、最も大きな違いが見られたことが明らかとなった。前者は少数で就労の安定した職員によって特徴づけられており、職員－子ども－保護者間における信頼感と連携（社会的統合）の水準が高かった。しかし、研修などの職員教育の発展性に関しては限定的であった。後者においては、職員の就労の安定性が低く、保育者－子ども－保護者間の連携や透明性が低かった。大規模であるためにより複雑な組織では、課題として園内体制やコミュニケーションについて言及する声が

多かった。一方では、より多様でより多くの資格を持つ保育者がいるために、専門的な能力を伸ばすための可能性が多く提供される場であることが示された。中規模保育施設では、上記2つの形態にみられる強み、すなわち信頼関係や就労の安定性に、専門的な能力の開発を組み合わせているようであった。

ノルウェーの保育モデル：その特徴と課題

ノルウェーにおいて、保育施設は、幼児期および育児期における国民の生活の一部を担っており、また財政や雇用の側面からみても必要な社会的施設になっている。このような保育施設に対する考え方は、保育施設の重要性に新たな理解をもたらし、社会における保育の質への関心を高めている。保育部門の拡大、保育に対する子どもの権利の制度化、および保育料の上限設定によって、保育の「完全普及」が達成された。基礎自治体は、子どものための居場所を望むほとんどの親に対して、保育を提供することに成功している。

ノルウェーの保育施設の間には、規模や組織、人材、保育の質に関するばらつきがみられる（Ministry of Education and Research, 2009）。しかし、過去10年間にわたる目覚しい保育の拡大は、質の低下を招かなかった。ただし、十分な教員養成教育を学んだ保育施設教諭を輩出することは、引き続き重要な課題となっている。伝統的なソーシャルペダゴジーに基づく保育モデルは、今日における人的資本への投資や認知発達と学びに重点をおくような保育が強調される中で、幾分か鳴りを潜めている。より大規模で柔軟に組織された保育施設の登場や、3歳未満児が増加しつつある在園児の年齢構成の変化は、保育施設における保育の質に新たな課題をもたらしている。

保育の普及率が高いことは、多くの親が保育施設における保育を好んでいることを示している。3歳児以上の子どもが保育施設に通うことは、ほとんど疑いの余地がないほど良いことであると考えられている。また、1〜2歳児についても、保育施設における保育が子どもの発達にもたらす影

響を肯定的に捉えられている。過去 20 年の調査では、親はわが子が保育を受けることに非常に満足しており、保育施設との良好な協力関係を築いている（Ministry of Education and Research, 2009）。しかし、保育の「完全普及」が達成された現在、親は保育の質に対してより厳しい要求を求めるかもしれない。政府任命の専門家委員会では、保育の質を担保しさらに向上させるために、例えば職員配置に対してなど、より厳格な規制措置が必要であると述べている（NOU, 2012）。他方では、保育施設間における競争の激化がささやかれている。例えば、保守党は、子どもにとって魅力的な保育施設を作るために、施設間で競争させたいと考えている。そのためにも各保育施設に関する情報を標準化した全国の「幼保一体型保育施設指標」を作成し、web 上で一般公開したいと考えている[20]。

　子どもが保育施設に通うことによってさまざまな側面に好ましい効果が現れるため、すべての子どもが保育施設に通えるよう整備することが政府の政策目標である（NOU, 2012）。将来的に高い在籍率を達成するためには、保育料の削減あるいは免除による親への経済的な支援を補完しながら、子どものために十分な居場所を提供し、保育料の上限設定制度を継続していく必要がある（NOU, 2012）。保育施設に通っていない子どもは、とりわけ 3 ～ 5 歳児の間で極わずかな数となりつつある。未在籍児において、親の所得や学歴の低い家庭、あるいは親が移民である家庭の子どもが占める割合は大きく、社会経済的不平等を軽減する場となるべく活動を進展する保育施設の目標を阻んでいる。ある研究では、このような背景にある子どもたちが保育施設に通うことで最善の利益を受け取ることができると示唆されている（NOU, 2009）。

　過去 10 年間において、保育料は大幅に減額されたが、家計の制約のために保育施設を利用していない家庭がいまだ存在している。このため、保育料による家庭経済への負担を軽減する追加措置が必要である。政府任命の専門家委員会は、保育料の支払いが困難であるとみなされる基準や、保育料を減額する適応範囲と実際の削減の有無について、基礎自治体間で大きな差があることを明らかにしている（NOU, 2012）。専門家委員会は基礎

第 3 章　ノルウェー

自治体が法律に従って、保育料軽減計画（きょうだいの保育料の減額を含む）
を提供する義務があると述べた。保育料の最低額は保育料免除の基準を示
す基礎として定義され、所得による傾斜を定めた保育料の国家ガイドライ
ンが規定されるべきである。低所得家庭の保育利用を拡大するために、複
数の政府任命の専門家委員会が、すべての子どもに週何時間かの無償保育
を提供することを提案している（NOU, 2009, 2012）。ある委員会は、週20
時間の無償保育を親が選択できる政策案を提言している（NOU, 2009）。保
育施設に通うことは、子どもたちにとって、就学前の時期に好ましい基礎
を形成するために重要であることが論じられている。議論のねらいにおけ
る重要な点の1つは、特定の少数派グループの言語能力を向上させるこ
とにある。ただし、この提案はすべての子どもグループを包括するような
普遍的な取り組みにする必要がある。なぜならば、選別的なプログラムで
は、プログラムに参加すべき子どもを特定するための基準を確立しなけれ
ばならないという課題が残されてしまうからだ。

●注
1　保育施設の所有者／運営者に対する税額控除の規則も定められた。
2　www.lovdata.no/all/hl-20050617-064.html
　　英語版：www.regjeringen.no/upload/KD/Vedlegg/Barnehager/engelsk/Act_no_64_
　　of_June_2005_web.pdf
3　家庭的保育は幼保一体型保育施設法 Kindergarten Act に規定されている。
4　全額または50％の補助金が支払われる（保育施設に週20時間未満通う子ども
　　の場合）。全額給付では、13 〜 18 か月の子どもへは 5000 ノルウェー・クローネ、
　　19 〜 23 か月の子どもには 3303 ノルウェー・クローネが毎月給付される。
5　子どもの親は基礎自治体に登録された住民でなければならない。
6　'Flere sommerbarn utfordrer fødeavdelingen', *Aftenposten*, 2012 年 7 月 8 日。
7　本研究による独自の集計、Statistikkbanken, Statistics Norway.
8　'Liten interesse for lokal kontantstøtte', *Kommunal rapport*, 第 22 巻 ,12 号 .
9　www.kristiansand.kommune.no
10　'Vil vurdere skatt på kontantstøtte', *Kommunal rapport*, 第 22 巻 ,12 号 .
11　補助金の受給施設は、3 歳未満児と 3 歳以上の子どもを区別したうえで（3 歳未
　　満児のいる保育施設は 80％高い補助金を受け取る）在籍した子どもの数と在園時
　　間に応じて補助金を受け取る。
12　全基礎自治体のうち 92％が、自治体内にある公立保育施設に在籍する子どもの

101

言語能力を位置づけるプログラムを有している。また、75％の基礎自治体が自治体内の民営施設に対して同様のプログラムを整備している（Ministry of Education and Research, 2009）。

13 'Enorme forskjeller i tilskudd', *Kommunal rapport*, 2011 年 6 月 4 日

14 一部はタックスヘイブン（租税回避地）に登録されている企業によって所有されている。Kommunal rapport, 2012 年 3 月 8 日

15 保育施設は給食費に対する追加料金を親に請求することができる。

16 育児関連経費として計上された保育手当は税金から控除することができる。子ども1人につき2万5000ノルウェー・クローネが、第2子以降は1人あたり5000ノルウェー・クローネが追加される。

17 www.lovdata.no/for/sf/kd/kd-20060301-0266.html

18 在園児の大半が短時間（パートタイム）である保育施設では、保育施設教諭1人あたりの子ども数を若干増やすことができる。

19 英語版概況報告書：www.regjeringen.no/upload/KD/Vedlegg/Barnehager/Kvalitesmeldingen/FactsheetSTMeld41.pdf

20 例えば、開園時間、食事、屋内気候、屋外環境、保育者の病欠、検査報告など。'Høyre vil la barnehagene kjempe om barna', *Aftenposten*, 2012 年 8 月 3 日

●文献

Borge, L.E., Johannesen, A.B. and Tovmo, P. (2010) *Barnehager i inntektssystemet for kommunene* [*Kindergartens in the Municipal Revenue System*], Trondheim: Senter for økonomisk forskning.

Ellingsæter, A.L. (2003) 'The complexity of family policy reform. The case of Norway', *European Societies*, vol 5, no 4, pp 419–43.

Ellingsæter, A.L. and Gulbrandsen, L. (2007) 'Closing the childcare gap: The interaction of childcare supply and mothers' agency in Norway', *Journal of Social Policies*, vol 36, no 4, pp 649–69.

Grambo, A.C. and Myklebø, S. (2009) *Moderne familier – tradisjonelle valg: En studie av mors og fars uttak av foreldrepermisjon* [*Modern Families – Traditional Choices: A Study of Mothers' and Fathers' Uptake of Parental Leave*], Oslo: Nav.

Gulbrandsen, L. (2007) *Full dekning, også av førskolelærere?* [*Full Coverage – Also of Kindergarten Teachers?*], Oslo: Nova.

Gulbrandsen, L. (2009) *Førskolelærere og barnehageansatte* [*Kindergarten Teachers and Kindergarten Employees*], Oslo: Nova.

Gulbrandsen, L. and Sundnes, A. (2004) *Fra best til bedre? Kvalitetssatsing i norske barnehager* [*From Best to Better? Commitment to Quality in Norwegian Kindergartens*], Oslo: Nova.

Gulbrandsen, L. and Tønnesen, C. (1988) 'Barnehageutbyggingens fordelingsmessige virkninger' ['The distributional effects of kindergarten expansion'], *Tidsskrift for samfunnsforskning*, vol 29, no 6, pp 539–54.

Innst 352 L (2011–12) 'Innstilling til Stortinget fra familie- og kulturkomiteen' [Recommendation from the Family and Cultural Affairs Committee to the Storting (Parliament)].

Jenson, J. (2004) 'Changing the paradigm: Family responsibility or investing in children', *Canadian Journal of Sociology*, vol 29, no 2, pp 169–92.

Kirkebøen, L.J. (2010) *Forskjeller i livsløpsinntekt mellom utdanningsgrupper* [*Differences in Life Cycle Income among Educational Groups*], Oslo: Statistics Norway.

Løvgren, M. and Gulbrandsen, L. (2012) 'How early and how long?', *Nordic Early Childhood Education and Research*, vol 5, no 7, pp 1–9.

Ministry of Children and Family Affairs (1999) *St meld nr 27 (1999–2000) Barnehage til beste for alle barn* [*Kindergarten in the Best Interest of All Children*], Oslo: Ministry of Children and Family Affairs.

Ministry of Children and Family Affairs (2003a) *St meld. nr 24 (2002–2003) Barnehagetilbud til alle – økonomi, mangfold og valgfrihet* [*Kindergarten Provision for All – Economy, Diversity and Freedom of Choice*], Oslo: Ministry of Children and Family Affairs.

Ministry of Children and Family Affairs (2003b) *Ot prp nr 76 (2002–2003) om endringer i barnehageloven* [*About Changes in the Kindergarten Act*], Oslo: Ministry of Children and Family Affairs.

Ministry of Children, Equality and Social Inclusion (2011) *Prop 1S (2011–2012)*, Oslo: Ministry of Children, Equality and Social Inclusion.

Ministry of Education and Research (2009) *St meld nr 41 (2008–09) Kvalitet i barnehagen* [*Quality in the Kindergarten*], Oslo: Ministry of Education and Research.

Ministry of Education and Research (2012) *Prop 98 L (2011–12) Endringer i barnehageloven (tilskudd og foreldrebetaling i ikke-kommunale barnehager)* [*Changes in the Kindergarten Act (Grants and Parental Fees in Non-municipal Kindergartens)*], Oslo: Ministry of Education and Research.

Moafi, H. and Bjørkli, E.S. (2011) *Barnefamiliers tilsynsordninger, høsten 2010* [*Care Arrangements among Families with Children, Autumn 2010*], Oslo: Statistics Norway.

Nordic Council of Ministers (2011) *Nordic Statistical Yearbook 2011*, Copenhagen: Nordic Council of Ministers.

NOU (2007) *Formål for framtida. Formål for barnehagen og opplæringen* [*Aims for the Future. Aims for Kindergarten and Training*], Oslo: Ministry of Education and Research.

NOU (2009) *Fordelingsutvalget* [*The Allocation Commission*], NOU 2009: 10, Oslo: Ministry of Finance.

NOU (2010) *Med forskertrang og lekelyst: Systematisk pedagogisk tilbud til alle førskolebarn* [*Systematic Pedagogical Offer to All Preschool Age Children*], NOU 2010: 8,

Oslo: Ministry of Education and Research.

NOU (2012) *Til barnas beste: Ny lovgivning for barnehagene* [*In the Best Interest of Children: New Legislation for Kindergartens*], NOU 2012: 1, Oslo: Ministry of Education and Research.

Seeberg, M.L. (2010) *Siste skanse: En undersøkelse av 3–5-åringer som ikke går i barnehage* [*The Last Bastion: A Study of Three to Five Year-Olds Who Are Not Enrolled in Kindergartens*], Oslo: Nova.

Statistics Norway (2012) *Andelen barn i barnehage flater ut* [*The Proportion of Children in Kindergartens Is Levelling Off*], Oslo: Statistics Norway (www.ssb.no/emner/04/02/10/barnehager).

Stefansen, K. and Farstad, G. (2008) 'Småbarnsforeldres omsorgsprosjekter' ['Parents' childcare strategies'], *Tidsskrift for samfunnsforskning*, vol 49, no 3, pp 343–72.

Stefansen, K. and Skogen, K. (2010) 'Selective identification, quiet distancing: Understanding the working-class response to the Nordic childcare model', *Sociological Review*, vol 58, no 4, pp 587–603.

Sæther, J.P. (2010) *Barn i barnehage – foreldrebakgrunn og utvikling de seneste årene* [*Children in Kindergartens – Parents' Background and Development in Recent Years*], Oslo: Statistics Norway.

Utdanningsforbundet (2007) *Arbeidsmiljøet i barnehagen – en undersøkelse om førskolelærenes arbeidsmiljø* [*Work Environment in the Kindergarten – A Study of Kindergarten Teachers' Work Environment*]. Oslo: Utdanningsforbundet.

Vassenden, A., Thygesen, J., Brosvik Bayer, S., Alvestad, M. and Abrahamsen, G. (2011) *Barnehagenes organisering og strukturelle faktorers betydning for kvalitet* [*The Organisation of Kindergartens and the Significance of Structural Factors for Quality*], Stavanger: International Research Institute of Stavanger.

Vollset, G. (2011) *Familiepolitikkens historie – 1970 til 2000* [*The History of Family Policies – 1970 to 2000*], Oslo: Nova.

Winsvold, A. and Gulbrandsen, L. (2009) *Kvalitet og kvantitet. Kvalitet i en barnehagesektor i sterk vekst* [Quality and Quantity. Quality in an Expanding Kindergarten sector], Oslo: Nova.

第4章 フランス

質が高く費用負担の少ない保育・幼児教育システムについての教訓（レッスン）

ジャンヌ・ファニャーニ Jeanne Fagnani

はじめに

　公的な保育の整備および世帯の費用負担を減らすための給付金の領域で、フランスは北欧諸国とともに EU を先導している。また、フランスの保育システムには多くの強みがあることは広く認められている（OECD, 2012）。しかしながら、最近の不安定な経済状況の下、政策立案者は新しい緊迫関係（テンション）とディレンマに直面している。この 10 年の間、フランスではワークライフバランスを支える政策をますます発展・強化させてきた一方で、保育・幼児教育についての新しい法律が導入されたことは、保育政策が雇用政策によって左右される状況が進んでいることを反映しているともいえる。

　保育・幼児教育に関する、アクセスの確保、費用負担の少なさ、質の高さに関しては、誰が利害関係者なのだろうか？　6 歳未満のすべての子どもに平等に保育を提供するにあたっては、どの程度の課題に保育システムはぶつかっているのだろうか？　変化の必要性を裏づける合理的な根拠と

は何だったのだろう？　その変化をもたらした主な要因とは何だったの
か？　最近の予算の制約という背景の中で何が最も優先されているのか？
公的な保育に対する需要の増加が、保育の質的枠組み〔基準〕や質と関連
する施策に及ぼす影響はどのようなものか？　こうしたことが、この章で
取り上げられる論点である。

　この章の最初の部分では、保育・幼児教育システムに目を向けている。
特に、社会経済的に不利な子どもたちは、質の高い保育・幼児教育に、社
会的に有利な子どもと同じ程度、アクセスできているだろうか。家庭にか
かる費用とそれを補う予算の問題がそれに続く。次に、保育の質問題と
この分野で最近なされた政策的な決定について注目をする。結論の部分
で、政策立案者が現在直面している課題点と、彼らが対処せざるを得ない
緊迫状況に目を向けている。

　これ以降、保育・幼児教育という用語とともに、保育所（*crèches*）、チャ
イルドマインダー（childminder）、保育学校（écoles maternelles）、複合保育
施設（*multi-accueil*）などの用語を用いている。これらフランスで利用可能
なサービスについては、章の中で適切に説明している。

大規模でありながら分断された、公的な保育・幼児教育システム：保育所と保育学校

　フランスの保育・幼児教育システムは、19 世紀の終わりからの長い歴
史を持つ安定したシステムである。そのシステムは二分されており、1 つ
は公的な保育システムであり（ともに公的に補助されるものであるが、施
設型のものと家庭的保育がある）、もう 1 つは保育学校である。基礎自治体
（communes）の所管も 2 つに分かれている。この 2 分システムは過去から
の遺産である。

　表 4.1 が示すように、利用できるサービスは子どもの年齢によって異な
る。3 〜 6 歳の子どもたちは、ほとんどすべて保育学校に在籍する。保育
学校は無償であり、学校システムに完全に統合されている。一方、3 歳未

第 4 章　フランス

満の子どもたちのためのシステムはさまざまであり在籍率も低い。このため、本節では主に 3 歳未満の子どもたちの状況に力点をおいている。

公的な保育システムを管轄するいくつかの機関の概況についての説明

　3 歳未満の子どもたちのサービスに関しては、いくつかの機関的なアクターによって責任が共有されている。全国家族手当金庫 Caisse national des allocations families（CNAF）、社会政策および保健問題を管轄する各省、地方自治体、そして家族協会全国連合 Union nationale des associations familiales（UNAF）のような社会的パートナーである。企業、非営利組織、市場は、政府・自治体に比べまだ小さな役割しか担っていない。だが、フランスでは最近になって徐々に営利事業者が、政策の展開やサービス提供において本格的なパートナーと見られるようになってきている。

　しかし、こうしたサービス間の連携はあまりなされていない。国家会計検査院 Cour des comptes の最近のレポート（2008 年 7 月リリース）は、したがってそれぞれのサービスが統合し一貫したものとなるよう推奨している。

　全国家族手当金庫（CNAF）とその分権化された 123 か所の地方組織（地方家族手当金庫 Caisse des allocations families〈CAF〉）による大きなネットワークは、保育サービスの運営と資金提供において重要な役割を果たしている。理論的には、家族協会や雇用者の代表、労働組合のような社会的パートナー（それは、CNAF の執行委員会の委員でもあるが）は、家族政策や保育政策の方向性についての時々の決定に加わることができる存在である。ところが、実際には、CNAF 執行委員会の承服にかかわらず、その決定は政府によってなされている。唯一地方レベルにおいて、各 CAF 組織の執行委員会は本来の決定権を持ち、資金提供や保育サービスのあり方についての施策のわずかな部分だが決定することができる。

　2002 年以降、乳幼児期委員会が県（*department*）レベルで機能している。その委員会は、すべての関係するアクター（地方自治体、教育省の代表者、地方家族手当金庫〈CAF〉、労働組合、家族協会）を招集し、共同性を強め、

107

表 4.1　フランス：子どもの年齢ごとの、主な利用可能サービスとその供給のあり方

子どもの年齢	出産および父親休暇	育児休暇	EAJE（保育所〈*crèches*〉および複合保育施設〈*multi-accueil*〉）
1 歳未満	● 出産休暇の長さ：16 週間 ● 第 3 子以降の子どもを持つ母親の場合：24 週間 ● 父親休暇：2 週間	● 子どもが 3 歳になるまで ● 一定の条件下では、親たちは均一額の給付金（2012 年では月額 566 ユーロ）を CAF から受け取る	● 1 日最大 10 時間まで子どもは在籍できる ● 県レベルの地方 PMI サービスによる登録認定と監査 ● 地方自治体および CAF による資金提供：親たちが支払う保育料は所得連動型
1 歳	—	1 歳未満と同じ	1 歳未満と同じ
2 歳	—	1 歳未満と同じ	1 歳未満と同じ
3 〜 6 歳	—	—	—

注：さらなる詳細は Fagnani and Math（2011）と Boyer（2012）を参照。

有資格の チャイルドマインダー	ベビーシッター または個人による 託児サービス	保育学校 (*écoles maternelles*)
• 家庭外における主要な公的保育サービス • CAF による保育手当 • 県レベルの地方 PMI サービスによる登録認定と監査	• 数少ない親たちが自宅で誰かを雇用することができる • 親たちは保育手当と税の優遇措置を受ける • PMI サービスによって監査を受けることはない	―
1 歳未満と同じ	1 歳未満と同じ	―
半日のみ保育学校に在籍する子どもたちは残りの時間をチャイルドマインダーによってケアを受けることは可能	1 歳未満と同じ 半日のみ保育学校に在籍する子どもたちは残りの時間をベビーシッターによってケアを受けることは可能	低年齢児部門 (toute petite section) または子どもは 3～5 歳のクラスに統合される可能性
半日のみ保育学校に在籍する子どもたちは残りの時間をチャイルドマインダーによってケアを受けることは可能	半日のみ保育学校に在籍する子どもたちは残りの時間をベビーシッターによってケアを受けることは可能	ほとんどすべての 3～5 歳の子どもは全日制または短時間制で在籍できる

サービスを調整し、家族に情報を提供し（例えば、インターネットサイト、Monenfant. Fr で行っている）、サービスへのアクセスを平等化し、この領域の改善をサポートしている。

普遍性の原理に基づくシステムと財政補助を受けた施設型および家庭的保育による複雑な複合システム

しかしながら、3歳未満の子どもたちの大半は、月曜日から金曜日の昼間、一方の親（大半は母親である。働いている場合も働いていない場合も）によって主にケアされている（表4.2）。

フランスの保育システムは、普遍性の原理に基づいており、システムの基礎にある理念は、家庭の所得や社会的背景に関係なく、すべての公的な保育の場への平等なアクセスを提供することである。これは、保育所は低所得家庭のみにターゲットをしぼったものではないことを意味する。しかしながら、就労中のひとり親、または失業中であると登録されているひとり親には、しばしば優先権が与えられる（特に社会的に課題を抱える地域では）。実際、家族と子どもたちを貧困から抜け出させる最良の方法は、母親の就労継続を支援することであるというコンセンサスが政策立案者や世論にはある。

公的な保育事業（保育所とチャイルドマインダー）は、経済的な補助をかなりの程度受けており、保育料は所得に連動したものとなっているが、それでも低所得家庭にとって負担となっている。実際、最も所得の低い家庭のほとんどの子どもは、主に親たちによってケアをされている（表4.3）。働く親たちにとって、これは仕事時間のほうを調整することを意味する。したがって、仕事のスケジュールと親がケアする時間は重ならない。低所得家庭の育児休業給付の受給率は豊かな家庭より高い（Boyer, 2012）。均一額の給付額（親が仕事をしない間は、月に566ルーブル）が子どもが3歳になるまで支給される。2009年、低いレベルの職業資格しか持っていない母親の61％が給付を請求したのに対して、高いレベルの資格の母親の場合22％であった。

第 4 章　フランス

表 4.2　フランス：3 歳未満児の週単位の保育ケア（%）

	すべての子ども		父母が共働き（フルタイム）の場合
	主な保育ケア	2 つ目の保育ケア	主な保育ケア
保育所（*Crèhe*）	10	8	18
登録チャイルドマインダー	18	8	37
ベビーシッター（公的補助あり）	2	—	4
公的な保育ケア合計	30	16	59
親族によるケア	4	11	9
親によるケア	63	33	27
他の方法によるケア	3	7	5
2 つ目のケアなし		33	
合計	100		100

注：主な保育ケアとは、子どもが月曜日から金曜日まで午前 9 時から午後 7 時まで最も多くの時間過ごしている場所のことを指す。2 つ目の保育ケアは、過ごす時間数に関して 2 番目にランクされる場所。他の方法によるケアとは、友人、幼児園、保育学校、学習障害など特別なケアの必要な子どものための保育の場。
出典：Boyer et al（2012, pp 22–3）の 2007 年のデータ。

表 4.3　フランス：3 歳未満児の週単位の主な保育ケアの分類と家庭の所得レベル（%）

消費単位の所得	親	親 族	登録チャイルドマインダー	保育所・幼児ケアアセンター	保育学校	子守り・個人的保育提供者	その他	合 計
第 1 五分位	91	1	2	4	1	0	1	100
第 2 五分位	84	2	5	5	2	0	2	100
第 3 五分位	64	6	18	9	2	0	1	100
第 4 五分位	44	7	29	16	2	1	1	100
第 5 五分位	31	5	37	16	3	7	1	100

出典：Borderies（2012）

保育・幼児教育利用の所得レベルによる違いに加え、施設型保育の整備に関して地域的な格差が大きいことを指摘しておくべきだろう（Borderies, 2012）。貧困な地域（しばしば郊外の周辺部にあるが）では、施設型保育の場が確保されないとき、母親は仕事を探したり働き続けることをあきらめてしまう傾向がある。

施設型保育：保育所と複合保育施設

3歳未満の子どもの約15％は、施設型サービスに在籍している。それは主に地域保育所（*crèches collectives*）の形態をとっており、1年中1日11時間開所している。また、ここ10年の間に複合保育施設の数が増えており、現在幼児ケアセンター *etablissements d'accueil du jeune enfant*（EAJE）と呼ばれている。保育所の約4分の3は、そうしたセンターが拠点となっている。複合型の施設を設置する合理的根拠としては、1つの場所に異なる保育サービスを集め、多種で柔軟なケアを提供できることであろう。保育所、一時保育所（*halte-garderies*）（半日または一時的な保育）、幼児園（*jardins d'enfants*）、親保育所（*crèches parentales*）（親が園の運営や毎日の保育にかかわるところ）、リスクのある子どもたちの緊急的なケアの場、チャイルドマインダーが保育をする場が含まれている。その目的は、仕事に伴う親たちの保育のニーズに合わせ、保育の手立てを調整する機会を親に提供することである。親たちの仕事には多様なものがあり、例えばパートタイムからフルタイムのものまで、また定期的な仕事または単発のものなどもある。したがって、複合保育施設でのいくつかの保育の利用の枠組みは、前もって定義されているわけではない。

2003年以降、保育の場の利用可能性を高めるという明確な目的のために、保育サービスの提供が営利事業者にもオープンなものとなった。営利事業者は、保育の質についての特定の要件（後述を参照）を満たし、所得連動保育料を運用していれば、地元の地方家族手当金庫（CAF）による公的な補助金を利用できる。

さらに、大部分の地域保育所は家族が住む地域にあるのだが、いくつか

第 4 章　フランス

の企業はそこで働く職員のために保育所を設置しており、これは企業保育所（*crèches d'entreprise*）と呼ばれている（職場内保育所〈*workplace crèches*〉、多くの場合営利事業者によって運営されている）。彼らは、また保育の質についての特定の要件を満たしていれば公的補助金を利用できる（後述）。現時点では、約 500 の企業保育所がある（地域保育所の総数の約 2.7％）。地元自治体や地方家族手当金庫（CAF）と協力して、企業は公的な施設型保育所（24 時間対応の家庭型保育を含む）の設立と運営費に貢献している。それとの交換で、一部の保育の場は従業員の子どもたちのために確保されている。

　社会的な課題を抱える地域について、過去 10 年の間、政府と全国家族手当金庫（CNAF）は、地域保育所へのアクセスを高めるために重要な取り組みをしてきた。国レベルのプログラム、「社会的に課題のある地域の保育希望計画」*Plan crèches espoir banlieues* の 1 つの重要な目的は、非典型な勤務スケジュールの親たちに適した、「革新的」（innovative）で「柔軟な」（flexible）保育所の整備を奨励することである。しかし、このプログラムは、最も貧困な家庭の 3 歳未満の子どもたちがシステマティックに優先順位が高いということを意味するものでない。なぜなら、システムは普遍性の原則に基づいたままであり、（待機中の子どもの中からの）選択の基準の 1 つは、さまざまな社会的背景を持つ子どもたちに一緒の場での保育を提供することだからである。

　重要なことは、保育所は子どもたちの家族によって高く評価されている点である。保育所では、保育学校への移行、さらには結果的に初等教育への移行のための理想的な準備が行われているという広く普及している認識、および保育者の資格要件（後述を参照）が存在するからである。したがって、ミドルクラスの家庭からの需要は高い。そこで形成される幼児期の社会化（19 世紀末にさかのぼることができる、フランスの古くからの伝統）は重んじられており、母親の学歴が高い場合、子どもが保育所に在籍する確率はかなり高い。また、親が上級・中間管理職または指導者的職業の子どもたちの 21％は、1 週間のうちの主な保育の場としては、保育所

に在籍している。一方、労働者階級の子どもたちの場合は5％でしかない（Ananian and Robert-Bobée, 2009）。表4.3はまた、幼児ケアセンターEAJEにおいて最も豊かな家庭の子どもたちが大きな比率を占めていることを示している。

登録されたチャイルドマインダー：保育サービス供給への多大な寄与

　1990年代以来、保育の需給間の格差を埋めるための主要な方法は、その自宅で子どもたちのケアをする免許を有するチャイルドマインダーの支援を、政府など行政機関が強化することであった[3]。2010年までに、子どものケアをしているチャイルドマインダーの数は30万6256人に達した（男性1434人を含む）。彼らは地方自治体に登録する必要があり、依頼をする親たちが関連する保育手当（childcare allowance）や税額控除の対象となることを希望する場合、必須の手続きを経なければならない。なお、保育手当は、地元の地方家族手当金庫（CAF）から支払われる。

　両親がともにフルタイムで働く場合、3歳未満の子どもの保育形態はチャイルドマインダーが最も多く利用されている。37％がチャイルドマインダーによってケアを受けている。同じことは、親がフルタイムで働く場合だけでなく公的な保育を受けている子どもたちすべてについてもあてはまる（上記の表4.2を参照）。

　登録された一部のチャイルドマインダーは、基礎自治体または非政府組織（NGO）によって直接雇用されている（家庭的保育〈crèches familiale〉と呼ばれる）。農村地域では、一部の地方自治体は、小規模保育（micro crèche）を展開させている。そこでは、チャイルドマインダーが集団で子どもたちのケアをしているが、チャイルドマインダーによる個別のケアと集団でのケアを織り交ぜながら保育は行われている。

　社会経済的に課題を抱える地域では、低いレベルの資格しか持たない女性はチャイルドマインダーになることを奨励されている。1つには、公的な保育の場を増やすためであり、もう1つは女性の雇用を支援するためである。地域の雇用機関のカウンセラーのアドバイスによって、彼らの自

宅が地方家族手当金庫（CAF）の財政的な助成を活用し規定されている要件を満たすように支援を受ける場合がある。

　共働きの親たちは、またベビーシッターや子守り（nanny）を雇うこともできる。フルタイムのケアの場合や、放課後と（保育学校が休みの）水曜日のケアをする場合などがある。ベビーシッターたちが公認されたものであれば、保育手当によって親たちの社会保険料負担が一部相殺される。さらに、彼らの所得税から実際にかかった費用の50％を控除することができる（年間6000ユーロまで）。しかし、ほんのわずかな親たちだけがベビーシッターたちを手配する余裕がある（111頁の表4.3を参照）。

保育学校（écoles maternelles）

　保育学校は無償で親たちに提供されており、国の教育省の管轄の下、学校制度に完全に統合されている。教育上の指針、開所時間、運営管理面は小学校と同様である。フランスの教育法典では、3歳に達したすべての子どもには保育学校に在籍する権利がある（しかしそれは義務ではない）。3〜6歳の子どもたちのほとんどが、全日制または短時間制の形で保育学校に通っている。子どもたちは、通常年齢に応じて3つのクラスに区分されている。異年齢による縦割りグループは比較的稀である。

　保育学校は、一般的に午前8時30分から午後4時30分まで開所している。食堂施設を（栄養士の監督の下）付設しており、その利用料は所得に連動している。保育学校は水曜日は通常休みだが、土曜日に半日の補助授業が行われている。

　過去10年の間、社会的に不利な家庭の子どもたちを対象とした政策においては、貧困地域にある学校に追加の資源を集中的に振り向けてきた。国の教育省の指針によるさまざまな基準に従って定義される、不利な状況の子どもの割合が高いと、優先教育地域 zone d'éducation prioritaire（ZEP）として指定されることになる。政府は2005年にこうした地域で、3歳未満の子どもが優先的に保育学校に通うことを奨励し拡大する法律を可決した。2歳児が多い学校では、低年齢児部門（toute petite section）があるか、

3、4 歳児と統合されている。子どもと職員の比率は、多くの場合 20 人以下（プラス保育補助者）となっており、25 人が最大限である。

　保育所の不足、そして保育学校が無料であるという事実は、優先教育地域（ZEP）に住む親たちの保育学校に対する要求という強い動機（インセンティブ）につながった。しかし、保育学校を利用する 2 歳児の割合は、2000 年の 37％から 2011 年には 11.6％と急激に減少した。これは主に、3 〜 6 歳の子ども数の急激な増加（1999 年以降の出生率の上昇に伴うもの、また 3 歳以上には保育学校在籍の優先権がおかれている）と、国の教育省予算の制約（教師やアシスタントの数が減少した）によるものである。一方、2 歳児の入学については、議論の余地のある点が残っている。子どもの専門家の中には、保育学校は 3 歳未満の子どものニーズには適切ではないと主張するものがおり、一方で経済的に不利な子どもたちへの早い時期からの教育には利点があることを示す研究がある（Ministere de l'éducation nationale, de la jeunesse et de la vie associative, 2011）。しかし、重要な点として、3 歳未満の子どもたちのほとんどは、午前中のみ学校に通っていることに言及しておく（Vanovermeir, 2012）。

財源構造：政府、地方家族手当金庫（CAF）、地方自治体

　財源構造は非常に複雑で、保育の種類によって異なっている。多くの利害関係者が財源の負担に関与している。政府（教育省および保育手当に関する税制上の優遇措置を通して）、地方家族手当金庫（CAF）、地方自治体、家族である。公的支出全般には財政的な締めつけがあるにもかかわらず、保育政策については引き続き予算の増加がなされており、フランス福祉国家の成長領域であり続けていることは注目に値する[4]。したがって、公立保育所と、より一般的には幼児ケアセンター（EAJE）については、予算の削減はない。

　全国家族手当金庫（CNAF）は、3 歳未満の子どものための保育への主な財源負担者（73％）である。CNAF は、地方分権化された各地方家族手当金庫（CAF）に予算を配分し、地方自治体が施設型保育所を開設し運営

第 4 章　フランス

するのを支援している。公立保育所と（数としては少ないが）営利事業所はともに、国が定めた尺度を用いて家庭の所得に連動した保育料を設定していれば、CAF から子ども数単位の資金提供を受けることができる。個々の施設では、追加的な料金を家族に請求することができず、地元の CAF から子ども 1 人あたり同じ金額を受け取るため、裕福な家族を施設側が選択する 動 機 をほとんどもたらさない。この均一な資金配分の目的は、地域保育所におけるソーシャルミックス（social mix）を確かなものにすることである。対照的に、概括していえば CNAF が負う費用は、保育所（crèches）を利用する家庭の所得水準に応じて大きく異なっており、低所得家庭がより高い補助金を受けている（Boyer, 2012）。

　全国家族手当金庫（CNAF）は、主に雇用主から支払われる社会保険拠出金から資金提供されている（約 65％）ため、雇用主は保育の財源負担に間接的に関与している。政府は、所得税やその他の税制を通じてもう 1 つの財源負担者となっている。

　地方自治体 – 県と基礎自治体も、重要な財政的な責任を負っている（Boyer, 2012）。しかし、一般的にいえば、地方自治体は保育所と幼児ケアセンター（EAJE）の整備に関しては、かなりの程度その自主性に委ねられている。つまり、地方自治体は保育施設を作る義務はなく、（トレーニングプログラムへの資金提供を通じて）女性がチャイルドマインダーになることを奨励し支援する方策を選ぶ場合も時に見られる。それは、施設型保育所を設置するよりも費用的に安く済むからである。このことは、全国の保育所での在籍率に大きなばらつきがある原因の一部を説明している。地方自治体も保育学校の運営費の一部を支出しているが、国の教育省は教員の賃金を支払っている。

　地域保育所に関しては、（政府と全国家族手当金庫〈CNAF〉による）公的な財源負担のレベルを決定するルール、および親たちによって支払われる（所得に連動した）保育料のレベルは、政府と CNAF の間で 4 年ごとに調印される合意内容に沿ったガイドラインに従って全国的に定められることになっている。親が負担する保育費用は、選択された保育の種類、子ども

117

の数と年齢、所得水準によって決定される。実際、補助金を受けているすべての種類の保育施設（無償である保育学校以外）の利用にあたって、親たちは所得に応じて保育料を支払っている。

　チャイルドマインダーによる保育は、政府と全国家族手当金庫（CNAF）の両者によって助成されている。政府は、所得税の税額控除を1年間に1150ユーロまで認め、所得税を免除されている家庭には税額クレジット（tax credit）が給付される[訳注1]。一方、地方家族手当金庫（CAF）は手当を通じてチャイルドマインダーによる保育を助成している（保育方法自由選択補足手当 complément de libre choix du mode de garde〈CLMG〉）[5]。CLMGは、登録されたチャイルドマインダーの雇用者として親が支払うべき（チャイルドマインダー雇用にかかる）社会保険拠出金を相殺し、さらに所得に連動する追加の経済的支援を家族に提供する。

　この手当（CLMG）の額は、子どもの年齢（3歳未満、3〜6歳）と家庭内の子どもの数によって異なっている。この手当を受け取るためには、全国家族手当金庫（CNAF）が保育方法自由選択補足手当（CLMG）に適していると定めた法定最低賃金[6]（子ども1人1日——10時間分のケアに相当する——あたり、46.10ユーロ）以上を、親たちはチャイルドマインダーに支払わなければならない[7]。純賃金分は、子ども1人あたり1時間あたりの税引き後の中央値では2010年の時点までは2.96ユーロ、平均値では、3.03ユーロであった（Fagnani and Math, 2012）。

　2004年には、低所得家庭が受け取る手当の大幅な増加があり、それ以前に比べチャイルドマインダーによる保育をより身近なものに感じられるようになった。しかし、多くの低所得家庭にとってはまだ高額であり、2007年には月額1100ユーロ未満の所得の世帯のわずか4％が、3歳未満の子どもの保育のためにチャイルドマインダーを利用できたのに対し、1100ユーロから1700ユーロの所得があった世帯では22％、2300ユーロ

訳注1　いわゆる給付つきの税額控除制度を指すものと思われる。所得税が0円の家庭には税金の還付という形で給付金が払われる。

以上の所得を得ている世帯では 37％であった（Borderies, 2012）（表 4.3 も参照）。

　保育所に関する限り、親たちは収入に応じて保育料を払っている。また、保育所の費用は出席時間数によっても変わる。例えば、1 人の子どもが 1 日 9 時間、月に 18 日のケアを受けている家庭の場合、正味の自己負担費用は、所得水準が 5471 ユーロ以上の親たちの場合、平均月額 400 ユーロになり、所得水準が 2163 ユーロの場合、月額 100 ユーロになる（Boyer, 2012）。

　低所得家庭では、保育方法自由選択補足手当（CLMG）の存在にもかかわらず、チャイルドマインダーの費用は、保育所の 2 倍になる。したがって、保育所の不足は彼らにとって致命的であり、特にひとり親世帯にとってフルタイムの仕事をする場合の障壁となる。結果として、ひとり親が雇用されているときには、ほとんどの場合、親戚や登録されていないチャイルドマインダーに頼ることになる。

保育の質と現在の規制における枠組み

PMI サービス：保育の質を保証するうえでの重要な役割

　出生から 6 歳までのすべての母親と子どもたちの予防的医療と健康促進のための公的システム、「母と子の保護」*protection maternelle et infantile*（PMI）サービスは、公的な保育（施設型保育だけでなく免許を有するチャイルドマインダーも含め）の質を支える責任を負い重要な役割を果たしている。1945 年に創設され、その後発展してきた（Fagnani, 2006）、地方のPMI サービスは、県の責任下にあり、国の社会問題省（社会保障省）によって監督を受けている。

　地元の「母と子の保護」PMI サービスは、公立学校システムがカバーする範囲以外の、すべての保育サービスのライセンス供与とモニタリングを担当しており、多くの分野に定期的に介在している。

　主に、彼らは事業者（民間事業者が運営しているが公的な補助を受けている保育所を含む）が、保健と安全（予防的な健康診査やワクチン接種を含

む）および栄養と職員配置基準に関する規則に従っているかを確認している。「母と子の保護」PMI サービスに雇用されている医師や小児看護師（puéricultrices）は、定期的に保育サービス事業者を視察点検している。

保健サービスはまた、保育学校とも統合されている。保育学校には、職員の一員として週に数時間、医師や心理学者がいて、必要によって相談に応じることができ、評価や他機関への紹介も行っている。予防的な健康診査は、4 歳のすべての子どもに義務づけられている。地元の「母と子の保護」PMI サービスの訓練を受けた医療スタッフは、教育・保育に関係なく、特別なニーズや学習障がいを持つ子どもたちと健常児がとの統合（integrate）を支援する役割も担う。

保育事業に影響を与える、政策上の優先事項、目標、要件

保育学校と 3 歳未満の子どもへの保育サービスでは、保育の質に対する考え方に違いが見られる。これは、サービス体系の二重性を反映している。すべての公的な補助を受けている保育サービス（ベビーシッターまたはホームヘルパーを除く）に関する、政策の優先事項と目標は次のように要約できる。

- 教育、社会化、認知発達に焦点を当てて、子どもに安全、健康、ウェルビーイングを保証する。
- 保育の種類に関する「選択の自由」（freedom of choice）を親たちに提供する。
- 親たち（特に母親）の労働力参加を可能にする。
- 子どもたちの機会の平等性を高める。
- 社会正義の原則の遵守（保育施設における所得に連動した保育料）。
- 社会的結束（social cohesion）を支えるソーシャルミックスを奨励する。

施設型保育は、厳しい生活環境（特に過密住宅）の中にある家庭に住む子どものネガティブな成果を部分的に相殺することができると想定され

るが、保育サービスは高い失業率という背景に対してもその根本的な存在
意義がある。また、子どものケアをする人を雇うように親たちを促すこと
によって、失業と戦うための道具となる（免許のあるチャイルドマインダー
やベビーシッター）。

　保育サービスにおけるこの全体的な方向性の中で、それぞれのサービス
は法的な強制力を持つ保育の質を規制する個別の枠組みを持っている。保
育所については、職員配置が全国的に定められている。未歩行の子ども5
人に1人の職員であり、それ以外の子どもの場合、8人に1人の職員であ
る。心理的なウェルビーイングを保証するために、どの子どもも個別の連
絡担当者（*personne de référence*）の監督の下におかれている。

　地域保育所のための全国的なカリキュラムはないが、2000年以来、保
育所と複合保育施設では、教育プログラム（*projet éducatif*）と社会計画
（*projet social*）を含む、教育・社会計画（*projet d'établissement*）を策定する
ことが求められている。保育の質向上をめざしているこれらの計画に盛り
込まれている主な目標は、認知能力と身体能力の向上、ペダゴジカルな活
動の展開、バイオリズムの尊重、子どもに対する安全・健康とウェルビー
イングの保証、社会的統合を大切にし促進すること（先述の通り）である。
親たちはまた、施設における日々の活動に参加することが奨励されてい
る。保育政策にかかわる利害関係者との意見交換や、さまざまな機関との
協力が重視されている。

　その他の目的としては、子どもたちの機会平等を強化することで社会的
排除を防ぎ、母親の労働市場への参加の支援によって男女平等の促進に貢
献することである。

　チャイルドマインダーは、「母と子の保護」PMIサービスによって密接
に監督を受けている（地方自治体によってしばしば違いがあるが）。資格の
認可を受ける前に、ソーシャルワーカー、小児看護師、心理専門家の面
接を受けることになっている。子どもたちを預かる住宅の状況と環境は、
特にその広さ、衛生と安全の面を考慮して認定されるべきとなっている。
2012年3月以降、PMIサービスには、チャイルドマインダーの登録に関

して共通の基準を用いることが求められるようになった。さらに、2005年以降、登録の手続の中で、チャイルドマインダーの教育的な技術を考慮しなければならないとされた。免許は5年間有効であり、連続して更新することができる。1人のチャイルドマインダーがケアをすることができる子どもの数（同時に4人を超えてはならない）と子どもの年齢が、全日制においても短時間制においても定められている。

　チャイルドマインダーによる保育が、3歳未満の子どもたちのための最も一般的な保育のタイプであるという状況の中、近年、政策立案者はチャイルドマインダーの資格問題に取り組んでいる。確かに、平均的な学歴は1970年代から改善されてきたが、2005年には49％には職業資格がまったくなく、35％は非常に低いレベルの資格しか所持していなかった。したがって、先に述べたチャイルドマインダーによる保育を利用する親たちの費用を安くする政策的努力は、チャイルドマインダーの専門性を高める試みと対になるものであった。2004年以降、チャイルドマインダーは60時間の追加的なトレーニングを受けることが義務化された（登録前の合計60時間と登録後2年間での合計60時間）。トレーニングプログラムは、地方自治体によって監督を受けその費用が賄われている。

　しかし、このように大きな改善があったにもかかわらず、子どもに関する専門家とチャイルドマインダーの労働組合は、トレーニングプログラムのなかなか改善されない欠陥と全国的にみてのばらつきをまだ指摘しており、チャイルドマインダーにも適用できる新たな資格の開発を求めている（Fagnani and Math, 2012）。しかし、寛大な育児手当の存在にもかかわらず、有資格のチャイルドマインダーを利用する余裕が親たちに必ずしもあるわけではない。なぜならば、有資格のチャイルドマインダーは、きちんと養成を受けていないチャイルドマインダーに比べ、高い費用を要求する可能性があるからだ。

　発達初期からの子どもたちの社会化を促進するために、チャイルドマインダーセンター *relais assistants maternels*（RAM）と連携することをチャイルドマインダーたちは奨励されている。センターでは、子どもが集団活動

に参加している間に、他のチャイルドマインダーと自らの経験について情報交換したり、有資格の子ども専門の看護師のアドバイスを受けることができる。RAMは、チャイルドマインダーによって高い評価を受けており（Fagnani and Math, 2012）ここ数年で急速に施設数が増加している（現時点で500か所になった）が、数としてはまだまだ不足している。

　2005年、チャイルドマインダーの雇用に関する規定が改訂された。その目的は、チャイルドマインダーの労働条件を改善することによって保育の質を高め、より厳しい規制を通じてこの職業をより魅力的にすることの両方であった。そうした規制により、チャイルドマインダーの雇用契約は他の労働者のものとより釣り合うものになった。この改革の目的は、特に労働契約、賃金および労働時間規制に関して、チャイルドマインダーの就業規則を一般的な労働慣行ルールに近いものとすることであった。専門性を高めるプログラムは、チャイルドマインダーたちの団体の協約を新しいものにし、雇用主（親、基礎自治体、NGO）とチャイルドマインダーたちの労使関係を安定的なものにした。全国的に定められた雇用契約は拘束力があり、最低賃金額（前述している）を定め、法定勤務時間を週45時間に制限している。チャイルドマインダーの給与は、1年を通じての定期的な所得保障と年次ごとの有給休暇の権利保障のために毎月支払われる必要がある。最後に、チャイルドマインダーは、所得の一部について税の優遇措置を受ける資格を得ることになった。

職員の資格とトレーニングプログラム

　チャイルドマインダーと比較して、保育所（地方家族手当金庫〈CAF〉によって補助を受けている民間保育所および企業保育所〈crèches d'entreprise〉を含む）および複合保育施設の職員は、十分な養成教育を受け、身近なところでスーパーバイズがなされ、給与面でも優遇されている。職員には3つのカテゴリーがある。第一は、4年間の中等後教育を受けた小児看護師である。小児看護師は、通常、保育所と複合保育施設の施設長として働いている。しかし、施設長が医師または助産師であることもある。彼らはす

べて、子どもの発達、健康、ウェルビーイングの分野についての1年間の専門的なトレーニングを修めなければならない。トレーニングプログラムの最後には、実習がある。学生は産科病棟、新生児ユニット、小児科、「母と子の保護」PMIサービス部門、および保育所で実習することが求められる。トレーニングプログラムは、毎年、新しい健康に関する話題などを考慮に入れて更新されている。

第二のカテゴリーは、乳幼児期教諭（*éducatrice de jeunes enfants*）である。彼らは、高等学校卒業資格を持ち、理論的な学習と現場実習の両方を含む27か月間の職業トレーニングプログラムを受けなければならない。第三のカテゴリーである小児看護師補助者（*auxiliaires de puéricultrice*）は、3年間の職業経験があればその養成プログラムに参加することができる。施設定員が40名以上の場合は、少なくとも1人の乳幼児期教諭がいなければならない。彼らは教育プログラム（projet éducatif）を策定し、家族、学校、その他の社会的、文化的施設との連携をとることができる。

施設型保育所の職員の少なくとも半分は、小児看護師補助者でなければならない。補助者は、小児看護師補助者学校で12か月間の職業資格プログラム（理論学習と現場実習を含む1575時間）に通う必要がある。このトレーニングは、職業課程修了証明書（professional certificate）を持っているか、または4年間の中等教育を修了し、入学試験に合格した人が受講することができる。トレーニングの内容には、ペダゴジーおよび人間の発達、教育および保育、子どもの発達および教育実践、グループ管理、法律、経済学および社会学、専門的な研究と方法論が含まれている。トレーニングセンター施設は、主に民間事業者によって運営されているが、国の保健省による認定を受けている。

その一方で、保育学校ではすべての教員（*professeurs des écoles*）は公務員であり、教員になる前に3年制の大学教育を修了し学位を持つものが受験可能な国家試験に合格しなければならない。試験には、フランス語、数学、科学および芸術のペーパー試験、スポーツの実技試験、職場体験についての口頭試験が含まれる。試験に合格した者は、公立の学術機関の1

第4章　フランス

つに1年間、専門的トレーニング（約450時間）を受けるために入学する。そのトレーニングには、教育学、哲学、教育の歴史、社会学、心理学、科目研究、事務的な業務の準備が一般的に含まれる。

清掃や排泄のケアのような日常的な活動およびペダゴジカルな活動を行い、教員を補助する助手（自治体雇用保育学校職員 *agents territorial spécialisé des écoles maternelles*〈ATSEM〉と呼ばれる）が地方自治体によって雇用されている。1992年以来、ATSEM は職業適性証 – 幼少期専門（*CAP petite enfance*）を所持していることが必要となっている。職業適性証 – 幼少期専門は、高等学校などの卒業証明書がなくても16歳からアクセス可能な職業資格レベルの1つである。市長はこれらの助手を任命し、彼らは学校長の監督下で働く。

保育学校に関して、職員と子どもの比率についての国の規定はない。2010～11年には、平均25.7人の子どもに1人の教員であった。助手である ATSEM は、この計算には含まれていない。なぜなら、すべての地方自治体が、特に年長の子どもたちのクラスの助手のために十分な予算をつけているわけではなく、さらにいえば彼らは一日中いるとは限らないからだ。

緊迫関係と矛盾

フランスの保育政策は、現在、労働市場と家族に関する領域、両方における数多くの劇的な変化に伴って生じた新たな課題に直面している。したがって、政策立案者はいくつかの緊迫関係と困難な二律背反問題に対応しなければならない。選択肢の余地（room of manoeuvre）が政策立案者には限られているという状況では、3歳未満の子どもたちのための保育の質の高さを保証することで、費用面や利用可能性との間に軋轢が生じてしまうかもしれない。子どもの利益と、男女平等、働くこと、雇用する者など、他の利益をどのように調和させることができるのだろうか？　最近導入された改革は、いくつかの進展をもたらしながらも、子どもの「最善の利益」という点が常に意識され表現されてきたというよりも、明らかに労働市場の圧力と母親の賃労働の権利によって推し進められてきたように見える。

実際、過去 10 年の間に、家族政策を担当する省庁、地方自治体と全国家族手当金庫（CNAF）は、以下のような問題について再度エネルギーを注ぐようになり、現在では以前に比べより重要視するようになっている。公的な保育部門における利用可能な枠数を増やすにはどうしたいいか（出生数の増加と多くの女性の働く必要性に応えて）、非典型または家族生活にとってはできれば避けたいフレキシブルな勤務時間に直面する親たちに、家族としての責任と仕事を融和させるにはどうしたらいいか（Fagnani, 2010）、同時に経済的に不利な地域での女性の雇用を増加させるにはどうしたらいいか。

保育の質と保育所不足の間の緊迫関係

　政策立案者は、持続的な供給不足を補うために過去 10 年間にわたって対策を講じてきたが、保育施設と登録されたチャイルドマインダーによるサービスの場を求める、やむことのない要求をまだ満たすことはできていない。この問題は、地方自治体や地方家族手当金庫（CAF）が有資格の職員を募集する際に対処し克服しなければならない難題によってさらに深刻化している。地方自治体や CAF は、「母と子の保護」PMI サービスによって定められ課せられている基準を満たさなければならないのだが（少なくとも幼児ケアセンター〈EAJE〉の職員の 50％は、小児看護師、乳幼児期教諭、小児看護師補助者、看護師または精神運動セラピストで構成されている必要がある）、保育部門への就職のために資格を求めている人々を対象としたトレーニングセンターは予算の制約があり不足しているのである。さらに、2010 年に生まれた子どもの数が 83 万 3000 人に達したこと（1997 年には 75 万 7000 人であり、恒常的な増加といえる）によっても問題の困難さは増している。また、女性の雇用を強化することは、フランスの家族政策の明白な目的であり続けている（Fagnani and Math, 2011）。したがって、保育の場を増やすことは、政策課題として高い優先順位をつけられている。地方の公選公務員に対する最近の調査の結果は、この傾向を示唆するものとなっている。そうした公選公務員の 46％は、最近の 4 年間では彼ら

のケア政策の最前線に保育の場の整備を位置づけてきたと断言している（CNAF, 2012a）。

保育の質と費用の安い保育へのアクセスとの間の緊迫関係（テンション）

　女性の雇用の強化という目標は、費用の安い保育へのアクセスのしやすさと常に両立するとは限らない（特に、社会的に課題を抱える地域において）。登録されたチャイルドマインダーに関する限り、彼らの専門性を高める動きはその保育の価格を押し上げることにつながった。2004年に決定された保育方法自由選択補足手当（CLMG）の額の引き上げは、この現象を完全には相殺しなかった。保育の場の供給をはるかに上回る需要があることもあって、チャイルドマインダーによる保育の質についてそれほど気にしない低所得の両親にとって、このことは大きな影響をもたらすことになる。

　それと同時に、政策立案者はさらなるディレンマに直面している。多くの都市部でのチャイルドマインダー不足を考慮に入れれば、政策立案者はチャイルドマインダーの賃金を上げずにこの職業をどのようにして魅力的なものにできるだろうか？（Himmelweit, 2007）。一方、親の観点からすれば限られている家計という条件に抗って、より良質なトレーニングを受けたチャイルドマインダーに高い保育料を親たちは望んで支払うだろうか？

　チャイルドマインダーを利用している親たちの代表的なサンプルに基づく最近の研究によると、3分の1の親のみがそうした支払いを希望するだろうとされている（Fagnani and Math, 2012）。

保育の質と非典型時間労働に直面した親たちのニーズに対応するという目標との間の緊迫関係（テンション）

　職場組織の変化に合わせて、長時間および／または非典型時間の労働に直面する親たちが増加しているが、彼らのニーズに自分の勤務時間を適応

　訳注2　地方議会議員など

させるように保育部門の職員は迫られている。さらに、勤務時間を自ら管理する権限をほとんど持たない被雇用者の数は、特に低賃金職種において増えている。

保育部門において雇用されているものは、自らの家族としての義務を考えれば、みな自分の利害を守ることをめざしているのであり、さらなるフレキシブルな勤務時間に応じることには消極的にならざるを得ない。登録ずみのチャイルドマインダーは、余裕があれば応じるだろうが、多くの場合、典型的な労働時間外に子どもをケアすることを拒否するだろう。その結果、乳幼児たちは、一日のうちに複数の人物や施設によるローテーションで保育を受けていることがよく見られる。これは、両親が非典型的な時間に従事する場合、またはひとり親の場合に特に当てはまる（Bressé et al, 2007）。

保育の質を犠牲にして行われた最近の決定

これまで述べてきたような背景の下、現在の保育政策に内在するいくつかの緊迫関係（テンション）を緩和するために、以下のような決定が過去 10 年間になされている。

2010 年 6 月に新しい法律が制定され、公衆衛生法典（*Code de la santé publique*）における重要な改革が導入された。まず、保育施設における保育技術を持っているとされる資格（小児看護師、乳幼児期教諭、小児看護師補助者）がある職員の割合の最低基準を 50％から 40％に減らす決定がなされている。この決定は、そのような資格を持った〔保育〕従事者の不足が、保育施設の迅速な整備にブレーキをかけていたという事実によって後押しされた。

第二に、保育所に在籍している多くの幼児が、必ずしも毎日または丸一日出席しているわけではないという事実を引き合いに出して、政府はこうした保育施設が受け入れることができる子どもの数を増やすことを決定した。2011 年以降、定数 40 以上の保育所は、在籍し通う子ども数を 20％（定数 40 未満の保育所の場合は 15％、定数 20 未満の場合は 10％）増やすこと

が認められた。

第三に、2009年に法律が制定され、登録されたチャイルドマインダーが、同時にケアできる最大の子ども数が3人から4人まで引き上げられた。その目的は、保育の場を増やし、チャイルドマインダーに所得増の機会を与え、それによってチャイルドマインダーの仕事をより魅力的にすることだった。しかし、94の県に配置されている、チャイルドマインダーの監督を担当する地方自治体職員への調査（Pillayre and Robert-Bobée, 2010）では、69％がこの変更によってチャイルドマインダーが子ども個々に向ける時間は短くなり、子どもたちと遊ぶ機会を減らし、認知能力を高める可能性を低くしたと述べている。約5人に1人が、安全性に関するリスクと、子ども個々が安心して休息できるチャイルドマインダーの家庭内のスペースが不十分であることを強調した。

これらの決定の可決にあたってはすべて論争がなされており、いくつかの労働組合や団体によって保育の質に対する脅威であると非難されている[10]。これまでのところ、政府はこれらの批判に対して耳を傾けようとしていない。

2004年には、家族問題を担当する省は、地方家族手当金庫（CAF）からの部分的な資金提供と同時に税額控除を与えることによって、民間企業内に保育所（企業保育所〈*crèches d'entreprise*〉と呼ばれる）を整備促進する施策を導入した。子どもは親たちと通勤しなければならなくなるため、保育所に通うための時間の増加という文脈において、このタイプの解決策は子どものウェルビーイングにとって有害となる可能性がある。これと関連するものとして、非典型時間の労働をより多く必要とする雇用主の要望を満たし、働く親たちがその要望に応え就労できるようにするために、1日24時間および週7日間運用している保育所などの保育サービスが過去10年の間に増えた。これらの企業が運営する施設（先に説明したように、CAFによる資金提供を一部受けている）は、労働現場の新しい現実への対応である。企業の期待に沿うように設定された保育時間延長の必要性は、多くの企業に共通のものである。ルノー（フランス自動車産業のリーダー）の

例は、新しい現実を象徴している。2010 年以来、従業員たちは午前 5 時 30 分から午後 10 時 30 分まで保育所を利用できるようになっている。このことは、従業員の子どもたちは、非常に長い時間を、家庭外のケアの中で過ごしたり保育所に通うことに費やしていることを示している[11]。

　同様の方法を用いて、政府は（前述のように）社会経済的に不利な地域での保育施設の整備を支援しているが、「働く親たちのニーズ」に合わせた運営時間の促進に重点がおかれ、いわゆる「柔軟」で「革新的」な保育サービスの整備に焦点を当てている。保育施設の運営時間は、親の労働日あたり最大 10 時間まで保育所および保育学校に出席する権利を子どもたちに与えるという現在の規則を超過して、1 日あたり 10 時間以上に延長されている。

　2009 年には、保育の場の利用可能性を高めるという明確な目的で、政府は 2 〜 3 歳の子どもをケアすることができる幼児園（jardins d'enfants）と呼ばれる新しいタイプの集団施設を創設し支援することを決めた。幼児園は、家庭と保育学校との間の橋渡しをすることになっている。しかし、法的な子どもと職員の比率は幼児園では 12 対 1 であり、保育所の 8 対 1 と比較して高く、また職員の資格はそれほど厳格ではないことから[12]、保育の質に関して幼児園はつぎはぎだらけ（patchy）の欠陥があるとの声高の批判が起こった。また、幼児園は保育学校の場への需要を減らし、それを幼児園が吸い込むことによって、政府の保育のための財政負担の多くを親に転嫁するためのごまかしの方法と広くみなされている（幼児園は、ほとんど成果を出せていないが）。

結 論

　「EU の子どもの権利に関する法律の枠組み」*EU Framework of Law for Children's Rights*（European Parliament, 2012）は、「すべての EU の政策は、子どもの最善の利益に沿って設計され実施されなければならない」と述べているが、フランスにおける新たな展開は、安定した保育政策を実行するにあたって、量的な課題と質的な課題を調和させることをめざしてきたに

もかかわらず、増大する緊迫関係とディレンマをもたらしてきた。集団保育と助成を受けている公的なチャイルドマインダーによって、母親の雇用を支えることに重点をおき続けているが、90年代半ば以降に導入された改革は、フランスの家族政策によって守られてきた以前の土台が雇用政策によってどのように侵食されてきたかを如実に示している。

さらに、政府が導入した改革は、供給側（女性の労働市場参加の増加）と需要側（保育サービスにおける雇用の増加）の両方で雇用を創出してきたが、チャイルドマインダーに関しては、保育の質に大きな格差がまだあり、この領域における不均質さは依然として通例である。

これらのすべての領域について、責任（異なる社会的パートナー間で拡散している）はたいていの場合雨散霧消しており、実施された方策に対する説明責任の欠如につながり、誰も責任をきちんと負っていない。例えば、地方レベルにおける、保育の供給と需要の不一致である。施設型保育の供給の空間的格差も依然として広範に及んでおり、質の高い保育へのすべての家族のアクセスを妨げ続けている。

最後に述べるが（しかし重要な点である）、保育部門において女性が主に労働力となっている問題は、質の高い保育を促進するための包括的なアプローチの1つの重要な要素となるはずだが、未着手のままにおかれている点である。

●注
1　本章で明らかになるように、フランスでは保育所（*crèches*）は、全日制の定期的な保育を提供するものである。ゆえに、フランスの保育所（*crèches*）はイギリスの託児所（*crèches*）と混同されてはならない。後者は、親たちが買い物をしたり、スポーツをするときなどの、臨時的なケアを提供するものである。
2　困難都市地域（*zones urbaines sensible*）として指定された215の地域、および社会結合協定（*contrats urbains de cohésion sociale*）を持つ基礎自治体にある。
3　*assistantes maternelles*（文字通りにいえば、母親の補助者）と呼ばれる。
4　地域保育所施設に関しては、CNAFは2006～2011年の間に予算を59.4％増やした。
5　両親が働いている、または失業中であると登録されている、さらに職業訓練コースに参加している場合に資格がある。

6 この法廷賃金以上に親たちは、賃金を多く払うことは自由だが、関連する社会保険拠出金は CAF によって補填されない。

7 地域的な差も大きい。供給と需要の間のミスマッチの結果として、パリ首都圏地域に住んでいるチャイルドマインダー（特に、パリ中心部に住んでいる場合）は、最高額が払われている（平均して、月額 1440 ユーロ）。

8 公的な保育に関する供給と需要の差は、約 3 万 5000 人分に及んでいると家族問題最高会議 Haunt conseil de la famille はしている（HCF, 2009）。

9 例えば、親たちが他の保育の手立てを探すことが困難な場合や、そのチャイルドマインダーを高く評価し尊重している場合などである。

10 2010 年 4 月、それらの労働組合や団体はこの新しい法律に対して、「一時預かり：赤ちゃん禁止」というキャンペーンの下に請願書を作成し、数回のデモンストレーションを組織した（www.pasdebebesalaconsigne.com）。

11 ストラディンズらは、非典型時間労働は子どものウェルビーイングおよび家族間の関係の質に決定的な影響を与えることを示している（Strazdins et al, 2006）。

12 規則は以下でみることができる。http://goo.gl/XbAFYc

●文献

Ananian, S. and Robert-Bobée, I. (2009) *Modes de garde et d'accueil des enfants en 2007* [*Early Childhood Care in 2007*], Paris: Direction de la recherche, des études, de l'évaluation et des statistiques (DREES), Etudes et résultats, no 678.

Borderies, F. (2012) *L'offre d'accueil des jeunes enfants de moins de 3 ans en 2010* [*The Supply of Early Childhood Care for Children under 3 in 2010*], Paris: Direction de la recherche, des études, de l'évaluation et des statistiques (DREES), Études et résultats, no 803.

Boyer, D. (ed) (2012) *L'accueil du jeune enfant en 2010, données statistiques* [*Early Childhood Care in 2010 – Statistics Report*], Paris: Observatoire national de la petite enfance, Caisse nationale des allocations familiales (CNAF).

Bressé, S., le Bihan, B. and Martin, C. (2007) *La garde des enfants en dehors des plages horaires standard* [*Early Childhood Care Outside Standard Hours*], Paris: Direction de la recherche, des études, de l'évaluation et des statistiques (DREES), Etudes et résultats, no 551.

CNAF (*Caisse nationale des allocations familiales*) (2012a) *La politique petite enfance vue par les communes* [*Early Childhood Policy from the Perspective of the Municipalities*], Paris: L'e-ssentiel, no 121 (www.caf.fr/sites/default/files/cnaf/Documents/Dser/essentiel/121-_cej.pdf)

CNAF (2012b) *Prestations familiales 201. Statistiques nationales* [*Family Allowances and Services 2011. National Statistics*], Paris: CNAF (www.caf.fr/sites/default/files/cnaf/Documents/Dser/donnees_tous_regimes/prestations_familiales_2011.pdf).

第 4 章　フランス

Cour des comptes (2008) *Rapport public annuel* [*Public annual report*], Paris: la Documentation française.

European Parliament (2012) *EU Framework of Law for Children's Rights*, Strasbourg: European Parliament Directorate General for Internal Policies (www.europarl.europa. eu/RegData/etudes/note/libe/2012/462445/IPOL-LIBE_NT(2012)462445_EN.pdf).

Fagnani, J. (2006) 'Family policy in France', in T. Fitzpatrick, N. Manning, J. Midgely, H. Kwon and G. Pascall (eds) *International Encyclopedia of Social Policy*, Oxford, New York: Routledge, vol 3, pp 501–6.

Fagnani, J. (2010) 'Childcare policies in France: the influence of organizational changes in the workplace', in S. Kamerman, S. Phipps and A. Ben-Arieh (eds) *From Child Welfare to Child Well-being: An International Perspective on Knowledge in the Service of Making Policy*, London, New York: Springer, pp 385–402.

Fagnani, J. and Math, A. (2011) 'France: Gender equality, a pipe dream?', in S. Kamerman and P. Moss (eds) *The Politics of Parental Leave Policies*, London and New York: Policy Press, pp 103–18.

Fagnani, J. and Math, A. (2012) 'Des assistantes maternelles mieux formées et plus qualifiées. Les parents consentiraient-ils à augmenter la rémunération?' ['Better trained and more qualified childminders. Would parents be willing to pay?'], *Politiques sociales et familiales*, vol 109, pp 59–73.

HCF (*Haut conseil de la famille*) (2009) *La lettre du Haut Conseil de la Famille, No 2* [*Letter from the High Council on Family Matters, No 2*] (www.hcf-famille.fr/IMG/pdf/Lettre_ HCF_no2-3.pdf).

Himmelweit, S. (2007) 'The prospects for caring: economic theory and policy analysis', *Cambridge Journal of Economics*, vol 31, no 4, pp 581–99.

Ministere de l'éducation nationale, de la jeunesse et de la vie associative (2011) *L'école maternelle. Rapport à monsieur le ministre de l'éducation nationale, de la jeunesse et de la vie associative* [*Nursery School. Report to the Minister of National Education, Youth and Community Life*], Paris: Ministere de l'éducation nationale, de la jeunesse et de la vie associative (http://media.education.gouv.fr/file/2011/54/5/2011-108-IGENIGAENR_215545.pdf).

OECD (Organisation for Economic Co-operation and Development) (2012) *OECD Family Database*, Paris: OECD Publishing (www.oecd.org/els/social/family/database).

Pillayre, H. and Robert-Bobée, I. (2010) *Conditions d'attribution des agréments des assistants maternels* [*Conditions Regarding the Registration of Childminders*], Paris: Direction de la recherche, des études, de l'évaluation et des statistiques (DREES), Études et résultats, no 719.

Strazdins, L., Clements, M.S., Korda, R., Broom, D.H. and D'Souza, R. (2006) 'Unsociable work? Non-standard work schedules, family relationships and children's well-being', *Journal of Marriage and the Family*, vol 68, no 2, pp 394–410.

Vanovermeir, S. (2012) *L'accueil des jeunes enfants: axe majeur de la politique familiale française depuis les années 1970* [*Early Childhood Care: A Pillar of French Family Policy since the 1970s*], Paris: Dossier Solidarité Santé, DREES, no 31.

第5章 オランダ

質の高い保育への平等なアクセス

ユースフ・エムレ・アグンドゥス Yusuf Emre Akgündüz

ヤンネケ・プランテンガー Janneke Platenga

はじめに

　オランダの保育・幼児教育システムは、本質的に民間の保育所と公立の
プレイグループから構成される二層のシステムである。保育所は、親が就
労している幼児のためのケア（保育）を提供している。ほとんどの親がこ
れらの施設を短時間^{パートタイム}を基本として利用するが、ここでの保育サービスは1
日に11時間、週に5日、年間50週提供可能である。プレイグループは、
より子どもを中心とした施設であり、2〜4歳児のみを対象とし、1日10
時間、年間42週の保育を担っている。このように、対象が異なっている
ために、プレイグループに通う子どもたちは、より所得の低い家庭に育っ
ていたり、マイノリティの背景を持っている傾向にある。加えて、プレイ
グループにおける展開として、社会的に不利な状況にある子どものための
特別なプログラムがしばしば組まれることがある。これは保育・幼児教育
に焦点化した VVE プログラムと呼ばれるものである。このプログラムは、
おおよそ週に15時間カバーされ、3〜4日間の午前または午後の時間数
に相当する。

研究では、子どもは質の高い保育を利用することで利益を得る一方で、質の低い保育は子どもの発達にネガティブな影響を与え得ることが示されている（NICHD Early Child Care Research Network, 2006）。しかしながら、現在に至るまでオランダにおける質の高い保育の利用、あるいはその点に関する世帯間の相違に関する情報はほとんどない。例えば、質の高い保育は低所得地域では利用できないかもしれないし、親がより質の高い保育を選択するための情報が不足しているかもしれない。そこにはまた、保育サービスとプレイグループの質の間に組織的な相違があるかもしれない。そして、仮にプレイグループの質が低いとしたら、このことは社会経済的地位の低い子どもにネガティブな結果をもたらす可能性がある。

本章では、オランダにおける社会経済的地位の低い家庭や異なる文化的背景を持つ家庭の、質の高い保育へのアクセスの平等性についての調査を報告している。その結果として、民間の保育所と公立のプレイグループ^{訳注1}からなる二層構造のオランダの保育システムが、すべての社会経済的および民族的グループに、平等な質の保育を提供することができているのかどうかについての政策的含意を示している。分析には、2010 年と 2011 年に収集された Pre-COOL データセットの第一波を使用した。データセットには、保育所とプレイグループにおける構造的な質とプロセスの質に関する指標、子どもの発達および職員と親たちの社会経済的特性に関するデータが含まれている。Pre-COOL のデータは 2 歳児に焦点化している。親の特性、子どもたち、公^{フォーマル}的な保育サービスの属性に結びつけることができるので、質の高い保育へのアクセス平等を調査するために理想的なデータセットとなっている。

本章の概要は次の通りである。次節（第 2 節）では、オランダの保育システムを概観する。次に（第 3 節）、Pre-COOL データセットについて紹介し、これに基づいて保育とプレイグループの質を比較する。第 4 節で

訳注 1　本章では、「保育」という用語を保育（保育所）と幼児教育（プレイグループ）の両部門の総称として用いることがある。

は公的な保育サービスの利用に焦点を当て、第5節では社会経済的地位と利用される保育の質の関連性を分析する。最終節では結論を述べる。

オランダの保育：利用可能性、費用、質

　オランダにおける女性就労率は比較的高い。ユーロスタット（2011）のデータによれば、2010年には女性の約70%が労働市場で活動しており、これは欧州連合（EU）の15か国平均を10%上回っている（Eurostat 2011）。育児休暇の権利がかなり制限されているために、数多くの共働き世帯は、親以外による保育を実質的に必要としている。オランダの法律では、有給の出産休暇16週と給付金のレベルとしてはかなり低い水準で支払われる育児休暇26週が認められている（Plantenga and Remery, 2009）。育児休暇の取得率は、母親で50%未満、父親でおよそ20%である。同時に、公的な保育サービスに対する需要はオランダ特有の労働時間のあり方（regime）によって抑制されている。過去20年にわたって、パートタイムの労働時間がますます一般的になり、2012年には就労女性の4分の3以上がパートタイムで働いていた（Plantenga et al, 2012）。

　実際、オランダで公的な保育が発展したのはかなり遅かった。1980年代末、オランダは（アイルランドとイギリスとともに）、EUにおいて公的な保育施設の水準が最も低かった（Moss, 1990）。保育施設の数が増加し始めたのは、1990年代に入ってからである。2005年以降、オランダチャイルドケア法 Dutch Child Care Act が導入されたことにより、その増加は加速した。この新たな法律が導入されたことによって、保育部門の財政的な仕組みは供給側への給付システムから需要側への給付システムに転換した。働く親たちは、原則として保育料をすべて支払ってから、税務当局から直接補償を受ける。チャイルドケア法の明確な目的は、保育事業者が親たちの希望に効率的な方法で対応するように、市場原理の働きを作用させることである。需要側への給付システムに転換した結果として、オランダでは公立の保育所が消滅した。代わりに、民間の営利事業者（オランダの全保育団体の60%）あるいは非営利事業者（残りの40%）が現在保育市

場で活動し、競合している（Noailly and Visser, 2009）。資金供給構造の変化は、保育部門における大規模な拡大を伴っていた。比較可能な統計値を見つけることは難しいが、表 5.1 は 2009 年末までの幼児のための保育施設での定数がおよそ 16 万 5000 であり、一方で放課後保育の施設（out-of-school care）定数が 18 万 7000 以上にのぼることを示している。2004 年の数値と比較すると、保育サービスは 33％の増加であり、一方で、放課後保育は短期間で 2 倍以上増加したことがわかる。オランダの子どもたちのほとんどが短時間制の保育サービスを利用していることを考えると、保育サービスを利用している子どもの数はかなり多い。ヘメッケとパウルーセン・ホーヘンボームのデータ（Gemmeke and Paulussen-Hoogeboom, 2007）を受けて、私たちは 1 つの全日制保育の場を 1.9 人の子どもたちが利用すると想定する。結果として、2009 年の低年齢児たちのグループの在籍率は約 40％と見積もることができる（年齢ごとに上昇するが）。放課後保育施設の急速な増加にもかかわらず、学齢期の子どもたちの在籍率は約 15％であり、それほど多いとはいえない。

　チャイルドケア法は、共働き世帯に対する保育サービスを管轄する一方で、地方自治体は親の労働状況に関係なく、2 〜 4 歳児を対象とするプレイグループを所管している。加えて、地方自治体は、たいていの場合プレイグループを利用している社会的に不利な背景を持つ子どもたちのためのプログラムを運営している。共働き世帯の子どもたちはたいてい保育所を利用しているのに対して、プレイグループの子どもたちは低所得および／またはマイノリティの背景を持つ傾向にある。実質的には 3 〜 4 歳児の

表 5.1　オランダ：保育定数（または定員）の増加（2004 〜 2009 年）

保育の種類	2004	2006	2008	2009	増加率（%）
（幼児）保育	124,000	130,000	147,500	165,000	33
放課後保育	74,000	95,000	158,000	187,500	253
合計	199,000	225,000	305,000	352,500	77

注：出典において四捨五入されている。
出典：Gemmeke and Paulussen-Hoogeboom（2007）；Dekker and Paulussen-Hoogeboom（2010）

第5章　オランダ

多くはまだプレイグループを利用しているが、保育所の定員の増加によって、当然プレイグループの利用は減っている。その年齢層における子ども施設（child facilities）の全体的な普及率は約90％である。保育所を利用していない子どもたちはプレイグループを利用する傾向がある。このような特有の環境は、オランダの幼児保育システムを二層化させる。2～4歳児を持つ低所得あるいは社会的に不利なマイノリティの家庭は、公的なプレイグループという選択肢を持つ一方で、共働き世帯のための保育サービスは市場原理によって支配されている。

保育料

　チャイルドケア法で規定されている保育サービスのために親が支払わなければならない正味の保育料には、大きな幅がある。まず、財源が三者で分担されており、雇用主が実際の保育費用の3分の1を支払っている。親が支払う保育費用の割合は、低所得世帯の3.5％から高所得世帯の66.6％にまで及ぶ（Plantenga, 2012）。親の保育料負担は、国家レベルで定められ、（このように）標準化されている。チャイルドケア法は事業者によって定められる保育料を規定していないが、実際には、親が返金を受けることができる最高価格（2012年で1時間につき6.36ユーロ）の存在のために「緩やかな上限」（soft cap）がある。時間ごとの保育料がわずかに上がっても、親が支払わなければならない正味の保育料は大幅に上がることにつながるため、事業者は補助金の上限を超えて保育料を押し上げることが難しい。時間ごとの保育料が最高価格を上回って設定されると、低所得世帯の費用が急激に増加する可能性がある。2008年には、調査対象となった保育所の70％が、親が受け取ることのできる給付金の最高価格を考慮に入れたと答えた（Berden and Kok, 2009）。

　プレイグループについては、保育料は地方自治体によって設定され、自治体によって異なる場合がある。通常、親は所得に応じて保育料を支払う。プレイグループは就労している親たちを対象としていないため、雇用者による保育費用の負担はない。プレイグループにおける子ども1人あ

たりの時間ごとの総費用は、利用率が低いために、保育所よりも約20％
高くなっている（Berden et al, 2011）。

保育の質

　2005年のチャイルドケア法は、子どもと職員の比率に関する保育の
質基準を規定していない（OECD, 2006; Brancheorganisatie Kinderopvang,
2012）。代わりに、保育事業者（の代表）と親たちの代表組織によって合意
された、質基準を通した自主規制を認め奨励することを法律の中で述べて
いるだけである。取り決められた質基準は、登録と監査を委ねられている
地方自治体に一定の指標を与える。事実上、親たちの組織と保育事業者た
ちによって合意された質基準には拘束力がある。
　保育施設の実際の質は、1995年からオランダ保育研究協会 Dutch
Consortium for Child Care Research（NCKO）の継続的なプロジェクトに
よって明らかにされている。1995年からの初期の調査結果においては、
オランダの保育所の保育の質はイギリスとアメリカよりも高い水準にある
ことが示された（van Ijzendoorn et al, 1998）。同プロジェクトにおける同様
の方法論を用いた2001年からのフォローアップ調査では、質の低下が明
らかとなり、いくつかの保育所では、特にプロセスの質測定のスコアが低
かった（Deynoot-Schaub and Riksen-Walraven, 2005）。2005年と2008年に行
われた2回のフォローアップ調査でも、プロセスの質の低下が同様に見出
された。最大の7から最小の1までのプロセスの質スケールでは、1995
年の5から2008年の3に全体として低下した。このことは、オランダの
保育所の質が平均以上から平均以下に低下したことを表わしている。すで
に2005年の調査では、プロジェクトに参加している研究者たちによって、
オランダはもはや質の高い保育を行っている国に分類することはできない
と結論づけられている（Vermeer et al, 2008）。
　オランダにおける質の低下の要因として考えられるのは、チャイルドケ
ア法施行後の保育の利用可能性および量の劇的な拡大である。保育部門に
おける急速な拡大によってもたらされた、潜在的な職員の不足、職員の経

験不足、マネジメント、そして監査と保育の質規制の困難さが、質レベル
が低下した要因として考えることができる。

　保育所とは違って、プレイグループの質は、保育およびプレイグルー
プ の 質 に 関 す る 法 律 Law for Child Care and Quality Requirements for
Playgroups（WKO）を通して、国によって直接的に規制されている。規制
内容に関する保育所とプレイグループの最も大きな違いは、子どもと職員
の比率である。プレイグループにおける子どもと職員の比率は 8 対 1 で
あり、親の代表組織と保育事業者たちが保育所の 2 歳児について合意し
た要件は、6 対 1 である。オランダの保育所とプレイグループの職員は、
ともに保育のための職業訓練を完了していることが求められる。訓練プロ
グラムのレベルは、オランダにおける中等職業訓練に相当する。

Pre-COOL データベースによる保育サービスと
プレイグループの比較

　保育サービスとプレイグループの質を比較するためには、両タイプの
サービスに関連するデータを含んだデータソースを使用する必要がある。
この点において有益なデータセットは、2 歳時点から数千人の子どもたち
を追跡する縦断コホート研究である Pre-COOL 調査である。Pre-COOL は
アムステルダムのコーンスタム研究所 Kohnstamm Instituut、ユトレヒト
大学、ナイメーヘン大学の共同プロジェクトである。構築された変数と基
本的な結果は、オランダデータアーカイブとネットワークサービス Dutch
Data Archiving and Network Services（DANS[1]）を通して公開されている。
第一波のデータは 2010 年と 2011 年に収集され、これがこの章の後半の
分析で使用されたデータである。Pre-COOL 調査は 3 つのソースから収集
されたデータで構成されている。教師、施設管理者、親に対する質問紙調
査は、子どもたちの背景と施設の特性に関する情報を提供する。第二の
パートは、発達心理学者が作成したスケールを用いて、トレーニングを受
けた観察者が行ったプロセスの質に関する施設の観察を含むものである。

Pre-COOL 調査の第三と最後のパートは、本分析では使用されない、子どもの発達の幅広いアセスメントである。Pre-COOL のデータは、公的な保育をまったく受けていない子どもたちもデータセットに含むことを確実にするために、オランダ統計 Dutch Statistics（CBS）によって提供されたコホートに関する親への質問紙調査と子どものアセスメントによって補完されている。

　Pre-COOL 調査の教師への質問紙調査を使用して職員の資格程度の平均を比較することによって、保育施設（childcare centres）とプレイグループの相対的な質についての最初のアイディアを得ることができる。表 5.2 はこの点に関していくつかの詳細な情報を示している。およそ 350 人の職員から回答があり、そのうち 200 以上はプレイグループの職員からであった。プレイグループの職員はより労働時間が短いこと（それは、おそらくプレイグループは開所時間が短いためであろう）と、より豊富な経験を持つ傾向があるように見える。経験レベルの違いは際立っており、保育所の急速な量的拡大が職員の経験の低下を招いているという仮説を立証しているかのように思われる。保育所で働く職員のうち、25.83％が保育部門での経験が 5 年未満であり、プレイグループでは 14.36％であった。

　Pre-COOL 調査では、2 歳児が利用する保育関連施設の質の直接的な測定も行われている。オランダ保育研究協会（NCKO）による以前のプロジェクトとは異なり、Pre-COOL は保育所とプレイグループ両方のプロセスの質、構造的な質についてのデータを収集し、オランダの公的な保育サービス全体の質についてのよりトータルなイメージを与えている。プロセスの質は、複数回にわたる 20 〜 30 分の教室の観察を通して、教室アセスメントシステム Classroom Assessment Scoring System（CLASS）を用いて測定される。現在の第一波のデータを用いて、全 159 の公的な保育サービス施設におけるいくつかのグループが測定されている。159 のうち、91 はプレイグループであり、68 は保育所である。この研究の目的のために、複数の尺度に基づいて施設内のいくつかのグループが個別に観察され数値化される。異なる教室の複合的な測定値が平均され、それぞ

第 5 章　オランダ

表 5.2　オランダ：職員の資格（%）

職員の資格	すべての施設	保育所	プレイグループ
教育レベル			
中等教育	18.41	15.23	20.79
職業教育	15.30	18.54	12.87
中等職業教育	61.47	62.25	60.89
高等職業教育	2.83	3.31	2.48
大学	1.98	0.66	2.97
経験年数			
0 〜 5 年	19.15**	25.83	14.36
5 〜 10 年	24.51***	30.46	20.30
10 年以上	56.34***	43.71	65.35
労働時間			
24 時間未満	54.67**	35.76	68.81
24 〜 32 時間	30.59**	40.40	23.27
32 時間以上	14.73**	23.84	7.92

注：***p<0.01, **p<0.05, *p<0.1：保育とプレイグループの子どもたちの間の有意差。
出典：Pre-COOL 2012

　れの公 的な保育施設（childcare facilities）の全体的なスコアが生成される。
Pre-COOL 調査では、CLASS の 2 つの領域——教育的支援と情緒的支援
——が用いられている（Thomson and La Paro, 2009）。領域は、教育的支援
のためのフィードバックの質や言語モデリングおよび、情緒的支援のため
のポジティブな雰囲気（climate）と教師の感受性のような複数の観点から
構成されている（Slot and Leseman, 2012）。教育的支援の尺度の値は、直感
的にいえば、後の学校への準 備を予測するものだろう。より質の高い教
育的支援への平等なアクセスは、学齢期の子どもたちが同じ出発点に立つ
ことを保証するための決定的な要因だろう。
　表 5.3 は、68 の保育所と 91 のプレイグループのプロセスの質の 2 つの
領域の平均と標準偏差を示すものである。示された領域の値は、複数の観
点の数値の単純な平均値である。CLASS によれば、全体としてオランダ

表 5.3　オランダ：オランダの保育所とプレイグループにおける構造的な質とプロセスの質の平均と標準偏差

保育の質尺度	すべての公的な保育	保育所	プレイグループ
プロセスの質			
情緒的支援	5.00	5.01	4.99
	(0.64)	(0.61)	(0.66)
教育的支援	3.30**	3.10	3.44
	(0.80)	(0.71)	(0.84)
構造的要因			
子どもと職員の比率	5.08*	5.29	4.93
	(1.36)	(1.04)	(1.54)

注：***p<0.01,** p<0.05,*p<0.1：保育とプレイグループの間の有意差。
出典：Pre-COOL 2012

の公的な保育サービスは、情緒的因子の測定において平均以上の質を持つものである。教育的支援の測定値については、その逆であり、保育所とプレイグループの両方における平均は、3をわずかに上回っているのみである。情緒的支援と教育的支援のスコアの差は、異なる尺度を使用するオランダの保育所の質に関する、以前の測定値と一致するものである（Vermeer et al, 2008; NCKO, 2009）。構造的要因として入手可能なものとして、子どもと職員の比率については、保育所の平均が2歳児で6対1という規定された割合よりも下回っている。しかしながら、標準偏差は大きく、実際にはすべての施設がこの基準に適合しているわけではない。最後に、保育所とプレイグループにおけるさまざまな格差の有無は、プレイグループにおいて低所得およびマイノリティの子どもたちが大きな比率を占めていることを考えると、社会的に重要な点である。平均して、プレイグループと保育所の質に大きな格差はなかった。プレイグループは、教育的支援の平均スコアがわずかに高い。オランダの二層化したシステムは、異なる集団がアクセス可能な保育の質における固定化された（または固有の）不均衡を生み出すことなく、公的な保育サービスがすべての子どもたちに利用可能なものであることを保証するうえでよく機能している。

第 5 章　オランダ

CLASS を用いたフィンランドの保育の質を測定した最近の研究（Pakarinen et al, 2010）と比較すると、スコアは（両国で）同じようなパターンを示していることが明らかとなった。情緒的因子の平均スコアは教育的支援よりも全般的に高い。しかし、Pre-COOL 標本における教育的支援の平均は、フィンランドの結果よりも低いようである。これは、オランダの施設のレベルが特に低いというよりも、フィンランドの保育施設の質が特に優れているゆえかもしれない。アメリカの保育の質について注目することはあまり推奨されていないが（第 9 章を参照）、表 5.3 の平均値は、アメリカの結果と同等か、いくつかのケースにおいてアメリカよりも高い（Mashburn et al, 2008）。

公的な保育の利用における違い：
調査対象の記述的説明（descriptives）

本章では、質の高い保育への平等なアクセスに焦点を当てているため、前節の質に関するデータと実際の利用者（子どもたちと親たち）に関するデータを結びつける必要がある。Pre-COOL データセットには、2 歳児と彼らの親の属性に関するデータが含まれている。Pre-COOL 調査は、保育サービスを利用する子どもたちと、利用しない子どもたちの両方に関する情報を含んでいるため、全サンプルは 2 つのサブサンプルから構成されている。1 つは、すべての点について観察されたサンプルであり、もう 1 つは利用する保育サービスの質についての情報と子どもの発達についての情報がない、つまり部分的に観察されたサンプルである。部分的に観察された子どもたちのデータは、施設の調査ではなく親への質問紙調査に基づいているため、いくぶんかの欠損値を含んでいることに留意が必要である。

表 5.4 は、合成されたサンプルに関する情報を示すものである。分析は、パートナーと同居している親の子どもたちに限定して行っている。ひとり親の意思決定プロセスは、パートナーが子どもを世話するために家にいるという選択肢がなく制約されることが多いためである。全サンプルの

145

表 5.4　オランダ：Pre-COOL サンプルにおける 2 歳児

	合計	公的な保育	保育所	プレイグループ	公的な保育以外
全サンプル	1,209	1,096	729	436	113
すべての点について観察されたサンプル	495	495	266	229	0
部分的に観察されたサンプル	714	601	430	184	113

注：91 人の子どもたちが保育とプレイグループの両方に在籍しているため、保育とプレイグループにおける観察の合計は公的な保育の総計を上回っている。加えて、22 人の子どもたちの公的な保育のタイプは不明である。

うち、合計 91 人の子どもたちが保育所とプレイグループの両方を利用しており、91 人のうち 35 人については施設の質に関する情報がない。これらの子どもたちは、プレイグループと保育所両方のサンプルの一部として最終的なサンプルに含まれている。Pre-COOL 調査のサンプルでは、保育所よりも、個々のプレイグループは数としては多いが、子どもの数としては保育所のほうが多い。

　関連がある〔と思われる〕コントロール変数は、わかりやすいものである。2 つの高等教育学歴ダミーとして、大学および高等職業訓練（HBO）卒業が男女両方に使用されている（そのため、省略された参照グループ〈reference group〉は、最も教育レベルが低いグループである）。民族的な背景についての変数は、オランダ人の母親であるか、オランダ人父親であるか、両親がオランダ出身の家庭であるか、また祖母の国籍がオランダであるかなどの値〔カテゴリー〕が含まれている（参照グループは両親と祖母が外国で生まれた子どもたちである）。さらなるコントロール変数は、きょうだいの数や父親の所得のような世帯の特性である。母親の所得は、多重共線性と内生性の問題のため、制御されていない。母親の所得は、分析にすでに含まれている社会経済的背景変数と高い相関があるのであろう。加えて、母親が就労を決めることは、保育を利用することの決定と一緒に行われる可能性が高く、保育の質によって影響される可能性がある。表 5.5 は、

第 5 章　オランダ

表 5.5：オランダ：独立変数の要約統計量

	全サンプル	保育所で観察されたもの	プレイグループで観察されたもの	公的な保育以外
母親の教育				
大学	16.87***	16.17	4.37	8.85
高等職業訓練	31.43***	38.35	16.16	32.74
父親の教育				
大学	16.79***	15.41	3.93	7.96
高等職業訓練	23.99***	31.20	17.90	21.24
人口統計				
オランダ人の母親	82.80***	89.85	78.17	76.11
オランダ人の父親	81.89***	86.84	75.11	72.57
父親の月収（ユーロ）				
1,000 〜 2,000	42.76	38.72	42.79	56.64
2,000 〜 3,000	31.51***	35.71	20.96	25.66
3,000 〜 4,000	6.87	5.64	4.37	7.96
>4,000	4.14	4.89	3.93	0.88

注：全サンプルには、保育所とプレイグループで観察された子どもたちに加えて、部分的に観察された子どもたちも含まれている。
***p<0.01, **p<0.05, *p<0.1：保育とプレイグループにおける子どもたちの有意差。

関連性がある社会経済的、民族的カテゴリーごとの親たちの割合を示している。当然、保育所とプレイグループにおける子どもたちの社会経済的特性と民族的背景には大きな違いがある――保育所にはより裕福で高学歴のオランダ人家庭の子どもたちが在籍している傾向がある。

　保育サービスの利用の有無とどちらの種類のセンターを利用するかについての、回帰のための従属変数は 2 値変数である。前者では、公的な保育が利用されている場合は値 1、そうでない場合は 0 で変数が構築され使用されている。施設の種類の回帰分析では、親の質問紙調査において、プレイグループと保育所の選択について欠損値が多く、サンプルは保育施設で観察された子どもたちに限定されている。このときの変数は、子どもが保育所で調査された場合は 1、プレイグループで観測された場合は 0 であ

147

る。受けた保育の質についての家庭的背景の影響を推定するにあたっての従属変数の選択は、より複雑である。質の高い保育へのアクセスを測定するために、3つの従属変数が使われている。プロセスの質領域の尺度としては、複数の観点のスコアの平均を使用するのではなく、因子分析によって生成された要約変数（summary variables）を使用する。因子分析では、それぞれの観点についての測定値のばらつきをよりよく説明する、情緒的支援と教育的支援領域の変数を生成している。構造的な質を測る指標としては、唯一職員と子どもの比率を採用した。

公的（フォーマル）な保育の利用と質における違い：多変量解析

公的（フォーマル）な保育の利用

付録5.1は、全サンプルにおける公的（フォーマル）な保育サービスの利用についてのプロビットモデルから得られた結果を示すものである。2つ目のプロビットモデルは、施設の種類（プレイグループまたは保育所）の選択肢に対応したもので、サンプルは、完全に観察されたデータセットから、少なくとも1つのタイプの公的（フォーマル）な保育を利用している子どもたちに限定されている。したがって、2つ目のプロビット回帰のサンプルの中の子どもたちは、調査時にプレイグループあるいは保育に在籍していたかどうかという点に違いがある。

モデル1の結果は、概ね予想していた通りである。父親の所得がコントロールされた場合、大卒の親たちは、公的（フォーマル）な保育を利用する傾向にあるようだ。しかし、係数はそれほど大きくない。父親の学士の学位は、公的な保育を利用する確率を4.8％上昇させる。意外にも、父親の所得にはネガティブな効果がある。これは、高所得者層が民間のチャイルドマインダー（childminder）を利用することが多いことによるものだと考えられる。

モデル2は、プレイグループではなく保育所が利用されているかどうかに限定した分析を行った場合、影響がより強くなることを示している。保育所は共働き世帯が利用するため、社会経済的に不利でありマイノリティの背景を持つ子どもたちがプレイグループを利用する可能性はより一

層高くなる。働き手が1人の家庭と共働き世帯が選択する保育のタイプの違いは、高所得の親たちに保育所を利用に対する選択的な効果（selection effect）をもたらす。子どもたちのさまざまな社会経済的背景による公的（フォーマル）な保育利用における大きな格差の他にも、プレイグループは利用時間が短い傾向にあるため、公的な保育を受ける総時間に子どもの間で大きな差があるかもしれない。

保育の質

　本節での分析の主たる目的は、すべての子どもたちが同じように質の高い保育にアクセスすることができているかを検討することである。二層化したオランダの保育システムにおける結果を解釈するとき、保育の質に関する社会経済的グループや民族性の間の格差には、2つの原因を検討できるだろう。第一に、地域、情報レベル、あるいは質の高い保育への要求における違いによって、保育市場あるいはプレイグループにおける保育の質には、社会経済的グループによって格差が生じている可能性がある。第二に、低所得者層やマイノリティのグループがよく利用するプレイグループの質が本質的に低いという結果が、不利な社会経済的状況やマイノリティの状況にあることの影響をもたらしているのではないかということである

　最大尤度選択モデル（maximum likelihood selection model）は、利用されている公的な保育サービスの質を推定する際に、ヘックマン（1979）の理論に基づいて用いられる。そのモデルは、保育の質が観察されるかどうかについてのセレクション方程式と、保育の質の測定値を従属変数とするもう1つの方程式という、2つの方程式を同時に推定するものである。私たちのデータには、2つの共時セレクションプロセスがある。観察された公的な保育サービスの質に関する、子どもたちのサブサンプルについてのより単純な（straightforward）最小2乗回帰は、親が保育の質についての情報に基づいて公的（フォーマル）な保育を利用する場合、あるいはCLASS観察のデータ収集手順において標本抽出があった場合、偏り（バイアス）が発生するかもしれない。セレクションモデルを推定する際の主要な問題は、質回帰分析において多

149

重共線性を避けるための除外制約（exclusion restrictions）によるセレクション方程式の同定である（Puhani, 2000）。私たちの分析では、きょうだい数と低体重出生児であったかどうかは除外制約として使用されており、セレクション方程式にのみ含められている。その理由は、これらの要因は選択される公的な保育の質に影響しないかもしれないが、より多くの子どもを持つ親や健康に問題を抱える子どもは、公的な保育を利用する可能性そのものが低くなりがちだということである。

　付録 5.2 は、プレイグループと保育所で受けた公的な保育サービスの質に対する家庭的背景の影響を示している。その結果は、高学歴で高所得の親を持つ子どもたちは、質の高い情緒的支援を行っている公的な保育を受けていることを示唆している。教育的支援の場合、HBO 学位を持つ父親の負の係数を除いて、ほとんど有意な関連性はない。結果は、プレイグループと保育所の質における本来的な違いによって生み出されたのではないように思われる。不利な社会経済的背景を持つ子どもたちはプレイグループを利用することが多いけれども、プレイグループの平均的な質は保育所と同等かそれ以上である。保育の質についてのより良い判断力、保育補助金の政府上限以上の保育料を積極的に支払うこと、家から離れた保育施設の選択に対する柔軟性は、すべて情緒的支援に関する質の不平等につながり得るものである。また、低所得地域に住んでいて利用可能な施設の質が低い場合、不利な社会経済的背景を持つ子どもたちは、選択肢が限られてしまう可能性がある。

　意外にも明らかとなったのは、オランダ人の母親であるというコントロール変数の負の係数であり、情緒的支援で 10% のレベルで有意である。保育の利用についての結果を考え合わせると、これらの結果はオランダ人の親たちは、数多く保育を利用しているが、彼らが利用している施設の質は低い傾向にあることを示している。

　子どもと職員の比率および教育的支援についての因子は、ほとんど影響を及ぼしていない。高学歴の父親を持つ子どもたちは、教育的支援に関して若干質の低い保育を受けているかもしれないほどである。このように、

第 5 章　オランダ

社会経済的背景による違いは、ほとんどが情緒的支援尺度に関するものである。認知発達面よりも行動面に重きをおくのは、オランダ人の親たちが子どもたちを養育するときに最も重視することについての発達心理学者の研究結果（Harkness et al, 2007）と一致している。さらに、教室のポジティブな雰囲気のような情緒的支援に影響を与える因子は、単純に親たちに見えやすく、社会経済的背景の高い親たちが、より良い公的な保育サービスを選択するか、より質の高い保育の提供を事業者に要求するかのどちらかを可能にする。

　プレイグループの子どもたちを除いたサブサンプルに同じ回帰式が適用されており、プレイグループと保育所の二層システムによって質に違いが生じているのかどうかを確認するものとして付録 5.3 が示されている。回帰式は、保育所の子どもたちを除いたサブサンプルにも適用されているが、その場合には有意な変数がほとんどなかった。付録 5.3 の結果は、父親の所得が引き続き情緒的支援の質と有意な相関関係にあることを示している。同様に、母親の教育は正の効果があるが、その効果はフルサンプルよりも有意ではない。驚いたことに、教育的支援は、保育所のサブサンプルにおける不利な社会経済的背景を持つ子どもたちにより効果があるように思われる。それは、社会的に不利な地域にある保育所において VVE プログラムが広く利用されていることと関連しているのかもしれない。

結 論

　オランダの保育システムは、本質的に二層構造になっている。保育市場における保育補助金は直接親に供与されており、このことは市場が需要側の動機と消費者の選択によって支配されるのがよいと考えられていることを意味している。実際、2005 年に行われた需要側への補助金の切り替えは、保育の利用可能性の改善という点において成功しているようである。まだ若干の待機リストはあるけれども、市場はここ 10 年間の需要の増大に対応することができており、その結果として保育の子ども数は劇的に増加した。その一方で、特に 2 〜 3 歳児の間で、プレイグループは公的な

保育の第二の主要な形態で在り続けている。オランダの保育部門の課題は、保育市場が質の面で親の選択に対応すること、そしてプレイグループの質が少なくとも保育所で提供される保育の質のレベルと対等であることを保証することである。

　Pre-COOL のデータ分析によれば、プレイグループと保育所の質の平等は、広く達成されている。プレイグループは少なくとも両方の尺度で保育所と同様に機能しているようであり、むしろ教育的支援の尺度ではより高いスコアを示している。オランダのシステムは所得、教育、マイノリティの状況のような背景特性によって大きく切り分けられている。しかし、少なくとも、そのシステムは、異なる集団がアクセス可能な保育の質において固定的な格差を生み出すことなしに、公的な保育サービスがすべての子どもに利用可能なものであることを保証するうえでうまく機能している。保育所とプレイグループにおける保育の質が同じ水準にあるにもかかわらず、異なる社会経済的背景を持つ子どもたちが受ける保育の質には、依然として違いがある。より高所得である大卒レベルの親の子どもたちは、情緒的支援の質がより高い公的な保育サービスを利用していると思われる。教育的支援の尺度では大きな違いはないが、いずれにせよこの点は保育サービス全体で低くなっている。したがって、私たちは 2005 年に行われた保育市場における需要側が主導するシステムへの切り替えは利用可能性と柔軟性を向上させた一方で、同時に質の高い保育が高所得の親たちによって利用されることによって不平等を生むことにつながっていると結論づける。市場を通して親たちの選択がよりはっきりと示されるようになったことは、同時に選択の違いや情報の非対称性もより明確に可視化されるようになったことでもある。

　保育所とプレイグループにおける構造的な質を規制する試みは、オランダの保育の質を高く保つことに成功をもたらしていないようである。さらに、本章の分析では、社会経済的地位によってアクセスにいくぶんかの不平等が存在することを示した。保育所の利用可能性が大幅に上昇したことは、消費者の選択が保育部門に非常に大きな影響をもたらすことを示して

いる。同様の理由で、公的な保育サービスの質は、質に対する要求がさ
らに高まった場合にのみ、向上する可能性がある。しかし、これは、親が
保育サービスの質に関する情報を持っていることが前提である。親が質を
判断することが難しいことを考えると、仮に保育所に関する質の情報が公
開されれば、市場はよりよく機能するだろう。実際、同じような戦略がオ
ランダの中学校における質の向上において成功している（Koning and van
der Wiel, 2010）。今後の課題は、影響する要因を特定することや簡単に測
定することのできる（プロセスの）質の指標作成である。

注

1　DANS に関するさらなる情報は以下の参照のこと。www.dans.knaw.nl/en; details
of the Pre-COOL project are available in Dutch at www.pre-cool.nl

文献

Berden, C. and Kok, L. (2009) *Ontwikkelingen op de markt voor kinderopvang 2004–2008*
[*Developments in the Market for Child Care 2004–2008*], Amsterdam: SEO Economisch
Onderzoek.

Berden, C., Kok, L., Koopmans, C. and Dosker, R. (2011) *De waarde van kinderopvang*
[*The Value of Child Care*], Amsterdam: SEO Economisch Onderzoek.

Brancheorganisatie Kinderopvang (2012) *Convenant Kwaliteit Kinderopvang* [*Covenant for
Child Care Quality*], Utrecht: Brancheorganisatie Kinderopvang.

Dekker, B. and Paulussen-Hoogeboom, M.C. (2010) *Monitor capaciteit kinderopvang
2008–2011* [Monitor for the Capacity of Child Care 2008–2011], *Capaciteitsgegevens in
het jaar 2009*. Eindrapport, Amsterdam: Regioplan.

Deynoot-Schaub, G.M.J.J.M. and Riksen-Walraven, J.M.A. (2005) 'Child care under
pressure: The quality of Dutch centers in 1995 and 2001', *The Journal of Genetic
Psychology*, vol 66, no 3, pp 280–96.

Eurostat (2011) *Income and Living Conditions Database* (based on EUSILC), Luxembourg:
Eurostat.

Gemmeke, M. and Paulussen-Hoogeboom, M. (2007) *Basisgegevens kinderopvang* [*Basic
Child Care Data*], Amsterdam: Regioplan Beleidsonderzoek.

Heckman, J.J. (1979) 'Sample selection bias as a specification error', *Econometrica*, vol
47, no 1, pp 475–92.

Harkness, S., Johnston, C., Sutherland, M.A., Super, C.M., Hyun, O., Moscardino, U.,
Rha, J., Axia, G., Palacios, J., Blom, M. and Huitron, B. (2007) 'Cultural models and

developmental agendas: Implications for AroUSl and self-regulation in early infancy', *Journal of Developmental Psychology*, vol 2 no 1, pp 5–39.

Koning, P. and van der Wiel, K. (2010) *School Responsiveness to Quality Rankings: An Empirical Analysis of the Secondary Education in the Netherlands*, IZA Working Papers 4969.

Mashburn, A.J., Pianta, R.C., Barbarin, O.A., Bryant, D., Hamre, B.K., Downer, J.T., Burchinal, M., Early, D.M. and Howes, C. (2008) 'Measures of classroom quality in prekindergarten and children's development of academic, language, and social skills', *Child Development*, vol 79, no 3, pp 732–49.

Moss, P. (1990) *Childcare in the European Community. Women of Europe. Supplement No 31*, Brussels: European Commission Childcare Network.

NCKO (Nederlands Consortium Kinderopvang Onderzoek) (2009) *Pedagogische kwaliteit van de opvang voor 0- tot 4- jarigen in Nederlandse Kinderdagblijven in 2008* [*Pedagogic Quality of Care for 0 to 4 Year Olds in Dutch Day Care Centres*], Utrecht: NCKO.

NICHD Early Child Care Research Network (2006) 'Child-care effect sizes for the NICHD Study of Early Child Care and Youth Development', *American Psychologist*, vol 61, no 2, pp 99–116.

Noailly, J. and Visser, S. (2009) 'The impact of market forces on child care provision: Insights from the 2005 Child Care Act in the Netherlands', *Journal of Social Policy*, vol 38, no 3, pp 477–98.

OECD (Organisation for Economic Co-operation and Development) (2006) *Starting Strong II: Early Childhood Education and Care*, Paris: OECD.〔OECD 編著、星三和子・首藤美香子・大和洋子・一見真理子訳（2011）『OECD 保育白書——人生の始まりこそ力強く：乳幼児期の教育とケア（ECEC）の国際比較』明石書店〕

Pakarinen, E., Lerkkanen, M., Poikkeus, A., Kiuru, N. and Nurmi, J. (2010) 'A validation of the classroom assessment scoring system in Finnish kindergartens', *Early Education & Development*, vol 21, no 1, pp 95–124.

Plantenga, J. (2012) 'Local providers and loyal parents: Competition and consumer choice in Dutch child care market', in E. Lloyd and H. Penn (eds) *Child Care Markets: Can They Deliver an Equitable Service?*, Bristol: Policy Press.

Plantenga, J. and Remery, C. (2009) 'The Netherlands: bridging labour and care', in S.B. Kamerman and P. Moss (eds) *The Politics of Parental Leave Policies. Children, Parenting, Gender and the Labour Market*, Bristol: Policy Press, pp 175–90.

Plantenga, J., Remery, C. and Takács, J. (2012) 'Public support to young families in the European Union', in T. Knijn (ed) *Work, Family Policies and Transitions to Adulthood in Europe*, Basingstoke: Palgrave, pp 180–201.

Puhani, P.A. (2000) 'The Heckman correction for sample selection and its critique', *Journal of Economic Surveys*, vol 14, no 1, pp 53–68.

Slot, P.L. and Leseman, P. (2012) 'Presented in "Het kind, de opvang en de kwaliteit seminar"' ['The child, the care and the quality seminar'], ECCESS Seminar, 12 December, Utrecht University.

Thomson, A.C. and La Paro, K.M. (2009) 'Measuring the quality of teacher–child interactions in toddler child care', *Early Education and Development*, vol 20, no 2, pp 285–304.

van Ijzendoorn, M.H., Tavecchio, L.W.C., Stams, G.J.J.M., Verhoeven, M.J.E. and Reiling, E.J. (1998) 'Quality of a child-care center and attunement between parents and caregivers: A child-care center in cross-national perspective', *The Journal of Genetic Psychology*, vol 159, no 4, pp 437–54.

Vermeer, H.J., van Ijzendoorn, M.H., de Kruif, R.E.L., Fukkink, R.G., Tavecchio, L.W.C., Riksen-Walraven, J.M. and van Zeijl, J. (2008) 'Child care in the Netherlands: Trends in quality over the years 1995–2005', *The Journal of Genetic Psychology*, vol 169, no 4, pp 360–85.

付録 5.1：オランダ：2 歳児の公的な保育への在籍についての限界効果

	モデル #			
	(1)		(2)	
	公的な保育		保育所	
母親の教育レベル				
大学	0.023	(0.023)	0.312***	(0.067)
HBO	-0.014	(0.019)	0.270***	(0.050)
父親の教育レベル				
大学	0.048**	(0.019)	0.229**	(0.085)
HBO	0.016	(0.018)	0.132**	(0.058)
人口統計				
オランダ人の母親	0.020	(0.030)	0.006	(0.101)
オランダ人の父親	0.070	(0.048)	-0.043	(0.108)
両親ともにオランダ人	0.030	(0.028)	0.269***	(0.086)
片方の祖母がオランダ人	-0.047*	(0.028)	-0.025	(0.121)
両方の祖母がオランダ人	-0.021	(0.026)	-0.008	(0.092)
父親の月収（ユーロ）				
1,000 ～ 2,000	-0.067**	(0.028)	0.090	(0.066)
2,000 ～ 3,000	-0.052	(0.032)	0.159**	(0.067)
3,000 ～ 4,000	-0.115	(0.063)	0.090	(0.126)
<4,000	0.037	(0.041)	0.017	(0.133)
世帯の特性				
年少のきょうだい数	-0.004	(0.020)	-0.081	(0.062)
年長のきょうだい数	-0.038	(0.009)	-0.116***	(0.031)
子どもの健康状態				
低体重	0.010	(0.024)	-0.058	(0.079)
観察	1,209		495	

注：***$p<0.01$,**$p<0.05$,*$p<0.1$ カッコ内は頑健な標準誤差。

第 5 章　オランダ

付録 5.2：オランダ：2 歳児の質の高い保育へのアクセス

	モデル #					
	(1)		(2)		(3)	
	子どもと職員の比率		情緒的支援		教育的支援	
母親の教育レベル						
大学	-0.061	(0.186)	0.614***	(0.185)	-0.113	(0.171)
HBO	0.022	(0.134)	0.330**	(0.131)	-0.052	(0.114)
父親の教育レベル						
大学	0.252	(0.184)	0.147	(0.202)	-0.274	(0.184)
HBO	0.139	(0.146)	-0.120	(0.137)	-0.264**	(0.112)
人口統計						
オランダ人の母親	-0.086	(0.253)	-0.490**	(0.225)	-0.160	(0.189)
オランダ人の父親	0.050	(0.244)	-0.049	(0.248)	0.319	(0.199)
両親ともにオランダ人	0.247	(0.292)	-0.069	(0.196)	-0.100	(0.171)
片方の祖母がオランダ人	0.007	(0.344)	0.583**	(0.280)	0.069	(0.242)
両方の祖母がオランダ人	0.208	(0.242)	0.083	(0.197)	-0.024	(0.159)
父親の月収（ユーロ）						
1,000 ～ 2,000	-0.100	(0.178)	0.539***	(0.160)	-0.137	(0.140)
2,000 ～ 3,000	-0.162	(0.173)	0.597***	(0.172)	0.009	(0.146)
3,000 ～ 4,000	0.293	(0.397)	0.661***	(0.248)	-0,066	(0.232)
>4,000	-0.146	(0.309)	0.295	(0.316)	-0.383	(0.293)
観察	1,209		1,209		1,209	
質の観察	495		495		495	

注：***p<0.01,**p<0.05,*p<0.1. カッコ内は標準誤差。
年少のきょうだい数、年長のきょうだい数、出生時の低体重を除外制約として使用。Wald テストは、モデル（2）について OLS よりもヘックマン選択モデルが適していることを示している。

付録5.3：オランダ：プレイグループの子どもたちを除いた質の高い保育へのアクセス

	モデル#					
	(1)		(2)		(3)	
	子どもと職員の比率		情緒的支援		教育的支援	
母親の教育レベル						
大学	-0.388	(0.267)	0.391*	(0.235)	-0.262	(0.171)
HBO	0.030	(0.203)	0.002	(0.186)	-0.262*	(0.140)
父親の教育レベル						
大学	-0.159	(0.273)	0.027	(0.248)	-0.046	(0.193)
HBO	0.288	(0.213)	-0.176	(0.196)	-0.056	(0.149)
人口統計						
オランダ人の母親	0.414	(0.367)	-0.683*	(0.353)	-0.393*	(0.214)
オランダ人の父親	0.115	(0.396)	-0.022	(0.348)	0.236	(0.219)
両親ともにオランダ人	0.180	(0.344)	-0.189	(0.319)	0.092	(0.250)
片方の祖母がオランダ人	-1.108***	(0.427)	0.975**	(0.403)	0.534**	(0.270)
両方の祖母がオランダ人	0.382	(0.319)	-0.038	(0.279)	0.031	(0.187)
父親の月収（ユーロ）						
1,000～2,000	-0.218	(0.273)	0.527**	(0.265)	0.174	(0.177)
2,000～3,000	-0.258	(0.273)	0.579**	(0.267)	0.176	(0.181)
3,000～4,000	-0.168	(0.408)	0.676*	(0.375)	-0,121	(0.258)
>4,000	-0.277	(0.456)	0.624	(0.475)	-0.130	(0.408)
観察	831		831		831	
質の観察	266		266		266	

注：***p<0.01,**p<0.05,*p<0.1. カッコ内は標準誤差。
年少のきょうだい数、年長のきょうだい数、出生時の低体重を除外制約として使用。Wald テストは、モデル（1）（2）（3）について OLS よりもヘックマン選択モデルが適していることを示している。

第6章 ドイツ

保育・幼児教育における
アクセスと質をめぐる問題

パメラ・オーバーヒューマ Pamela Oberhuemer

はじめに

　ここ10年の間、ドイツの保育・幼児教育は、これまでにないほどの政策的関心を集め、急速な変化を遂げている。このように、誕生から6歳で就学するまでの年齢に価値がおかれるようになった背景には、3つの政策課題が関係している。

　1点目は、保育サービスへの公的な補助金の拡大に関して、長期的な政策関心がおかれていることである。ジェンダー平等、女性の社会進出、ワークライフバランスの問題によって推し進められ、ドイツにおける低出生率のような別の要因をめぐる議論もからんで、旧西ドイツ地域（Western regions）の保育・幼児教育（early years provision）の水準向上に向けた最初の重要な動きが加速したのは、1990年代である。このような動きは、例えば北欧諸国やフランスにかなり遅れをとるものだった。政策の最初の波は、1996年に3歳以上のすべての子どもに幼稚園に入る権利を与える法律が施行されたことである。それに続く課題の1つとして、旧西ドイツ地域の幼稚園は、それまで一般的であった半日制保育の延長、あるいは

全日制保育というオプションに対する要望の増加に直面した。現在起きている、〔保育に対する〕政策拡大の第二の波は、さらに根本的で原理的な変化を示している。2007年、1～2歳児のための保育施設や家庭的保育（home-based setting）に対する法的な権利が拡大された。2013年8月までに、この年齢層の35％の子どもたちに保育の場を提供することが目標とされた。3歳未満児の公的な保育に対しては、長きにわたって政治的・文化的抵抗があったが、現在、驚くような変化が起きている。2007年を起点として、西部州（Western Federal states）の諸州における大都市圏以外で見られる低水準のサービスを向上させることが最優先課題とされた。このような急速な拡大と保育の質の問題に結びつく政策的な動きは、本章を貫くテーマである。

2点目は、OECDによる国際学力調査PISAの第1回目の結果が2001年末に公表されたことに端を発する幼児教育の政策課題である。その調査結果では、15歳の生徒の読解力が予想外に低いことが強調されるとともに、移民の背景を持つ子どもたちとそうでない子どもたちの成績に大きな差があることが指摘され、移民の子どもたちはドイツの学校システムの中で特に不利な状況におかれていることが示唆された（OECD, 2004を参照）。その結果として、教育システム全体だけでなく、就学前教育に対する監視も促進されることとなった。例えば政策面では、初となる保育・幼児教育のためのカリキュラム枠組みや、小学校とのさらなる連携の強化が定められた。

3点目は、社会的包摂^{ソーシャルインクルージョン}の政策課題である。いくつかの西部州 Western Länder では、教育問題への強い関心から、5歳児の保育料の廃止に至った。国全体としては、新たに就学前段階での言語アセスメントとリテラシー向上のためのプログラムが政策的に重視されるようになっている。いくつかの州では、子どもたちと家庭のための統合的サービスの新たな形態を通して、特に社会的に不利な家庭に対応するための保育施設の責任が明確に拡大することにつながった。

このように、ドイツは、特に旧西ドイツ地域において、保育・幼児教育

分野の根本的な変化と移行の時期を経験している。この章では、相互に結びついたこれら3つの政策領域を念頭において、（全国的に）社会的に不利な家庭の子どもがどのようにして保育・幼児教育にアクセスし、参加するのか、そして主要な保育の質基準の観点から、この保育・幼児教育に格差があるのかを示すことを試みる。併せて、ここでは「社会的に不利な」家庭と子どもの定義は、どのような基準が用いられるかによるため、厳密なもの、固定的なものでないことを強調しておかなければならない。一般に、「不安定な生活状況」（Walper and Riedel, 2011, p 4）で育つ子どもは、家庭の低所得、親の失業、親の教育レベルの低さ、移民の背景、ひとり親家庭のような累積的なリスク要因の影響を受けやすい。ここでは、前述の理由から、特に移民の背景を持つ家庭の子どもたちに焦点を当て、保育・幼児教育の利用状況に関連しているそれらの要因について言及する。

　ドイツの保育が強固に地方分権化されていることを紹介するために、本章は、国全体の人口規模と構成における地域差を概観することから始める。

背景（setting the scene）： 地域的な観点における人口パターン

　2012年時点でのドイツの人口は、8050万人である。1990年の東西ドイツの統一後、現在の国家は、連邦政府およびそれぞれの地域の統治権を持つ16の州で構成されている。ベルリン、ブレーメン、ハンブルクは都市州である。それ以外の13州は、面積や人口統計の点でそれぞれに異なっており、バイエルン州は面積が最も大きく、ノルトライン＝ヴェストファーレン州は最も人口密度が高い。

　ドイツでは、6歳までの子どもが400万人以上存在し、大多数は西部州で暮らしている。5つの東部州に暮らすのはわずか60万4996人である一方で、89万2000人を超える人々がノルトライン＝ヴェストファーレン州で暮らしている（Statistisches Bundesamt, 2012a）。その他の違いは、主に西

部州に集中している移民人口の分布にある。西部州とベルリンの人口が1520万人であるのに比べて、5つの東部州に暮らす移民はわずか59万人である（Integrationsbericht, 2012, p 34, 2010 年のデータより）。

人口の約5分の1は「移民の背景を持つ人々」に分類されている[2]。2010年のマイクロ調査（micro-census）（連邦統計局が毎年行っている代表的な1%のサンプル調査）によれば、移民人口の15.8%を占めているトルコの背景を持つ人々が最も大きなグループを形成している。旧ソ連諸国に由来を持つ家庭は、2番目に大きなグループに相当する（Integrationsbericht, 2012, p 31）。

このような人口パターンが、東部および西部州における保育・幼児教育サービスの一般的でより具体的な利用状況にどのように反映されるのかを考察する前に、次節では、ドイツの保育・幼児教育システムの特徴を概観する。

保育制度の特徴

連邦主義と「補完性の原理」（subsidiarity principle）は、ドイツにおける保育・幼児教育の構造、法律、規則、資金を支える中核的な政治概念である。

多層レベルのガバナンス

連邦（Bund）レベルでは、連邦家族・青少年省は、保育の問題に関する「促進権限」（stimulatory competence: *Anregungskompetenz*）を持っている。1990年の児童・青少年援助法 Child and Youth Services Act とその後の改正法は、保育の法的枠組みを規定している。全体としては、出生から6歳までの保育・幼児教育は、児童青少年福祉制度に位置づけられており、教育制度の一部ではない。1990年の児童・青少年援助法の大幅な法改正には、先に述べた幼稚園や家庭的保育における「場」についての法的な権利保障が含まれている。もう1つの重要な改正は、2013年8月から1～2歳児の権利を拡大するための枠組みについて規定した2009年の保育財源

法 Childcare Funding Act である。この 2 つの法は、ともにニーズに基づいたアクセスを促進するための連邦レベルの政策である。

　州（*Länder*）レベルでは、16 の州政府が連邦レベルの法が要求するものを州独自の保育・幼児教育法に適合させ、サービスの提供と資金供給について規定する枠組みを定める責任を負っている。それぞれの州政府は、法律だけでなく保育・幼児教育におけるアクセスと質の問題に関する政策のイニシアティブを持っている。これらは、（州によって）重点や度合いが異なっているが、州を越えて共通するテーマも存在する。これについては、章が進むにつれて明確になるだろう。

　地方レベルでは、保育・幼児教育のための財源確保を地方自治体（*Kommunen*）が担当している。しかし、事業者の構造は、いわゆる「補完性の原理」（subsidiarity principle）と強く結びついている。「補完性の原理」は、1922 年の青少年福祉法 Youth Welfare Act において初めて根拠が与えられ、30 年後の 1952 年青少年福祉法において再び是認され、統一ドイツにおける 1990 年の児童・青少年援助法 Child and Youth Services Act において再度認められたものである。この原理によれば、民間の機関が社会的なサービスを提供することが不可能な場合にのみ、公的機関はサービス提供の義務を負うことになる。国全体の施設型保育の約 3 分の 2 は、非営利の児童・青少年福祉事業者（*Freie Träger der Jugendhilfe*）によって運営されている。

　言い換えれば、ドイツの保育・幼児教育システムは、かなり強いレベルで分権化されている。責任は、非営利機関とサービス事業者とのパートナーシップにおいて、連邦政府、16 の州政府、地方自治体の間で共有される。このことは、地方レベルでのさまざまな相違点を生み出す可能性がある。例えば、児童青少年局のデータによれば、西部州において 3 歳未満児の保育・幼児教育への在籍率には、顕著に幅がある（7 ～ 38％）（Autorengruppe Bildungsberichterstattung, 2012, p 56; Riedel et al, 2011）。

供給面での多様性

　以下の表は、3歳未満児（表6.1）および3〜6歳児（表6.2）が在籍する施設型保育の主要な種類を示している。

　全体的にみると、3歳未満児では、伝統的な乳児保育所（nursery groups）に在籍している割合が最も高い（42%）。とりわけ統一前からこのような施設が整っていた旧東ドイツ地域においてはそうである（60%以上）。しかし、西部州では、3歳未満児の大多数はより年長の子どもにも対応した施設に在籍している。3〜6歳児の多くは、「古典的」な幼稚園モデルである幼稚園にいまだ在籍している（58%以上）か、あるいは2歳以上の子どもが入園できるよう拡大された施設に在籍している（24%以上）。

表6.1　ドイツ：地域別にみる3歳未満児が在籍する施設型保育の類型（2012年）

	総施設数	乳児保育所（3歳未満）(%)	2歳児まで拡大されている幼稚園（3歳から就学まで）(%)	異年齢混合型施設（0歳から就学まで、あるいは学齢の子どもを含む）(%)	常設されていない施設(%)
東部州（ベルリンを除く）	138,837	60.8	4.3	27.7	7.2
西部州（ベルリンを除く）	295,596	34.1	18.0	39.9	8.0
ドイツ（ベルリンを除く）	**434,433**	**42.6**	**13.6**	**36.0**	**7.8**

出典：ベルテルスマン財団 Bertelsmann Stifung（2013, Table 36b, p 207）を基に筆者が翻訳・作成した。

表 6.2　ドイツ：地域別にみる 3 ～ 6 歳児が在籍する施設型保育の類型（2012 年）

	総施設数	幼稚園 （3 歳から就学まで） (%)	2 歳児まで拡大されている幼稚園 (%)	異年齢混合型施設 （0 歳から就学まで、あるいは学齢の子どもを含む） (%)	常設されていない施設 (%)
東部州 （ベルリンを除く）	348,460	65.9	12.9	14.5	6.7
西部州 （ベルリンを除く）	1,798,061	56.8	26.8	10.0	6.4
ドイツ （ベルリンを除く）	**2,146,521**	**58.3**	**24.6**	**10.7**	**6.4**

出典：ベルテルスマン財団 Bertelsmann Stifung（2013, Table 36a1, p 308）を基に筆者が翻訳・作成した。

事業者の多様性

　すでに述べたように、保育サービス（放課後保育を含む）は、主として非営利団体によって運営されている。2012 年の連邦政府の統計（図 6.1 を参照）によれば、施設型保育のおおよそ 3 分の 2 が非営利あるいは「無償」(free) 保育の事業者（Träger）によって運営されており、公的機関によるものは 33％をわずかに上回っている。

　伝統的に、民間団体は支配的な状況にあったが、近年になってその傾向は拡大している。13 の州における子どもたちのための施設型サービス事業者についての独立調査（Schreyer, 2009）は、2002 年以来、民間団体が約 42％増加したことを示している。この調査によれば、地方自治体が運営する公的な施設数の減少は、特に旧東ドイツ地域で顕著である一方で、西部州では教会関連施設の絶対数が減少している。しかし、その他の種類の非営利事業者の割合は、東西の両地域において著しく増加している。2012 年の連邦統計によれば、民間・営利の事業者は市場においてごくわ

図 6.1　ドイツ：保育（子ども）サービスの事業者（乳幼児保育と放課後保育、2012年）

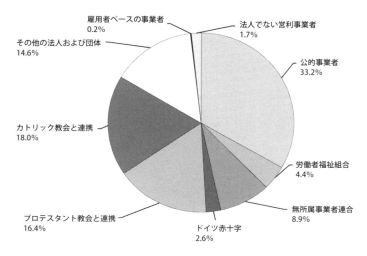

出典：連邦統計局（2012a）、独自の計算。

ずかな割合を占めるのみである（1.6％）。

　ここまで、乳幼児期サービスシステムの主要な組織的特徴を明確にしてきたが、次の2つの節では、西部州と東部州における保育・幼児教育サービスの利用状況の相違点について検討する。

保育・幼児教育サービスの利用状況における東西の格差

　表6.3は、施設型保育と公的な助成を受けている家庭的保育の利用に関して、明白な地域間格差があることを示している。3歳未満の子どもたちの場合、歴史的に異なる保育文化および東部州における保育の利用可能性の高さを反映して、施設型保育の在籍レベルは、東部州（44％）よりも西部州（18％）のほうがはるかに低い。同様に、ベルリン（1990年から、旧東ベルリンを含む）における在籍率（38％）は、国全体の平均を上回っている。このような格差は、3歳以上の子どもたちに関しても同様であり、西部州の在籍率は国全体の平均をわずかに下回っている。

表 6.3 ドイツ：施設型保育および公的な助成を受けている家庭的保育における年齢別、地域別子ども数（2012 年）

	施設型保育		家庭的保育	
	3 歳未満児 （%）	3 〜 6 歳 （%）	3 歳未満児 （%）	3 〜 6 歳 （%）
東部州 （ベルリンを除く）	43.9	94.9	5.1	0.6
西部州 （ベルリンを除く）	18.2	92.3	4.0	0.5
ベルリン	38.4	92.8	4.2	1.2
ドイツ	**23.4**	**92.8**	**4.3**	**0.5**

出典：ベルテルスマン財団 Bertelsmann Stifung（2013 年を基に作成）、連邦統計局のデータ（2012 年 3 月 1 日時点）。

　家庭的保育は、東西両州の家庭にとって、明らかに優先度の低い選択である。3 歳未満のグループでも、23％が保育施設を利用している一方で、家庭的保育の利用はおおよそ 4％にとどまっている。

　年齢別のデータをみると、表 6.4 は特に 1 〜 2 歳児の在籍率に関して西部州と東部州の違いを非常に明確に示している。また、1 歳を迎える前に家庭外で保育を受けているのは、ごくわずかな子どもたち（2.8％）であることも示されているが、このことは生後 12 か月まで育児休暇給付を受けることができるためだと考えられる。この給付は、前年の平均所得の67％にのぼるものであり（最低で月 300 ユーロ、最大で月 1800 ユーロ）、父親が少なくとも 2 か月の育児休暇をとる場合には、給付は 14 か月まで延長される（Blum and Erler, 2011）。

　近年、3 歳未満児の利用率は急激に上昇しており、2002 年の 9％から2011 年には 25％以上になっている（BMFSFJ, 2012）。連邦統計局から最近公表された 2012 年のデータでは、27.6％にさらに上昇したことが示されている（Statistisches Bundesamt, 2012b）。2006 〜 2011 年までの間だけでも、利用可能な保育の場は 2 倍以上に増加した。しかし、このような大幅な増加にもかかわらず、全体数としては、2013 年 8 月に向けた政府の目標を大きく下回っている。西部州では、施設型保育は 17 万 4300 か

表 6.4　ドイツ：乳幼児施設と公的な助成を受けている家庭的保育における年齢別在籍率（2012 年）

	1 歳未満 （%）	1 歳 （%）	2 歳 （%）	3 歳 （%）	4 歳 （%）	5 歳 （%）
東部州 （ベルリン を除く）	4.7	59.4	82.5	93.0	96.9	97.4
西部州 （ベルリン を除く）	2.3	20.7	43.4	86.3	96.3	97.6
ベルリン	3.0	48.9	76.6	90.5	95.0	97.7
ドイツ	2.8	28.4	51.1	87.6	96.4	97.6

出典：ベルテルスマン財団 Bertelsmann Stifung（2013 年を基に作成）、連邦統計局のデータ（2012 年 3 月 1 日時点）。

所、家庭的保育は 8 万 7800 か所がさらに必要であると推定されており（Autorengruppe Bildungsberichterstattung, 2012, p 54）、このことは〔保育・幼児教育〕分野にとって大きな課題となっている。

　以上のように、西部州と東部州の相違点（3 歳未満児の在籍率）と共通点（3 ～ 6 歳までの在籍率）が明らかになった。そのうえで、次節では子どもの持つ背景という観点から、16 州全体におけるさらなる差異化された状況を示す。特に、移民の背景を持つ子どもたちの利用状況がどのようなものであるのかについて、移民の背景を持たない子どもたちとの比較において検討する。

平等なアクセス？
家庭的背景による保育サービスの利用状況

　保育・幼児教育にアクセスするための一般的な権利に関して、ドイツの法的枠組みは、保育・幼児教育システムの不平等を是正するという重要な特徴を持つものとみなすことができる。1996 年以降、3 歳から就学までのすべての子どもたちが施設型保育や家庭的保育を利用する権利を保障さ

れただけでなく、1 ～ 2 歳児にもその権利保障が拡大されている。その他の権利保障の基準は、州政府、地方行政機関、または特定のサービス事業者によって定められている。保育の「場」をどのように解釈するのかについての議論を経て、日々の利用時間に関して、いくつかの連邦州は基準を設けている。いくつかの州では、少なくとも 5 時間（ハンブルク、ザクセン＝アンハルト州）または 6 時間（ブランデンブルク州、メクレンブルク＝フォアポンメルン州）のアクセスを保証する。さらに、2 歳児にまですでに権利保障を拡大している州（ベルリン、チューリンゲン州）もあり、ラインラント＝プファルツ州は 2 歳児の全日制保育を受ける権利まで導入している。しかし、このような基本的なアクセス権は、平等なアクセスに必ずしも直結するわけではない。

　1995 ～ 2008 年のデータに基づく西部州の利用状況の縦断的分析によって、3 歳未満児の保育の場が拡大したことから最も利益を得ているのは、高等教育を受けた母親のグループであることが明らかとなった（Krapf and Kreyenfeld, 2010）。この期間、大学入学資格（*Abitur*）（ドイツの A レベルに相当）を持つ母親たちの 3 歳未満児保育の利用数は、より低学歴の母親に比べておおよそ 3 倍であった。現在の方法では、保育の場は就労している親たちに一般的には割り当てられる。そして高学歴の母親は、子どもが非常に幼いうちに仕事に復帰する傾向にあるため、乳児保育所の利用を希望する率が高い。このことは、この特定の年齢層の子どもが利用できる保育の場の数が限られているために、もともと社会的に有利なグループに恩　恵をもたらしていることを示している。

　しかし、その家庭の全体的な経済状況、生活している人数やきょうだいの数、移民の背景〔の有無〕、親たちが子どもと一緒に過ごしたり家事などをやるために使う時間数などの他の決定要因は、子どもが保育・幼児教育を利用する機会にも影響を及ぼす（Alt, 2012）。最近のドイツ青少年研究所の AID：A 調査[3]（Rauschenbach and Bien, 2012）によれば、世帯所得が平均所得（子どもが 2 人いる世帯で月額約 1700 ユーロ）の 60％を下回る場合、より所得の高い家庭の子どもたちの約 30％が何らかの保育を利用してい

るのに対して、その利用率は 17％にとどまっている。社会的に不利な家庭の子どもたちという観点については、AID：A 調査のデータでは母親の教育的な背景と保育・幼児教育への在籍率の相関関係も示されている。大卒の母親のほぼ半分が 3 歳未満の子どもたちを保育施設に在籍させているが、中等教育修了レベルの親たちの場合は 17％にとどまっている（Leu, 2012, p 131）。

　先述の通り、移民の人口は西部州に集中している。最も移民の割合が高いのはハンブルクであり、2011 年の時点で、移民の背景を持つ子どもは 3 歳未満児の人口の 51％、3 ～ 6 歳児の 43％を占めている（Bock-Famulla and Lange, 2011, p 118）。表 6.5 は移民の背景を持つ子どもたちとそうでない子どもたちの、施設型保育と家庭的保育への年齢別の在籍利用レベルを比較したものである。移民の背景を持つ子どもたちの在籍利用レベルは、特に 3 歳未満児において一貫して低くなっている。

　さらに、ハンブルクとバイエルン州の 3 ～ 6 歳児の中で、移民の背景を持たない家庭の子どもで保育・幼児教育を利用していないのはそれぞれわずか 6％と 4％であったのに対し、移民の背景を持つ子どもの 20％が保育・幼児教育を利用していないことも示されている。社会的な不利への取り組みと教育機会の改善という重要な目標に照らして考えると、このような事実には戸惑いを覚える。

　AID：A 調査は、子ども期と青年期に焦点を当てたものであり、乳幼児期に限られない一般的な国家的福祉サービスの利用におけるいわゆる中産階級バイアスを示唆している（Gottschall and Pothmann, 2011, p 8）。しかし、幼稚園の利用に限ってみれば、一般的に 3 ～ 6 歳児の利用率が高いことは、社会的な不利を抱える家庭の子どもであっても、保育・幼児教育施設に通うことがこの年齢の子どもたちにとって当たり前になっていることを示している。だが、社会的背景は、少なくとも利用年数という点からみれば、子どもたちが保育・幼児教育環境で継続的に過ごす時間の長さを決定づける要因である。また、子どもたちが保育・幼児教育施設で過ごす一日の時間数や昼食の提供の有無には、かなりの地域差がある状態が続いてい

第6章　ドイツ

表6.5　ドイツ：移民の背景を持つ子どもと持たない子どもの乳幼児施設および公的な助成を受けている家庭的保育の年齢・州ごとの利用率（2012年）

連邦／州	3歳未満児			3～6歳児		
	計（%）	年齢ごとの割合		計（%）	年齢ごとの割合	
		移民の背景あり（%）	移民の背景なし（%）		移民の背景あり（%）	移民の背景なし（%）
ドイツ	**28**	**16**	**33**	**93**	**87**	**96**
西部州	22	15	26	93	89	95
東部州	49	26	53	96	74	100
ハンブルク	36	22	46	86	80	94
バイエルン	23	15	26	91	80	96
シュレースヴィヒ・ホルシュタイン	24	14	27	91	86	92
ニーダーザクセン	22	12	26	93	79	98
バーデン・ヴェルテルンベルク	23	17	27	95	95	95
ヘッセン	24	15	30	86	80	94
ノルトライン・ヴェストファーレン	18	13	21	93	91	94
ラインラント・プファルツ	27	21	30	97	101	96

注：a　ここでは、「移民の背景」を少なくとも1人の親が外国にルーツを持っていることとして定義する。b　2つの西部州（ブレーメンとザールラント）とすべての東部州は表に含まれていない。これらの州では移民の子どもの人口についての入手可能なデータが存在していないためである。
出典：ベルテルスマン財団 Bertelsmann Stiftung（2013, pp 312–13）、連邦統計局のデータ（2013, 特別な評価）。

る。このような地域による違いを示す2つの例として以下のものが挙げられる（Bock-Famulla and Lange, 2011, p 317）。

- 移民の背景を持たない3～6歳児のうち、東部州では73%が、ベルリンでは70%が施設型保育を7時間あるいはそれ以上の利用を契約しているが、西部州でそのような契約をしているのは同じ人

171

口集団の 25％にすぎない。

- 移民の背景を持つ同じ年齢集団では、西部州（ベルリンを除く）の 33％の子どもたちが 7 時間あるいはそれ以上の時間を保育施設で 過ごしているが、バーデン＝ヴュルテンベルク州の 15％とヘッセ ン州の 43％の間には開きがある。

　以上で明らかとなった保育・幼児教育の利用可能性、利用状況、提供事 業者の構成に関する地域間格差の構図は、全体的な資金と資金提供のあり 方、そして家族が支払う費用にも反映されている。次節では、資金がさま ざまなレベルでどのように配分されるのかについてみていく。そして、社 会的に不利な家庭の子どもたちに関して起こっているいくつかの問題を概 説する。

資金の不平等：連邦、州、地方レベルの手続きと問題

　連邦（Bund）レベルでは、日々の保育サービスのための資金提供に関与 していない。この責任は州と地方自治体が負っており、親たちは一般的に 費用を負担する。しかし、連邦家族青少年省は――その「促進する役割」 （stimulatory role）において――国家的な優先事項として保育改革を先導す るためにインセンティブを与える可能性がある。3 歳未満児の保育の場の 拡大のための 120 億ユーロの予算の 3 分の 1 を連邦政府が提供すると同 時に、拡大期の間、新たな保育の場の運営費を助成することが同意され た。この目的のために、毎年、総額 7 億 7000 万ユーロが州に配分されて いる（BMFSFJ, 2012）。2007 年に行われた最初の概算では、新たに 75 万 か所の保育の場が必要であると想定されたが、後の概算では、2013 年 8 月までに 78 万か所の新たな場の設立が計画された。そのため、2012 年の 夏、連邦政府は新たに追加された 3 万か所の場（施設）に対して、さらに 5800 万ユーロを配分した。[4] この資金は、州が 3 か月ごとに資金をどのよ うに使うのかについて連邦に報告する義務があるという意味において、部 分的に使途が特定されたものである。しかし、連邦統計局による最近の公

式発表によれば、必要となる追加の場所数はさらに増え、現在では合計で22万か所となっている（Statistisches Bundesamt, 2012b）。

　州（*Länder*）レベルでの保育・幼児教育サービスに対する資金配分は、近年着実に増加している。しかし、州ごとによる格差はかなり大きい。2010年には、ベルリンで6歳未満児1人につき4645ユーロが配分されたが、バイエルン州で配分された1人あたりの資金は2950ユーロだった（Bertelsmann Stiftung, 2013, p 298）。このような違いの理由の1つは、ベルリンでは全日制の保育施設の割合が高いことである。もう1つの理由は、ベルリンの保育施設における3歳未満児の全体的な割合が高いことに関連している。州によって保育者と子どもの比率に差があることもまた、このような格差の原因となっている。1人あたりの資金は、親や非営利の事業者がコストを負担する割合が多い州よりも、公的部門（州および地方自治体）が保育・幼児教育における支出をより多く負担している州のほうが高い。例えば、バイエルン州では保育・幼児教育サービスについての公的支出は、西部州の平均よりも一貫して低い。その一方で、ブランデンブルク州は一貫して高い水準の支出を提供している。両州において、非営利の事業者が自らの保育サービスの運営費をどれだけ負担しているのかということは正確にはわからない。しかし、1億ユーロの支出が想定されたことに基づけば、バイエルン州における費用の推定的配分は次のようなものとなる。地方自治体46.7％、州政府29.3％、親18.8％、非営利のサービス事業者5.2％。ブランデンブルク州では、地方自治体が関連する資金を負担している割合はかなり高い。地方自治体58％、州政府22.3％、親17.5％、非営利のサービス事業者2.2％（Bock-Famulla and Große-Wöhrmann, 2010）。

　親は、保育・幼児教育サービスの財源確保の費用を年間27億ユーロ負担していることが推定される（Autorengruppe Bildungsberichterstattung, 2012, p 54）。ラインラント＝プファルツ（RP）州は就学前の子どもたちのために無償保育へのアクセスを導入した最初の連邦州であり（2007年）、現在は5つの他州で実施されている。その間、ラインラント＝プファルツ州における無償のアクセスは、2歳以上のすべての子どもたちを対象とする

173

ものになっている。保護者の保育料は、ほとんどの場合所得に連動しており、それは低所得世帯の子どもたちのアクセスを確保する1つの方法として考えられている。しかし、2012年の国の連邦教育報告書 National Education Report で示された表6.6の AID：A 調査の結果からわかるように、保育料には大きな幅があり、まったく費用を負担しない親（7.5％：通常は保育料がかかる施設に通う子どもたち個々に対する保育料の免除を約3％含む）と月額200ユーロ以上の保育料を負担する親（14.4％）との間には幅がある。一般的に、所得水準の低い東部州の保育料は平均して高くなっている。このことには、おそらく日々の保育の利用時間が長いことが関係している。

　ドイツにおける保育・幼児教育への資金提供が柔軟性に欠けていることは、OECD の調査チームが評価報告書で批判していることの1つだった（OECD, 2004）。近年では、いくつかの連邦州が資金提供に関する施策について評価をし直している。バイエルン州は、それまで開所時間やプログラムの質といった特定の条件と無関係に、事業者に対して資金提供を行ってきたが、ノルトライン＝ヴェストファーレン州がすでに導入していた子ども1人あたりごとの資金提供に方法を変更した（Diekmann et al, 2008）。バイエルンでは、いわゆる「基本価格」*Basiswert* は、施設で過ごした時間の長さを含む、特定の要素を重みづけして算出される。1日の利用時間が3時間に満たない場合には、州の資金提供は行われない。重みづけの基準は次のような特定の集団に対して用いられる。3歳未満児（2.0）、3歳から就学までの子どもたち（1.0）、学齢の子ども（1.2）、障がいのある子どもたち（4.5）、両親がともにドイツ語を母語としない国にルーツを持つ子どもたち（1.3）。家庭的保育を利用する子どもたちに重みづけされる数値は、一律に 1.3 である。

　他の連邦州では、バウチャー制度を通した需要側への資金提供を試みてきた。現在までに、バーデン＝ヴュルテンベルク州、ベルリン、ハンブルク、テューリンゲン州の4つがこのような資金提供を行ってきた（Diekmann et al, 2008）。ハンブルクでは、2003年からバウチャー制度が施

174

第6章　ドイツ

表6.6　ドイツ：地域別の保育料、月収と給付金の受給（2009年）

	保育 childcare の場における月額費用（ユーロ）						
	0						
	無料	特定のグループに対する保育料免除	1～50	51～100	101～150	151～200	200以上
	%						
	地域						
ドイツ	**4.9**	**2.6**	**12.8**	**32.0**	**18.6**	**14.8**	**14.4**
西部州とベルリン	5.4	2.8	13.6	34.4	16.4	12.5	15.0
東部州	(2.0)	(1.8)	8.3	18.9	30.6	27.2	11.3
	世帯純所得（月額）（低所得および高所得グループ）						
1,400 ユーロ未満	(6.9)	(9.9)	24.3	25.9	(18.4)	(8.6)	(6.0)
4,000 ユーロ以上	4.3	(0.4)	6.6	22.6	15.5	19.9	30.8
	社会的給付を受けているか？						
受けていない	4.7	2.0	11.5	32.4	19.0	15.3	15.2
受けている	(7.0)	(9.1)	25.3	27.5	14.5	(10.3)	(6.3)

注：括弧内の数字は、ケース数が少なすぎるため分析不可能。
出典：筆者のグループによる教育報告書 Autorengruppe Bildungsberichterstattung（2012, Table C2–10web を基に筆者が翻訳・作成した）、AID: A 調査（2009年）のデータ。

行されており、その間に市の保育事業の一部が統合されている。このような動向は、当時物議をかもし、初めのうちは親たちが失業している社会的に不利な家庭の子どもたちのアクセスを困難にするものとして批判された。州によって規定された資格要件は、後に親の雇用状態だけでなく、社会的な基準（移民の背景を持っていることなど）に結びつけられた。結果として、在籍率は——特に3歳未満児で——近年着実に上昇している。表6.5 に示されているように、ハンブルクは現在、移民の背景を持つ3歳未満児の在籍率が西部州の中で最も高くなっている。要件を満たした親たちは、地方自治体を通じて子ども用のバウチャーに応募し、彼らが選択した

175

認可保育施設を利用することができる。そのとき、施設事業者には相応の資金が配分される。社会的に不利な家庭の子どもたちを支援するという視点からは、このような種類の資金提供の方法をとる場合、特定の重要な条件が充足されている必要がある。その条件とは、資金提供の方法と重みづけ基準の透明性、十分な職員比率と職員の「定期的・継続的な専門性の向上」continuing professional development（CPD）を可能にするための全体的な予算額、保育の質をモニタリングするための方策を含むものである。ハンブルクでは、2011 年 8 月から保育料が減額され、所得水準、世帯人数、子どもの年齢、利用時間数に応じて計算される。

　1 人あたりごとの資金配分やバウチャー制度に転換していない州では、さまざまなやり方ではあるものの、たいていは追加的な資金提供によって地域的なニーズを満たすといった方策が機能している（Bock-Famulla and Lange, 2011, p 21）。追加の資金は、社会的に不利な地域の施設の職員や移民の背景を持つ子どもたちや、障がいを持つ子どもたちのために働く職員を増やすこと、さらに言語能力向上プログラムに割り当てられる傾向がある。

　ここ 1 年ほどの間で最も議論された問題の 1 つは、2013 年に 100 ユーロでスタートし 2014 年から 150 ユーロに引き上げられる、月々の育児手当（*Betreuungsgeld*）の導入についての中道右派連合政権の意図をめぐるものである。その目的は、保育・幼児教育施設を利用するよりも家庭での育児という選択肢を親たちに与えることである。提案された法律は、2 度にわたって議会で議論され、すべてのレベルで強い抵抗があったにもかかわらず、最終的には 2012 年 11 月 9 日に強行採決された（310 の議員が投票し、282 人が反対、2 人が棄権した）。批判的な視点からは、そのような方策は、保育・幼児教育に参加することで最も利益を得るであろう、低所得、ひとり親、および十分な技能を持たない家族の子どもたちを家庭にとどまらせてしまうことになると指摘されている（Gathmann and Sachs, 2012, p 2）。白熱した公的な議論の間、その手当は、政府が目標とする 3 歳未満児への保育の供給が、当初予定していた期日までに達成されそうにないという事実

を隠ぺいしようという政府の方針の一部であったことも示唆されている。

　ここまで、保育・幼児教育へのアクセスについての格差や多様性を詳細にみてきたが、最後の節では、プログラムの必要条件、職員、統合的な保育形態という3つの側面から、保育の質の問題に焦点を当てる。

保育の質向上の3つの次元

　連邦レベルでの資金提供と10の州からの支援を受けて、保育・幼児教育の職員と事業者の両方を評価するツールを開発した2000〜2006年の「国家的質イニシアティブ」National Quality Initiative の革新的な成果は、同時期に起きマスコミで盛んに取り上げられた「PISAショック」後の議論によって、思いがけず影を投げかけられた。〔一方で〕幼児期の教育は、これまでにない公的な脚光を浴びたのである。

プログラムの質：幼児期のカリキュラム枠組みと言語／リテラシー向上戦略

　結果として、2003〜2008年の間に16州すべての州政府は幼児期のカリキュラム枠組みを発表した。このことは、西部州にとって、新たな規制の段階を表す重大なことであった。それは、教育的質の原理として、保育・幼児教育への普遍的なアクセスが、（事業者間では）お墨つきが与えられ、（すべての子どもに）適用可能なものとして位置づけられることを保証する動きだった。また、法的拘束力のない「幼児教育のための共通枠組み」Common Framework for Early Education が16州の青少年省および教育文化省によって初めて合意された（Standing Conference, 2004）。ほとんどのカリキュラムは「ガイドライン」とみなされているが、いくつかの州では、保育施設に対して〔そのカリキュラムの〕主要な原理、目的と学習領域をそれぞれの施設の基本理念の中に含めることが法律で義務づけられている。ベルリンでは、カリキュラムの実施は所定の評価手続きと結びついている。しかし、一般的には、遵守（コンプライアンス）に関しては、明確な管理的手法は控えめであり、主として事業者との合意に基づいている。年ごとの外部評価も書面による報告も求められない。施設によっては評価データをウェブサ

イトで公開することもできるが、強制ではない。

　16 州のカリキュラムは、内容、長さ、取り扱う年齢グループの面でさ
まざまに異なっている。多くは 0 〜 6 歳児が対象となっているが、いく
つかのカリキュラムではそれを超えて学童保育サービスを含んでおり、
ヘッセン州では乳幼児部門と小学校部門の両方、そして家庭的保育にも
同じ基本原理が適用されている。すべての枠組みはホリスティック、参
加的、包摂（インクルーシブ）的なアプローチに基づいており、狭い意味での「学校への
準備（レディネス）」に基づくものではない。

　同時に、すべての州は、以前と比べて特に言語とリテラシーの発達に重
点をおいている。3 〜 6 歳児のおよそ 4 分の 1 は言語支援を必要としてい
ると考えられ、特に第二言語としてドイツ語を学ぶ子どもたちにその必
要性がある（Autorengruppe Bildungsberichterstattung, 2012, p 66）。現在多く
の州では、子どもたちは就学前に言語スクリーニング評価に参加すること
が求められる。例えば、バイエルン州ではスクリーニングテストは必ず受
けなければならないものではないが、2008 年から、すべての子どもたち
の言語能力が幼稚園での最終年度が始まる前に規定された方法で評価され
ている。この他、州政府とバイエルン工業連合 Confederation of Bavarian
Industry からの大規模な資金援助を受け、保育施設を指導する乳幼児期
の言語コーディネーターたちの幅広いネットワークが立ち上げられた。
2013 年には評価報告書が発行された（Nicko and Schreyer, 2013）。また、連
邦政府は、2014 年までに、全国の 4000 か所の保育施設における言語支援
サービスに対して 4 億ユーロを配分している。その目的は、すべての子
どもたち、特に社会的に不利な家庭の子どもたちの教育機会を保証するこ
とである（BMFSFJ, 2012）。

職員の質：資格と構造の問題

　保育施設で働く職員の資格と労働条件は、質の高い保育を実現し維持す
るためのおそらく最も重要な要素として広く認識されている。近年、3 つ
の問題がドイツの言説に大きな影響を与えている。

第6章　ドイツ

　1つ目の問題は、PISAをめぐる議論の直接的な影響であり、新しいカリキュラムに定められた質の高い幼児教育について関連施設に向けられた期待である。

　グループに責任を持つ直接支援職員に必要な資格要件は、現在、3年制の専門学校で得られる中等後教育終了資格である。しかし、さまざまな社会的背景を持つ幼児に対して、適切で個別化された教育（ペダゴジカル）戦略を日々意思決定するという挑戦的な仕事を成し遂げるためには、その要件では理論的基礎の修得が不十分ではないかと長きにわたって主張されてきた。ドイツでは、保育（children's services）にかかわる職員のうち、大学卒業資格を持っているのはおよそ4%のみである一方、多くのヨーロッパ諸国では、学士資格が3〜6歳児を保育するための必要最小限の要件となっている（Oberhuemer et al, 2010）。ボローニャ・プロセスは、幼児教育（0〜6歳）あるいは子ども期の教育（0〜12歳）の領域に学士資格者を送り出すために、ドイツの応用科学系の大学の可能性を広げた。そのような学位コースは2004年以来急速に発展しており、現在、全国で80以上設置されている。伝統的な中等後教育資格を「ナショナル／ヨーロッパ資格枠組み」National/European Qualifications Framework（レベル6）における学士の学位と同じレベルに位置づけるという物議を醸す決定によって、このようなダイナミックな拡大の動きは幾分混乱してきた。報酬の平等性のような主要な問題が解決されていないため、このことが学士という道への関心を低下させることにつながるかどうかはまだわからない。

　2つ目は、「定期的・継続的な専門性の向上」CPDの問題である。ドイツでは、専門性向上の訓練研修などは大体の場合強制ではなく、1回限りの短期的で非公式なものであり、事業者間で共通のシステムになっていない（Oberhuemer, 2012）。CPDの質や、透明性の改善、公的な認

　訳注1　「ボローニャ宣言」（1999年）に基づくヨーロッパの高等教育改革に関する一連の流れを指す。学修課程と学位構造の共通化を図り、ヨーロッパ圏の大学での学修プロセスを理解しやすいものとすること、互換性のあるものとすることがめざされている。

定制を求めて、大規模で全国的な「保育労働力イニシアティブ」Early Years Workforce Initiative が 2009 年に立ち上げられ、2014 年末まで継続されている。ドイツ連邦教育研究省と欧州社会基金によって資金提供が行われ、ロバートボッシュ Robert Bosch 財団から広報支援を受けている。ドイツ青少年研究所 German Youth Institute（DJI）は、ドイツで WiFF（*Weiterbildungsinitiative Frühpädagogische Fachkräfte*[5]）として知られる、そのイニシアティブの活動を全般的に調整し、助言者グループと開発作業を支援し、委託研究と専門的な報告を担当している。私の知る限りでは、それはヨーロッパで唯一の専門性向上プロジェクトである。

　3 つ目は、現在の保育の拡大動向の結果、職員採用および保育者と子どもの比率が重大な問題となっていることである。西部州では、2013 年の目標を達成するために、施設型保育で約 1 万 2400 人、家庭的保育で 2 万 2000 から 2 万 9000 人の職員がさらに必要となる（Autorengruppe Bildungsberichterstattung, 2012, p 61; Schilling and Rauschenbach, 2012）。このような問題を解決するために、多くの州は、より期間を短縮した職員養成を近年導入した。しかし、職員と子どもの比率は、それとは別の問題である。州ごとの違いはかなり大きい。3 歳未満児の乳児保育所における大人 1 人あたりの子ども数は、中央値であるブランデンブルク州の 6.2 人からブレーメンの 3.1 人までの幅があり、ベルリンを除くドイツ全体での平均は 4.5 人と推定されている（2012 年のデータ）。幼稚園の 2 歳児クラスでは、東部州で 11.8 人、西部州で 7.9 人が中央値であり、3 歳未満児と学齢児童の両方を含む異年齢混合グループの保育では、それぞれ 8.3 人と 4.8 人、幼稚園における 3 ～ 6 歳児ではそれぞれ 11.8 人と 8.6 人である（Bertelsmann Stiftung, 2013, p 318）。明らかに、職員配置は、中心的な保育の質の問題の 1 つである。

家 庭 支 援 の質：ファミリーセンターとしての保育施設
<small>ファミリー・インクルージョン</small>

　元々は、イギリスにおけるアーリーエクセレント（early excellence）センターとシュアスタート（Sure Start）子どもセンターに触発され、ファミ

リーセンターは設立された。子どもと家庭のための統合的なサービスとしてファミリーセンターは、社会的に不利な家庭の支援に向けた具体的な政策の1つであるとみることができる。そこでの重要な目標は、家庭に対して、簡単にアクセスすることができ、敷居の低いサービスを提供すること、そして地域社会の中で関係機関と組織のネットワークを形成することである（Diller et al, 2008）。たいていの場合、保育施設は、そのようなサービスネットワークの中心であり、施設長は全体的な責任を負う。センターは、その選択に基づいて、社会的に不利な地域における対象を絞ったサービスを提供するか、より普遍的な方法を用いるかのどちらかである。ノルトライン＝ヴェストファーレン州は、2006年からファミリーセンターを推進しており、その間に約2000のセンターが外部の認証機関によって評価を受けている。ハンブルクは、社会的に不利な地域において、3歳未満児を持つ親と子どものための施設（*Eltern-Kind-Zentren*）を支援している。2007年から資金提供は安定しており、ハンブルクには、現在そのような施設が41ある。ハンブルクでは、施設と緊密な協力関係にある研究者たちによって保育の質スタンダードが開発されている。ヘッセン州でも、2011年9月から、ファミリーセンターへの資金提供を行っている。ノルトライン＝ヴェストファーレン州のセンターについての中間評価では、保育空間の狭さや特定のサービスに対する資金提供の不足、サービスの全体的なマネジメントにおけるさらなる投資の必要性が指摘されながらも、全体的に評価の代表者からのポジティブなフィードバックが報告されている（Stöbe-Blossey, 2011; see also Stöbe-Blossey, in press）。

ドイツの文脈における保育の質研究

　拡大に向けた動きが加速したことにより、保育の質は多くの専門家たちの関心を集めている。ミュンヘン／バイエルン州における小規模な研究は、質の高い実践を実現するために、3歳未満児の保育に関して、初期および継続的な専門職養成がきちんと伴うこと、そして保育空間の広さと職員数の確保に十分な資金をかけることが必要であると結論づけている

（Wertfein et al, 2009）。別の地域的な研究では、ヘッセン州の保育・幼児教育における人種にかかわる不平等について長期的に焦点を当てており、3〜7歳の約1000人の子どもたちに対して標準テストを実施し、親たちへのインタビューも行った。そのうちおよそ半数の子どもたちは、トルコに由来を持っていた（Becker, 2012）。この研究は、トルコ人の子どもたちはドイツ人の子どもたちよりも幼稚園に就園するのがやや遅いばかりでなく、学習環境の質があまりよくない園に通う傾向があった。保育施設に通うことは、ドイツ語技能の習得にポジティブな効果をもたらすが、その程度は施設の具体的な質的状況に関連していた。

　サービスの質に関する同様の基本的な問題を念頭において、初めての「乳幼児期の教育、保育、育児に関する全国調査」National Study on Education, Care and Upbringing in Early Childhood（*NUBBEK*）が2009年に開始された（Tietze et al, 2013）。全国の家庭を含むさまざまな環境にある約2000人の2歳児と4歳児のデータを収集するために、マルチメソッド・アプローチが使用された。約4分の1が、トルコあるいはロシア諸国に背景を持つ家庭の子どもたちである。調査結果に関する仮報告書では（Kalicki and Egert, 2012）、本章で先に示した全国および地域のデータを反映した利用状況が示されている。しかし、調査結果では、全体としてトルコの移民の背景を持つ家庭は、他の家庭と比べて保育・幼児教育の利用を開始するのが遅く、1日あたりの利用時間も短いことが新たに示されている。だが、母親が就労しているトルコ人家庭では、教育レベルが高く、伝統的な役割モデルにとらわれない傾向があり、子どもの就園年齢や施設で過ごす時間の長さという点について、利用状況は、移民の背景を持たない家庭と相違がない。つまり、移民であるかないかではなく、社会的な地位、教育レベル、母親の雇用状況、規範的な志向が、利用状況を決定するということである。これは、多くのNUBBEKの調査結果を通して、一貫したパターンであることが明らかとなった。

　「乳幼児期の教育、保育、育児に関する全国調査」NUBBEKでは、広く使用されている評定尺度を用いて403の施設型保育と164の家庭的保

育の質も評価された。[6] そのうちの 80％以上が教育プロセスの質に関して「普通」とされ、質が「良い」とされたのは 10％未満、「平均よりも低い」質が 10％以上と判定された（Kalicki and Egert, 2012）。使用された尺度によれば、東部州におけるグループは、西部州におけるグループよりも評定スコアが低かった。家庭的保育も、「普通」とおおむね判定された。NUBBEK 調査は、カリキュラム枠組みのような最近の質改善の取り組みが期待された効果を上げているかどうかを問うことによって結論を導いている。その結論では、効果的な運営に必要な情報をサービス機関、地方自治体、州の省庁に提供するために、体系的で継続的な質のモニタリングは不可欠であることが示されている。

結　論

　本章では、ドイツの保育・幼児教育について、アクセスと質の問題に焦点を当てて検討してきた。どちらの場合も、全国的にみてかなりのばらつきがある。

　アクセスの機会は、子どもの年齢、家庭的背景、社会地理的な場所に左右される傾向がある。年長の就学前の子どもたちの利用率からは、一般的に彼らがアクセスの可能性に恵まれていることが示唆される。保育の場へのアクセスの権利保障は、大きな影響を与える要因であり、最近いくつかの州で導入された 5 歳児の保育無償化はおそらく全国の 3 ～ 6 歳児の利用をさらに高い水準に押し上げるだろう。この年齢集団では、家庭的背景は、保育の場で過ごす時間の長さには影響を与えているかもしれないが、保育・幼児教育への参加そのものを妨げる主要な要因とはなっていない。しかし、年長の就学前の子どもたちの間でも、移民の家庭的背景を持つ子どもたちは移民の背景を持たない子どもたちよりも保育・幼児教育に参加する可能性は低い。ここでも、移民の親たちの社会経済的地位が大きな影響を及ぼしているのではあるが。

　年少の就学前の子どもたちの間では、アクセスの可能性に大きな不均衡がある。歴史的に異なる保育の伝統を有してきた旧東ドイツ地域に住んで

いる場合には、アクセスの可能性はかなり高い。低所得あるいは社会的給付〔social benefit: 生活保護〕を受けている家庭の子どもたちは、高所得あるいは高学歴の家庭の子どもたちよりも保育・幼児教育を利用する可能性は低い。移民の背景を持つ3歳未満児にも、同じことが当てはまる。政府が定めた期日までに十分な保育の場を提供するというたぶん達成不可能であろう課題以上に、現在の勢いのある保育拡大の動きが全国的なこれらの不均衡の増大につながらないようにすることは、主要な政策的課題である。

　保育の質に関しては、16州では実践と最低条件を規定するシステムが整備されている。このことは、現在、保育の場が切実に求められているにもかかわらず、民間の（営利目的の）事業者が保育・幼児教育分野において重要な参加者となることを難しくするだろう。しかし、遵守（コンプライアンス）の方法については、外部評価や監査に左右されるのではなく、公的機関と独自の保育の質保証システムを持つ事業者組織との協定を通して、より合意的で自主的な規制に依拠する傾向がある。これは、ドイツの保育・幼児教育システムの典型的な特徴である。

　職員の資格に関しては、ドイツは、例えばオーストラリア、イギリス、アメリカなどの英語圏の国々と比べて、比較的良い状況にある。施設型保育で働く労働力の70％は、中等後教育卒業資格を持っている（Statistisches Bundesamt, 2012a, 独自のデータによる）。また、無資格の職員数も非常に少ない（2.5％）。その一方で、学位レベルの資格（学士以上）を持つ職員の割合は、他の多くの国よりもずっと低い4％である。伝統的な職業訓練によって取得した資格を、ナショナル・ヨーロッパ資格枠組み National and European Qualifications Framework のレベル6——学士の学位と同等——に相当するものとして位置づけた論争的な措置に伴って、特に養成課程ごとの質的な違いと報酬レベルに関して、この問題は間違いなく将来的にさらなる議論となるだろう。しかし、保育労働に関する目下の政策的課題は、特に都市部において急速な拡大が進む中で、許容できるレベルの資格を持つ職員を採用し、継続的に雇用することである。もう1つは、特に旧東ドイツ地域において、とりわけ3歳未満児の保育における職員と子

どもの比率を改善することである。

　前節で取り上げた全国的な評価調査は、全国的な実践の質的向上の必要性を示しているが、ごく最近導入された質向上のイニシアティブ——カリキュラム枠組みであれ、自己評価の仕組みであれ、「定期的・継続的な専門性の向上」CPD の機会を増やすことであれ——が、フィールドにおいて効果を上げていないとみなすには、まだ早すぎるだろう。保育・幼児教育への親たちの関与と、保育・幼児教育についてのミクロレベルでのプロセスの質を詳しく検討する幅広い質的研究を含んで、全体的なイメージを得るためにはかなり多くの調査と評価研究が必要である。

●注

1　本章では、国際的な潮流を見据えて「immigrant（移民）」という語を時折使用しているが、ドイツでは、一般的ではない言葉である。その代わりに、公的な用語として *Personen mit Migrationhintergrund*（移民の背景を持つ人々）が使用されている。

2　連邦統計局の定義：1950 年以降に入国した現在のドイツ国内で生まれていない人々。ドイツ国民ではない、またはドイツ国籍を取得していない人々。ドイツ国籍を与えられた子どもたちは、ひとりの親が上述の基準の少なくとも 1 つを満たしている場合、移民の背景を持つとみなされる。

3　ドイツ青少年研究所 *Deutsches Jugendinstitut*（DJI）が実施した「ドイツにおける成長」における AID:A 調査は。およそ 4 年ごとに新たな無作為標本を抽出する複製的な横断研究として計画されている。

4　www.bmfsfj.de

5　www.weiterbildungsinitiative.de

6　これらには、ドイツ語版の ECERS-R（改定版乳幼児期環境評価尺度 Early Childhood Environment Rating Scale）、ITERS-R（改定版乳児期環境評価尺度 Infant/Toddler Environment Rating Scale）、FCCERS-R（家庭的保育環境評価スケール Family Child Care Environment Rating Scale：改訂版）、CCIS（子ども‐保育者の相互作用スケール Child Caregiver Interaction Scale）を含む。

●文献

Alt, C. (2012) Ungleiche Platzvergabe: Wer vom Ausbau der institutionellen Betreuungsangebote für Kinder unter drei Jahren profitiert? [*Unequal Allocation: Who Is Profiting from the Expansion of Institutional Childcare Places for Under-threes?*], Munich: DJI, Deutschen Jugendinstituts, no 4, pp 16–18.

Autorengruppe Bildungsberichterstattung (2012) *Bildung in Deutschland 2012: Ein indikatorengestützter Bericht mit einer Analyse zur kulturellen Bildung im Lebenslauf* [*Education in Germany 2012: An Indicator-led Report with an Analysis of Cultural Education across the Lifespan*], Bielefeld: W. Bertelsmann.

Becker, B. (2012) 'Ethnische Bildungsungleichheit in der frühen Kindheit: Ergebnisse aus dem Projekt ESKOM-V' ['Ethnicity and educational inequality in early childhood: Findings from the ESKOM-V project'], *Frühe Bildung*, vol 1, no 3, pp 150–8.

Bertelsmann Stiftung (ed) (2013) *Ländermonitor Frühkindliche Bildungssysteme 2013* [*Länder Monitor on Early Childhood Education Systems 2013*], Gütersloh: Bertelsmann Stiftung.

Blum, S. and Erler D. (2011) *International Review of Leave Policies and Related Research, Country note: Germany* (www.leavenetwork.org/fileadmin/Leavenetwork/Annual_reviews/Complete_review_2011.pdf).

BMFSFJ (Bundesministerium für Familie, Senioren, Frauen und Jugend) (2012) *Dritter Zwischenbericht zur Evaluation des Kinderförderungsgesetzes* [*Third Interim Evaluation Report on the Childcare Funding Act*], Berlin: BMFSFJ.

Bock-Famulla, K. and Große-Wöhrmann, K. (2010) *Länderreport Frühkindliche Bildungssysteme 2009. Transparenz schaffen: Governance stärken* [*Länder Report on Early Childhood Education Systems 2009. Creating Transparency: Strengthening Governance*], Gütersloh: Bertelsmann Stiftung.

Bock-Famulla, K. and Lange, J. (2011) *Länderreport Frühkindliche Bildungssysteme 2011: Transparenz schaffen – Governance stärken* [*Länder Report on Early Childhood Education Systems 2011: Creating Transparency – Strengthening Governance*], Gütersloh: Bertelsmann Stiftung.

Diekmann, L.C., Enste, D. and Hülskamp, N. (2008) 'Kita-Gutscheine: Für eine verbesserte Betreuung und Bildung' ['Childcare vouchers: Towards improved care and education'], *Wirtschaftsdienst*, vol 10, pp 666–71.

Diller, A., Heitkötter, M. and Rauschenbach, T. (eds) (2008) *Familie im Zentrum* [*Families at the Centre*], München: DJI-Fachforum Bildung und Erziehung, Band 6, München: Verlag Deutsches Jugendinstitut.

Gathmann, C. and Sachs, B. (2012) *Taxing Childcare: Effects on Family Labor Supply and Children*, IZA Discussion Paper No 6440, Mannheim: Institute for the Study of Labor.

Gottschall, K. and Pothmann, J. (2011) *A Question of Justice*, Munich: DJI, Deutschen Jugendinstituts.

Integrationsbericht (2012) *9. Bericht der Beauftragten der Bundesregierung für Migration, Flüchtlinge und Integration über die Lage der Ausländerinnen und Ausländer in Deutschland* [*9th Report of the Federal Government Commissioner for Migration, Refugees and Integration on the Situation of Foreigners in Germany*], Berlin: Bundesregierung für Migration, Flüchtlinge und Integration über die Lage der Ausländerinnen und

Ausländer in Deutschland (www.bundesregierung.de/Content/DE/_Anlagen/IB/2012-06-27-neunter-lagebericht.pdf).

Kalicki, B. and Egert, F. (2012) *Effekte der Früh-Erziehung* [*Effects of Early Education*], Munich: DJI, Deutschen Jugendinstituts, no 2, pp 37–40.

Krapf, S. and Kreyenfeld, M. (2010) 'Nur eine Alternative für hoch qualifizierte Frauen? Kleinkindbetreuung in Deutschland: Erhebliche Unterschiede zwischen Ost und West' ['Only an alternative for highly qualified women? Childcare in Germany: significant differences between East and West'], *Demografische Forschung aus erster Hand*, vol 7, no 4, p 3.

Leu, H.R. (2012) 'Betreuungsrendite oder Bildungsrendite? Zum Ertrag der frühkindlichen Bildung, Betreuung und Erziehung' ['Care returns or education returns? On the benefits of early childhood education and care'], in T. Rauschenbach and W. Bien (eds) *Aufwachsen in Deutschland – AID: A: Der neue DJI-Survey* [*Growing up in Germany – AID: A: The New DJI Survey*], Weinheim: Beltz, pp 123–37.

Nicko, O. and Schreyer, I. with Kademann, S. (2013) *Sprachberatung in Kindertageseinrichtungen in Bayern – Evaluationsbericht* [*Language Coaching in Early Childhood Centres in Bavaria – Evaluation Report*], München: Staatsinstitut für Frühpädagogik.

Oberhuemer, P. (2012) *Fort- und Weiterbildung frühpädagogischer Fachkräfte im europäischen Vergleich* [*Continuing Professional Development of Early Years Educators in Europe: A Cross-national Study*], with Denise Hevey, Camilla Hvorth Weber, Maelis Karlsson Lohmander, Marta Korintus, Arianna Lazzari and Tatjana Vonta, WiFF Studie 17, Munich: Deutsches Jugendinstitut (Weiterbildungsinitiative Frühpädagogische Fachkräfte).

Oberhuemer, P., Schreyer, I. and Neuman, M.J. (2010) *Professionals in Early Childhood Education and Care Systems – European Profiles and Perspectives*, Leverkeusen: Barbara Budrich.

OECD (Organisation for Economic Co-operation and Development) (2004) *Early Childhood Education and Care Policy in the Federal Republic of Germany: Country Note*, Paris: OECD Publishing (www.oecd.org/edu/preschoolandschool/33978768.pdf).

OECD (2006) *Where Immigrant Students Succeed. A Comparative Review of Performance and Engagement in PISA 2003*, Paris: OECD Publishing.〔OECD 編著、斎藤里美監訳、木下江美・布川あゆみ訳（2007）『移民の子どもと学力──社会的背景が学習にどんな影響を与えるのか』明石書店〕

Rauschenbach, T. and Bien, W. (eds) (2012) *Aufwachsen in Deutschland – AID: A: Der neue DJI-Survey* [*Growing up in Germany – AID: A: The New DJI Survey*], Weinheim: Beltz.

Riedel, B., Hüsken, K. and Fuchs-Rechlin, K. (2011) 'Kita vor Ort: DJI-Betreuungsatlas nimmt regionale Ungleichheiten unter die Lupe' ['Early childhood centres on the ground: DJI Childcare Atlas takes a close look at regional disparities'], *Forum Jugendhilfe*, no 3, pp 38–41.

Schilling, M. and Rauschenbach, T. (2012) *Zu wenig Fachkräfte für unter Dreijährige [Not Enough Personnel for the Under-threes]*, Munich: DJI, Deutschen Jugendinstituts, no 2,.

Schreyer, I. (2009) 'Die Kita-Trägerlandschaft in Deutschland' ['Early childhood service providers in Germany'], in M. Hugoth and X. Roth (eds) *Handbuch für Träger von Kindertageseinrichtungen [Manual for Providers of Early Childhood Services]*, Cronach: Carl Link, pp 1–25.

Standing Conference of the Ministers for Youth Affairs and Standing Conference of the Ministers of Education and Cultural Affairs (2004) 'A common framework for early education', in Pestalozzi-Fröbel-Verband (ed) *Early Childhood Education and Care in Germany*, Weimar, Berlin: Verlag das Netz, pp 14–21.

Statistisches Bundesamt (2012a) *Statistiken der Kinder- und Jugendhilfe: Kinder und tätige Personen in Tageseinrichtungen und in öffentlich geförderter Kindertagespflege [Child and Youth Services Statistics: Children and Workers in Centre-based Settings and in Publicly Subsidised Family Day Care]*, Wiesbaden: Statistisches Bundesamt (www.destatis.de/ DE/Publikationen/Thematisch/Soziales/KinderJugendhilfe/TageseinrichtungenKinderta gespflege5225402117004.pdf?__blob=publicationFile).

Statistisches Bundesamt (2012b) 'Pressemitteilung' ['Press notice'], Nr 382, 6 November, Wiesbaden: Statistisches Bundesamt (www.destatis.de/DE/PresseService/Presse/ Pressemitteilungen/2012/11/PD12_382_225.html).

Stöbe-Blossey, S. (2011) 'Familienzentren in Nordrhein-Westfalen – eine Zwischenbilanz' ['Family centres in Northrhine-Westfalia – an interim assessment'] (www.iaq.uni-due. de/iaq-report/2011/report2011-06.pdf).

Stöbe-Blossey, S. (in press) 'Governance of integrated services: the example of Family Centres in North Rhine-Westphalia', *Early Years: An International Research Journal*, vol 33, no 4.

Tietze, W., Becker-Stoll, F., Bensel, J., Eckhardt, A.G., Haug-Schnabel, G., Kalicki, B., Keller, H. and Leyendecker, B. (2013) *NUBBEK – Nationale Untersuchung zur Bildung, Betreuung und Erziehung in der frühen Kindheit [NUBBEK – A National Study on Early Childhood Education and Care]*, Weimar, Berlin: Verlag das Netz.

Walper, S. and Riedel, B. (2011) *How Poverty Matters*, Munich: DJI: Deutschen Jugendinstituts.

Wertfein, M., Spies-Kofler, A. and Becker-Stoll, F. (2009) 'Quality curriculum for under-threes: the impact of structural standards', *Early Years – An International Journal of Research and Development*, vol 29, no 1, pp 33–44.

第7章 ニュージーランド

乳幼児期の教育とケアに対する政策の転換に関する1つの解説(ナラティブ)

ヘレン・メイ Helen May

はじめに

　1999年から2008年の間、ニュージーランドの中道左派労働政権は、保育・幼児教育の供給のあり方を根本的に変えた。政府は、「ニーズの高い」施設とサービスへの在籍を支援するために資金提供を開始した。3歳児および4歳児に対する週20時間無償幼児教育（early childhood education〈ECE〉）を提供し、3歳未満の子どもたちを含むユニバーサルな補助金を増額し、2012年までに教師主導型（teacher-led）保育・幼児教育施設の職員をすべて有資格教員とすることを目標とした。これらの政策は、すべての子どもたちが手頃な費用で利用できる質の高い保育・幼児教育に参加することを達成するために、確固たるインフラを提供することを意図する労働党政権の戦略的計画 Strategic Plan、「未来への道 2002–2012」*Pathways to the Future – Ngā Huarahi Arataki 2002–2012* の一部であった（Ministry of Education, 2002）。

　ニュージーランドの保育・幼児教育政策がめざす方向は、国際的な注目を集めた。ピーター・モス Peter Moss は、資金提供、規制、カリキュ

ラムと資格に対する統合的なアプローチの開発で、難しい諸問題に立ち向かってきたニュージーランドを保育改革の「うねりを導く」と表現した（Moss, 2007, p 33）。モスは、「子どもたち、家族とコミュニティを包含する幅広くホリスティックな概念、学びとケアが多くの他の目的と本当に分かちがたく結びつけられている『最も広い意味における教育』という概念」（2008, pp 7–8）として、ニュージーランドの幼児教育のビジョンを挙げた。ニュージーランドでは、政治評論家であるコリン・ジェームズ Colin James が、乳幼児期の教育における投資は労働党が政権の座にとどまっていた時期の最も記憶すべき功績であろうと主張した。「保育を体系的にすることは、……経済と社会における参加に向けた市民のアクセスに関する、政治討論の領域深くに私たちを連れていく。乳幼児期の教育は、道路を建設するのと同じように、インフラに投資することなのである。それは、ほぼ間違いなく労働党が主導した最も重要な取り組みであり、最大の計画である」（*Otago Daily Times*, 2008 年 2 月 19 日）。

　しかし、2008 年 11 月の選挙における中道右派政権の誕生は、政策方針の転換をもたらした。経費削減は、選挙直後から開始され、2010 年予算は変化の前兆を示していた。研究、保育者養成のための補助金や専門性開発プログラムは淘汰された。2012 年までに保育・幼児教育の有資格教員を 100％とする労働党の到達目標は 80％に引き下げられた。その代わりに、マオリの子どもたち、あるいは家族が数十年以上前に太平洋諸島の国々から移住してきたパシフィカ〔太平洋諸島〕の子どもたちが多数を占める、「ニーズの高い」地域における保育・幼児教育への参加を改善するという新しい取り組みを主導すると公表した。政府は、これまでの政策がこれらの子どもたちの保育・幼児教育への低い在籍率を是正することに失敗し、ある地域では 59％まで低下したと主張した（Morrison, 2009）。

　これらの新しい取り組みに対する幅広い支持があったが、保育の質にかかわる削減は「情け容赦ない一撃」と呼ばれた（NZCA, 2010）。『ニュージーランド・ヘラルド』*NZ Herald*（2010 年 5 月 24 日）は、社説「就学前〔教育〕予算削減は正しい措置」の中で保守的な意見を要約した。

第7章　ニュージーランド

　明らかに、国民党は、労働党政権がしたほどには、就学前の子どもたちに対する専門家による教育を重要であるとみなしていない。それはおそらく正しい……。保育所に養成教育を受けた教員を完全に配置する必要があったか？　あるいは、これは「資格インフレ」の典型的な事例なのか……。幼い子どもたちは最善のものを受けるに値すると主張するのはたやすい……しかし、幼い子どもの「最善のもの」に職業教育はいらないのではないか。政府が、子どもたちが教育の機会を逃しているような地域に対する幼児教育支援に重点をおくことは正しい……。その決定は、議論を起こすかもしれないが、それは教育的に無害で、社会的に公正かつ財政的に必要であると思われる。

　すべての子どもたちに向けた質の高い保育・幼児教育のユニバーサルな資金提供〈対〉最大のニーズがあるとみなされた子どもたち、家族と地域に対象を絞った資金提供、という国益をめぐる左派と右派の間の政治的立場を反映して、問題は依然として「論争的」である。2008年から11年まで教育大臣であったアン・トーリー Ann Tolley（2011）は、政府の立場を正当化した。

　　保育サービスに対する税収入からの投資は、過去5年間で3倍になった……。資金提供のこうした増大にもかかわらず、乳幼児教育 ECE から最も便益を受ける可能性があるとエビデンスが私たちに伝える、あまりに多くの子どもたちが、依然として教育を受ける機会を逸しているのである。彼らは、学校が始まる前から不利な立場にある。当面の間、財政的には逼迫するというのが経済的現実だろうから、私たちは今まで以上に子どもたちと家族に最大の変化をもたらすような地域に投資する必要がある。

　本章は、「保育における資金提供に関する政府の諮問グループ」Ministerial Advisory Group on Early Childhood Funding が、新しい保育・

191

幼児教育に関する資金提供モデルを立案する 2012 年の変化の解説として書かれている。「変化の分かれ目」においては、保育・幼児教育に関する資金提供における過去と現在のアプローチを見定め、特に社会的に不利な家族に対する保育・幼児教育の質とコストを考えてみることが、有益である。現行の政策アプローチは、政府の政策にとって最優先事項となった「社会的に不利な」子どもたち、家族とコミュニティに対するより広い社会的関心によって形作られている（Ministry of Social Development, 2011）。「社会的に不利な子どもたちのための白書」*White Paper for Vulnerable Children*（2012）の中で、政府は、「標準以下の生活をして」おり、「彼らの現在および将来のウェルビーイングを害する重大な危険性に直面している」子どもたちと家族は、2 万人から 3 万人（440 万人の人口のうち）の間であるという数字を示した（Ministry of Social Development, 2012, p 4）。危険要因には、虐待、ネグレクト、健康と貧困問題の組み合わせが含まれている。保育・幼児教育への在籍を促進する政策の取り組みは、より広い枠組みを想定しているが、最も社会的に不利な子どもたちに保育・幼児教育へのアクセスを確保することは、白書の「子どもたちのアクション・プラン」Children's Action Plan に記載された、こうした子どもたちを発見し、支援する一連の新しい方策の 1 つである。

変化の転換点

2011 年の「財務省概況説明」Treasury Briefings は、再選された国民党政府の次期教育大臣に対して、政府の社会経済目標といくつかの「注意深く管理された駆け引き」を政策的にもっと上手に合致させるようにと勧告した（NZ Treasury, 2012）。2012 年予算は、「ゼロ予算」と呼ばれ、新しい支出は他の場所での削減を意味する財政立て直しの時代の反映であった。ひとり親が職場に復帰することを援助し、マオリ語のみで保育を行うセンターへのアクセスを改善するために、「ニーズの高い」地域の保育センターに向けた追加の資金が予算化された。新しい教育大臣、ヘキア・ペラタ Hekia Perata は、ゼロ予算年の支出の増大を正当化して、次のように主

張した。「これは、教育で成功するための十分な支援を受けていない社会的に不利な子どもたちを支える……。これらの学び手に対象を絞って資源を振り向けることによって、私たちは義務教育の強力な基盤を彼らに与えるために、幼児教育の在籍率を高める」（Perata, 2012年5月24日）。その資金提供は、5歳で就学する新入生の98％が幼児教育に在籍するという2016年の新しい目標を達成するためのものであり、「すべての人の〔教育的〕達成を高める」という戦略の一環である（Perata, 2012年5月12日）。

　専門家にとって懸念されるのは、保育の質、費用負担の少なさ、および在籍率、それぞれの間の潜在的な二律背反関係である。支出の増加を埋め合わせるために、大臣は、3歳児と4歳児に対する20時間幼児教育ECE補助金（当初は20時間無償幼児教育と呼ばれた）については、インフレによって物価が上がっても調整はしないと公表した。『NZヘラルド』（2012年5月25日）は、「凍結」を「経済的に緊迫した施設に対するひそかな削減である……対象を絞った支出をよしとして補助金の資金提供を予算凍結すれば、何千もの家族は幼児教育に対する支出を増やすことになるだろう」と伝えた。3分の2の施設が国からの資金提供を減額されることとなっていた。大臣は、財源のこうした転換を現在の資金提供の抑制と「最重要の学び手」に対する支出の重点化であるとして、正当化した。

　ニュージーランドにおける保育・幼児教育に対する資金提供は、2006/07年と2010/11年の間に2倍になった（そして2004/05年と比較すると3倍となった）（Education Counts, 2012, Table EXP4）。政府が保育・幼児教育に対する支出の増加を抑制しようとすることへの反論は、保育・幼児教育は歴史的に財源不足であったというものであり、前政権の政策は均衡を取り戻そうとしていたというものである。国際比較は、ニュージーランド政府支出における保育・幼児教育の国内総生産GDP比が、2010～11年はOECD諸国の平均を下回っていたと指摘している。支出増加の累積によってニュージーランドの数字がGDPの0.8％近くになったとき、OECDの平均0.7％よりもほんの少し上回った（Ministry of Education, 2010）。親たちに対する保育・幼児教育の費用負担の少なさでは、ニュージーラン

ドは45か国中9番目とみなされている（Economist Intelligence Unit, 2012）。2010年および2012年の予算は、政府による理念的転換を告げるものである。それは、すべての子どもたちに対する費用負担の少なさとアクセス、また有資格教員、専門性開発、カリキュラムと研究のような、質のインフラへの投資や、さらに質のコストと結びついた保育・幼児教育に対する資金提供の原則のユニバーサルな精神を弱体化する転換である。特定の子どもたち、施設、サービスへの対象を絞った資金提供はこれまでも常に存在したものであったが、それはユニバーサルな補助金の代わりというよりもむしろ最優先事項であったのだ。

ニュージーランドの保育・幼児教育

　政府の資金提供を受ける保育・幼児教育サービスは、誕生から就学年齢までの子どもたちが利用することができる。学校は6歳まで義務ではないが、通常、子どもたちは5歳の誕生日から学校に行き始める。保育の全体的な在籍率は高く、年齢によって増加していく。2011年では、1歳未満の子どもの約18％が保育・幼児教育に在籍し、1歳児40％、2歳児60％、3歳児90％以上、4歳児100％と上昇している（2つ以上の保育の場に在籍する子どもたちがダブル・カウントされているため、これらの数は実際よりも高く見積もられている）（Ministry of Education, 2011b, Figure 1）。在籍率は、この20年間以上にわたって、各年齢で徐々に増加し、1歳、2歳と3歳では急激に増加した。

　在籍率は子どもたちの背景によって異なっている。2012年の統計は、生徒の社会経済状況によって学校を10に区分した場合、最下部の学校では幼児教育 ECE に通っていない子どもが17％であるのと比較して、最上位の学校ではわずかに1％であることを示している（Ministry of Education, 2012）。在籍率はまた、マオリやパシフィカ〔太平洋諸島〕の子どもたちでははるかに低いが、そのギャップは図7.1が示すように、この10年間に狭まってきている。幼児教育に在籍したことのある子どもの中でも、社会的に不利な背景の子どもたちは、在籍期間が短く、1週間あたりの時間

194

図 7.1　ニュージーランド：民族別、学校開始時における幼児教育 ECE の非在籍率

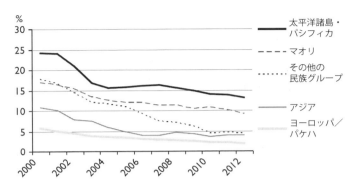

注：この図は、学校入学時に保育の場に出席していない子どもの割合を示す。
出典：教育省（2012, Table 1）

が短い傾向にある。例えば、1年あるいはそれよりも短い在籍期間の子どもの割合は、社会経済的な最上位10区分の子どもたちでは21％であるのに対して、最下位10区分の子どもたちでは40％であった（Ministry of Education, 2012）。

　ニュージーランドには、施設型保育と家庭的保育（home-based programmes）の両者を含む多様な保育・幼児教育サービスがあり、資金提供の流れは、「教師主導型」サービスと「親主導型」サービスに分けられる。また、主として乳児が通い、親によって運営されるプレイグループからなる無認可保育部門があり、それらは補助金を受けている。ニュージーランドでは、国など行政機関は保育・幼児教育の提供機関ではない。代わりに、保育・幼児教育サービスは、民間施設とコミュニティに拠点をおく施設が混在している。

　保育（教育とケア）センター[訳注1]（education and care centre）は、保育供給の

訳注1　保育（教育とケア）センターは、0歳から就学までの保育施設であるが、保育所だけでなく、幼稚園、コハンガ・レオ、プレイセンターを除く保育施設、例えば、パシフィカ（太平洋諸島）、私立幼稚園、シュタイナーやモンテッソーリなどの保育施設も含まれる。

最も一般的な形態である。これらは、1970年代から急速に発展し、1日中、開所しているため多くの働く親たちに利用されている。とはいえ、多くの保育（childcare）センターは、短時間のセッション制保育も受け入れている（そのため、働く親は〔保育センターの短時間利用に加えて〕、家庭的保育、幼稚園、あるいは「コハンガ・レオ」〈kōhanga reo〉を組み合わせて利用することもある）。多くのセンターは2歳未満の子どもたちの保育の場を提供している。保育（教育とケア）センターでは、コミュニティ所有の施設と民間所有の施設が混在しており、職場が提供する施設、教会が運営する施設、独立したマオリ語のみ、あるいはバイリンガルの施設、モンテッソーリの施設、そして全国規模あるいは地方向けの大企業チェーンを含んでいる（May, 2009）。保育（教育とケア）センターは、すべての施設が100％有資格職員を配置しているわけではないが、教師主導型部門である。

　幼稚園は、伝統的に3歳児と4歳児に対して半日のセッション制保育を提供しているが、最近では多くの園がもっと年齢の低い子どもたちを受け入れ、フルタイムの保育の提供を含む、さまざまな時間延長のオプションを提供している。幼稚園は、職員が教員になるために養成教育を受講中であるという場合を除いて100％有資格教員を配置している。幼稚園は、19世紀に最初に設立され、幼稚園協会によって運営される非営利組織である。

　認可された家庭的保育は、自らの家または子どもの家で働く家庭教育者（home educators）によって運営されている。家庭教育者自身に資格が求められているわけではないが、有資格教員（コーディネーター）によって定期的に監督、支援されており、保育のナショナル・カリキュラムを実施しなければならない。コーディネーターは少なくとも月1回は家庭教育者を訪問し、大人と子どもたちとの相互作用を観察し、ケアラーと子どもたちのためにプレイグループを運営しているところもある。すべての家庭的保育サービスは、2歳未満児の保育の場を提供している。

　プレイセンターは、誕生から就学までのセッション制保育を行い、訓練を受けた親が職員となっている。プレイセンターは、1940年代に最初に設立され、非営利のプレイセンター協会によって運営されている。

第 7 章　ニュージーランド

「コハンガ・レオ」（*kōhanga reo*: 言葉の巣 language nests）は、コハンガ・レオ・ナショナル・トラスト（Te Kōhanga Reo National Trust）の傘下で1980年代に設立された。「コハンガ・レオ」では、時には有資格教員である訓練された「カイアコ」(kaiako)（教育者）やマオリ語を話す「ファナウ」^{訳注2}（*whānau*）（拡大家族）が職員として働いている。「コハンガ・レオ」には誕生から就学年齢までの子どもたちがおり、一般的には学校がある日の午前9時から午後3時に開園している。

最後に、多くの異なる島の文化や言語を掲げたバイリンガル・パシフィカ・センター（bilingual Pasifika centre）は、1980年代に最初に設立され、保育（教育とケア）センターとして登録されている。この施設は、多くの場合、教会と密接な関係があり、かなりの割合で有資格教員を職員として配置しているが、必ずしも100％の割合ではない。

すべての認可保育・幼児教育サービスは、教育省の責任の下にある。保育と教育の間の歴史的二元化は、1986年、保育サービスが社会福祉省から教育省に移されたときに統合され、教員養成教育プログラムの統合、統一的な規則と資金提供の枠組みが開発されたときに、さらに強固に結びつけられた。1996年、保育のナショナル・カリキュラム「テ・ファリキ」(Te Whāriki) は、マオリ語から翻訳された「すべてがよって立つマット」という隠喩によって、この多様な部門にペダゴジカルな結合をもたらした（Ministry of Education, 1996）。カリキュラムは、保育部門のさまざまな保育・幼児教育サービスを反映した多くのパターンを織り上げた「マット」という表現で、その多様性をたたえている（Smith, 2010）。

保育・幼児教育部門の状況は、新しい資金提供策、質の高い保育・幼児教育に対する給付の促進や変動する〔親たちの〕就業状況によって変化が

訳注2　マオリ語で教員 teacher を意味する。teacher は有資格教員を指すことが一般的であるが、カイアコは有資格者・無資格者を問わず用いられる。

訳注3　マオリ語で拡大家族を指す。居住、経済活動をともにする家族（例えば、老夫婦と子ども家族）で、マオリ社会の最小単位である。なお、family の訳語を拡大家族とした。

197

表 7.1　サービスタイプ別、認可保育サービスにおける在籍

	在籍数			2000 ～ 11 年の差（%）	在籍総数における割合		
	2000	2007	2011		2000	2007	2011
教育とケア（保育）	71,231	91,733	113,976	60	46	54	59
幼稚園	45,869	43,695	36,967	-19	30	26	19
家庭的保育	8,937	11,073	17,955	101	6	6	9
プレイセンター	15,808	14,664	15,112	-4	10	9	8
コハンガ・レオ	11,138	9,236	9,631	-14	7	5	5
合計	153,967	171,138	194,101	26	100	100	100

〔合計の数が合わないのは他の保育サービスを除いているためと思われる〕
出典：Education Counts（2012, Table 2）

生じている（Education Counts, 2012）。父母とも就業しているふたり親家族の就学前の子どもの割合は、1998 年の 29.7％から 2009 年の 38.2％へと増加した。他方、就業しているひとり親家族の割合は、同時期で 2.4％増加した（Statistics NZ, 2012）。表 7.1 が示すように、2000 年代の間に保育・幼児教育の在籍は 26％増加した。また、親の好み、保育市場の利用可能性や新しい資金提供策がもたらす影響力を反映して、サービス・タイプにおいても変化があった。2000 年と 2011 年の間で、主に全日制保育を提供する保育（教育とケア）センターでは 60％上昇し、主に 3 歳未満児を対象とする家庭的保育の在籍率は倍増した（低い出発点からではあるが）。幼稚園、プレイセンターと「コハンガ・レオ」の在籍率は減少した。

　すべてのサービス・タイプの週平均出席時間の中央値は、1998 年の 10 時間から 2009 年には 17 時間に上昇した（Statistics NZ, 2012）。2011 年には、子どもたちの 57％は、週 15 時間から 36 時間、保育サービスに参加していた（Ministry of Education, 2011）。子ども 1 人あたりのこうした出席時間の増加は、保育・幼児教育をより手頃に利用しやすくすることを意図した政策の結果である。

　保育部門における有資格教員の数は、2001 年と 2011 年の間に 150％まで増加した。2011 年、教師主導型部門では 69％の職員が乳幼児教

第7章　ニュージーランド

表7.2　ニュージーランド：部門別、有資格教員である職員の割合（%）

	2001	2002	2003	2004	2005	2006	2007	2008	2009	2010	2011
教育とケア （保育）	39	39	40	42	46	50	54	55	58	62	64
幼稚園	97	96	95	95	96	96	97	97	97	96	96
家庭的保育	76	80	88	95	98	99	99	99	98	99	99
合計	49	49	49	51	54	57	60	61	64	67	69

注：データは、認可乳幼児教育 ECE 教師主導型サービスに関するものである。除外されているのは、プレイセンター、プレイグループと「コハンガ・レオ」である。家庭的保育サービスに関しては、データはコーディネーターに関するものである（ケアギバーと教育提供者は除外されている）。
出典：Education Counts（2012）

育 ECE の教員資格を持っており（表7.2を参照）、51％の無資格職員が教員資格に登録した（Education Counts, 2012）。これは、政府による重要な投資の分野であった。しかし、親主導型サービスであるプレイセンター、プレイグループ、「コハンガ・レオ」は、含まれていなかった。表7.3〔200頁〕は、1998年から2009年の間に、マオリとヨーロッパを背景に持つ世帯の子どもたちの教師主導型サービス、特に保育（教育とケア）センターへの移行を示している。パシフィカ〔太平洋諸島〕の世帯の子どもたちでは、こうした移行のエビデンスはないが、ニュージーランド・チャイルドケア・サーベイ New Zealand Childcare Survey のデータは、パシフィカ〔太平洋諸島〕の子どもたちの公的なケアにおける在籍が下落していることを指摘している。
　これらの動向の背景にある政策的な要因は、章の後半で詳述されるであろう。しかし、統計は、すべての子どもたちがこれまでの政策的取り組みの受益者（beneficiaries）であるわけではないことを明らかにしている。政府の政策は、これらの子どもたちの一部を潜在的に「社会的に不利」で、社会にとって「リスク」であり、保育・幼児教育の「最優先事項」として、分類している。もし、これが保育・幼児教育における政府の関心を形成する重要な政策的注目点となるのであれば、保育・幼児教育部門全体に

199

表 7.3　ニュージーランド：民族背景別、異なるサービスにおける在籍、1998 年と 2009 年（%）

	マオリ		パシフィカ（太平洋諸島）		ヨーロッパ系		合計	
	1998	2009	1998	2009	1998	2009	1998	2009
幼稚園	13.8	13.8	18.2	11.7	20.6	16.5	19.2	15.2
教育とケア								
（保育）センター	11.4	19.9	10.1	11.1	20.4	29	17.4	24.9
組織化された家庭的保育	2.4	4.1	—	—	3.3	4.8	2.9	4.3
教師主導型	27.6	37.8			44.3	50.3	39.5	44.4
プレイセンター	3.8	5.6			8.7	8.2	7.2	6.7
コハンガ・レオ	14.2	8.1	3.7		1.4	0.8	3.4	2.4
プレイグループ	2.6	3.1			6.5	7.9	5.3	6.6
親主導型	20.6	16.8	3.7		16.6	16.9	15.9	15.7
公的なケア	46.3	50.1	42.5	30.8	55.4	58.5	51.9	53.9

注：推定値が 1000 未満の場合、データは報告されない。子どもたちは、複数の民族グループに数えられ、複数の保育の場に 在籍している可能性がある。
出典：Statistics NZ（2012）、ニュージーランド・チャイルドケア・サーベイより。

とっての「リスク」でもある。

保育・幼児教育に対する資金提供

　目下、検討中である保育・幼児教育資金提供システムには、〔保育の〕質、費用が安く利用できること、公平性、アクセスと普遍性に影響を及ぼす仕組みを含んでいる。これらの仕組みの成功はまた、先に概観した動向で明らかなように、コストの上昇を抑制したいという政府の要求をもたらした原因ともなり、2010 年の政府の乳幼児教育特別委員会に与えられた課題でもある（ECE Taskforce, 2011）。

　主要な保育・幼児教育に対する資金提供は、子ども 1 人あたりに週 30 時間を上限として、施設やサービスに支払われるユニバーサルな補助金である。補助金のレベルは、2 歳未満と 2 歳以上の子どもで区別されるが、他の点では認可された家庭的保育を含むすべてのサービスで同一である。

第7章　ニュージーランド

　この政策は、保育（childcare）とセッション型就学前〔教育〕であった部
門とに公平な資金提供を行うことを意図した1980年代後半の改革にさか
のぼる。セッション型サービスではコストのかなりの部分をカバーする補
助金が支給されているにもかかわらず、親への保育料が今なお課されてい
る。

　加えて、保育料を払えない人、および／または働こうとするひとり親、
または子どもたちが特別なニーズを持っている場合、家庭的保育を含む認
可保育・幼児教育サービスを利用する親たちは、保育補助金を利用するこ
とができる。これは、子どものために施設に支払われる資力調査を伴う給
付であり、保育料の100％までをカバーすることができる。2009年、この
補助金は、親たちが生活保護受給者（government beneficiaries）である子ど
もたちの43％を含む、保育・幼児教育に在籍する子どもたちの28％に利
用されている（Statistics NZ, 2012）。この補助金は、社会的に不利な子ども
や家族が保育にアクセスすることを支援する重要な仕組みとなっている。

　2000年、労働党政権は、在籍率が低いとされたグループの参加を増や
すための資金提供の仕組みを開発するために公正専門調査委員会 Equity
Working Party を設立した。その後、公正助成金「付加条項」（Equity
Funding 'add on'）は、特別なニーズを持つ子どもたちや非英語圏の世帯の
子どもたち、英語以外の言語や文化環境での保育の提供、地方の孤立と
いった、社会経済的に課題を抱える地域に関連するコストを勘案して、コ
ミュニティを基盤とする教師主導型および親主導型双方の事業者に支払わ
れた（Ministry of Education, 2005）。その助成の割合は、適用される構成要
素と施設のある地域の公正指標 Equity Index 率（各国勢調査により決定され
る）によって異なる。政府は新しい在籍促進プログラムを提供するために、
この仕組みを拡大することを意図している。2011年以後、民間施設が公
正〔平衡〕助成金を申請することが可能となった。

　訳注4　幼稚園を指す。

201

2001 年、労働党政権は、保育部門の 10 か年計画を策定するためのワーキング・グループを任命した。そのビジョンは、すべての子どもたちが質の高い保育・幼児教育に参加するというものであったが、子どもたちは「無償の乳幼児教育 ECE への権利」を有するというワーキング・グループからの勧告は拒否された（2009 年 5 月）。2002 年、政府は乳幼児のための戦略的 10 か年計画 ten-year Strategic Plan を発表した（Ministry of Education, 2002）。資金提供の目的のために保育部門が親主導型サービスと教師主導型サービスに分けられたのは、この時点からであった。前者には、親がその保育理念に傾倒しているために子どもたちが在籍している、多くの「コハンガ・レオ」やすべてのプレイセンターが含まれていた。大まかにいうと、すべての子どものうち 87％は教師主導型サービスに在籍しており、この割合は上昇している（前述の表 7.1 を参照）。教師主導型サービスに対する戦略的計画 Strategic Plan の目標は、有資格教員であるという幼稚園の長い伝統に合わせて、保育（教育とケア）センターの職員を 100％有資格教員とすることであった。

戦略的計画 Strategic Plan は、政府の保育・幼児教育に対する支出を著しく増大させた 2 つの新しい資金提供の仕組みを作り出した。第一は、施設が有資格教員を雇用することを促進するために、施設における有資格職員の比率と連動した「質に基づく資金提供区分」（quality funding bands）が開発されたことである。資金提供区分は、2002 年の幼稚園教員による同一賃金交渉の妥結 equal pay settlement（初等および中等学校の教員との平等な賃金を提供する）および、幼稚園教員との同等の賃金に向けた保育（教育とケア）センターの賃金交渉の妥結を踏まえて、給与の費用を勘案して算出された（May, 2005）。これらの資金提供区分は、施設が有資格教員を雇用していない限り、「コハンガ・レオ」、あるいはプレインセンターが利用することはできなかった。これらのサービスを提供する団体は、「ファナウ」（拡大家族）の保育への関与を重要視することを望み、彼らの研修プログラムは教員資格の取得を意図したものではないという戦略的決定を下した。

第 7 章　ニュージーランド

　カレッジや大学の新入生の増加に伴い、すでに訓練中の職員がこの段階で数に数えられるのであれば、目標は順調に進んだ。しかし、2010 年の予算は、100％の資金提供区分を廃止し、必要とされる目標は 2 歳以上の子どもたちには 80％、2 歳未満の子どもたちには 50％となり、80％以上の有資格教員を有する施設に対する資金提供はなくなった。すでに 100％の有資格教員を有する施設は資金提供が削減された。

　第二は、2004 年、コミュニティを基盤とするサービスのすべての 3 歳児と 4 歳児は、ユニバーサルな補助金に加えて、2007 年から週 20 時間無償幼児教育 ECE を受けられるという驚きの発表であった。民間施設を利用する親たちは、政策が拡大されることを要求した（それは拡大された）。民間施設の所有者は、保育料体系や〔施設が得られる〕利益率に対する政府の干渉を望まなかったので、この政策を支持しなかった（Mitchell, 2010）。それにもかかわらず、その波及力は大きく、最終的には大部分の民間施設とすべての大企業のチェーンが含まれた。最初の不安にもかかわらず、この政策は大成功だった。保育料にすぐに影響があった。幼児教育のコストにおける消費者物価指数が 32％下落し、国内の全般的教育価格では 5.2％の下落を引き起こした（Statistics NZ, 2007）。2010 年、この政策は親主導型サービスである「コハンガ・レオ」とプレイセンターに拡大されたが、そのときに、新しい政府は「無償」の用語を削除し、政策は今では 20 時間幼児教育 ECE 補助金と呼ばれている。これにより、これまで監視されていた「オプション料金」が実際の保育料となった。ただし、これらの料金は、今でも政府によって監視されており、遠足や食事、職員比率の増加のような「追加料金」をカバーすることしかできない。すべての施設が追加の保育料を課しているわけではないが、100％の有資格職員を維持するための経費は、親と協議のうえ、このような形で賄われることがある。それでもなお、親たちの間には、これが 20 時間無償幼児教育 ECE であるという強い認識がある。

　〔現〕政府は、週 20 時間無償幼児教育政策が在籍を増大させたというエビデンスが不十分であるという理由で、保育・幼児教育に対する資金提供

203

策の一時凍結を正当化している。教育大臣は、在籍に関して「私たちが持っている唯一の真の尺度」によれば、学校に行き始める子どもたちで幼児教育 ECE の場に在籍した子どもたちの割合は、1％の増加（2007 年の 93.6％から 2011 年の 94.7％）だけであったと指摘した（Tolley, 2011）。統計データのこの解釈は、論争中である。調査期間中（2007 年中頃から 2010 年中頃まで）に、在籍率が低い地域の保育サービス供給にはほとんど増加が見られなかった（Froese and Jenkins, 2008）。しかし、先に示した図 7.1 は、いくつかの少数民族グループの子どもたちの非在籍率が着実に減少していることを示している。さらに、2007 年と 2011 年の間で、20 時間幼児教育 ECE 政策は、幼稚園の出席「時間」（hours）で 23％の増加、保育（教育とケア）センターで 11％の増加をもたらしたというエビデンスがある（Education Counts, 2012）。政府の評価によれば、すべての親の 17％、低所得層の親の 30％が 20 時間幼児教育政策によって保育・幼児教育への在籍を決めたことを示していた（Mitchell et al, 2011）。政策実施上の主要人物であるリンダ・ミッチェル Linda Mitchell は、「保育・幼児教育へのユニバーサルな投資は、アクセスにおける不平等の減少を促進し、家族状況にかかわらず多くの子どもたちが保育に参加することを可能にした」と主張した（Mitchell, 2012, p 103）。乳幼児教育特別委員会 ECE Taskforce の一員であるアン・スミス Anne Smith は、資金提供策の変更に余念がない乳幼児教育特別委員会の他のメンバーに対して、力を込めて説いた。「これらの時間を無償にすることは、家族がこれらのサービスをより持続的かつ定期的に利用することを可能にし、このことは子どもたちと家族にとって非常に好ましい成 果である」（Smith, November, 2010, p 1）。

質をめぐる動向

　保育・幼児教育への在籍の拡大は、歴代政府が主導して行った政策的な取り組みであった。2000 年代の戦略的計画 Strategic Plan による政策は、質の低い保育・幼児教育への在籍は子どもに害を及ぼすことを認識し、有資格教員は質を提供する鍵であるという研究エビデンスを受け入れ

第 7 章　ニュージーランド

て（Ministry of Education, 2002）、集団規模、親たちとの関係、資源や物的
環境のようなすでに規則によってカバーされていた対策とともに、質の高
い保育への在籍に一層、力を入れた。大人と子どもとの最低比率の改善も
提案されたが、今なお、大まかにいうと 2 歳未満児では 1 対 5、2 歳以上
児では 1 対 10 のままである。2 歳未満児の比率は、再度、検討中である
ものの、これらの比率の改善は国民党政権によって延期された。多くの施
設が、これらの規制基準を上回る改善をしている。

　保育のナショナル・カリキュラム「テ・ファリキ」を実践することもま
た、質のためのペダゴジーであるとみなされた。「テ・ファリキ」の下で
は保育・幼児教育は、子どもたちのエンパワーメント（*Whakamana*）と家
族の関与（*Whānau tangata*）のことであり、学びと発達のホリスティックな
理解（*Kotahitanga*）を基盤とするものであり、「人々、場所と物との相互的
で応答的な関係」（*Ngā Hononga*）を通じて統合されるものである（Ministry
of Education, 1996）。「テ・ファリキ」は理論的に複雑であり、無資格の職
員にとって実施することは難しい課題となる（Nuttall, 2003）。「テ・ファリ
キ」は、何を教えるべきかを教員たちに伝えることに抵抗し、会話、振り
返り、計画、評価 evaluation とアセスメントの過程を通じて、教師たちが
子どもたちや家族や「ファナウ」とともに自分たち自身の保育カリキュラ
ムを「織り上げる」ことを求めている。「テ・ファリキ」は、以下のよう
なエンパワーメントの 5 つの領域を中心に組み立てられ、各領域におけ
る子どもたちに対する目標を備えている。

Mana Atua	ウェルビーイング Wellbeing
Mana Whenua	所属 Belonging
Mana Tangata	貢献 Contribution
Mana Reo	コミュニケーション Communication
Mana Aoturoa	探求 Exploration

　諸領域は、ニュージーランドの子どもたちのための願いを込めたビジョ

205

ンを織り上げていく。

　　心、身体、精神において健康であり、所属感を持ち、社会に価値あ
　る貢献をするという確信を持ち、有能で自信に満ちた学び手、コミュ
　ニケーションの担い手として、子どもたちが成長していくことをめざ
　す（Ministry of Education, 1996, p 9）。

　すべての子どもたちに向けた「テ・ファリキ」の実施は、有資格教員
100％化政策を推進する1つの仕組みであった。しかし、研究が示すエビデ
ンスは、「テ・ファリキ」の可能性を、特に文化と社会の教義に関して、具
体化できない一部の施設が今なおあると指摘している（ERO, 2010, 2011）。
　有資格教員に対する資金提供の削減に伴い、3、4歳児、有資格教員の
目標が100％から50％に減らされた、より年齢の低い子どもたち、その
両方において、有資格教員の割合が保育・幼児教育の質に違いをもたらす
かどうかに関する論議が行われている。首相のジョン・キー John Key は、
「全施設職員の高い割合が有資格者であるべきかどうかは、個人的信念の
問題である」と明言した（*NZ Herald*, 3 May 2010）。それに対して、マーガ
レット・カー Margaret Carr とリンダ・ミッチェル Linda Mitchell は、以
下のように主張した（Carr and Mitchell, 2010）。

　　それは、学識豊かでエビデンスに基づいた教育的決定の問題であ
　る。こうした問いが、学校の5～6歳（あるいは年長）児を教える大
　人について出されることは決してないだろう……（p 1）。

　　乳幼児教育 ECE の「すべての」子どもたちに対して、有資格教員
　が100％であることは、所得の不平等がひどい他の国々とわが国との
　違いをもたらし、すべての子どもたちに公正で質の高い成　果という
　政府の目標に貢献することを私たちは期待していたのだが（p 4）。

206

第7章　ニュージーランド

　教育大臣のトリー Tolley は、有資格教員が 100％であることは、有資格
教員が 80％であることよりも良いことを示すエビデンスはないと主張し
た。これとは反対に、アン・スミス Anne Smith は、乳幼児教育特別委員
会 ECE Taskforce のメンバーや教育大臣との議論の中で、次のように主張
した。

　　　そのような研究を行うのは至難の業だろう（乳幼児教育において有
　　資格教員を 100％雇用している国はほとんどない）。有資格職員が 100％
　　であることが、80％の場合よりも「良くない」ことを示す研究もな
　　い（Smith, November, 2010, p 2）。

　スミス Smith は、「有資格教員は、子どもたちにより鋭敏で応答的な学
びの機会を提供する……。論理上、多くの有資格教員がいることは、……
子どもたちのウェルビーイング、学びにとってより良い成果^{アウトカム}につながる」
ことを証明する研究を示唆した（Smith, November, 2010, p 2）。
　この前提を調査することが、研究プロジェクト「乳幼児教育教員の
仕事：異なる職員〔構成〕プロフィールを持つ施設における実践」（Early
childhood teachers work: practices in centres with different staff profiles）（Meade
et al, 2012）の焦点であった。有資格教員 100％の施設における質の指標が、
有資格教員 50 ～ 79％の施設の質と比較された。プロジェクトは、施設で
100％の教員を有することのいくつかの重要な効果を明らかにした。

　　　有資格教員の割合が 100％の施設の子どもたちは、59 ～ 79％の施
　　設の子もたちと比較して、自由に答えられる質問をして、子どもたち
　　が複雑な思考を用いるように導く課題を提示する多くの教員がいる
　　ことから便益^{ベネフィット}を受けている……。有資格教員が 100％の施設の子ど
　　もたちは、有資格教員との相互作用や会話、持続した共同思考のエピ
　　ソード、子どもたちの概念発達への教師の仲介が多く、独立と集中
　　を伴う行動の指標においてやや高い得点を有していた……。研究文献

は、これらの効果が重要であることを私たちに伝えている。例えば、持続的な共同思考は、子どもたちの将来の達成にとって重要な可能性をもたらす価値を有する、という研究がある（Meade et al, 2012, pp xii–xiii）。

　報告はまた、有資格教員が100％の施設は、59～79％の施設に比べて、年長の子どもたちと同様、2歳未満の子どもたちにとっても、より質の高いケアと教育を提供したことを強調した。

　有資格教員に対する資金提供から、「すべての子どもたちの教育的達成を上げる」取り組みへ、特に対象を絞った子どもたちの保育・幼児教育の在籍率を向上させる取り組みへと転換する現在の政治的選択について、学ぶべき教訓（レッスン）がある。それは、質の高い保育への参加でない限り、保育・幼児教育の便益（ベネフィット）は、完全には実現されない可能性があるということである。

市場原理による保育・幼児教育

　営利目的の民間部門の台頭は、政府の資金提供の増大を伴っていた。民間の保育・幼児教育サービスは、時には経営者のために、時には株主への配当のために、利益を上げることを目的としている（Mitchell, 2012）。民間部門は、保育の供給において重要な担い手になっている。2010年、すべての保育（教育とケア）サービスの64％、家庭的保育サービスの74％が、民営であった。2007年と2011年の間で、コミュニティを基盤とするサービスの増加はたった2.8％であったのに対して、民間部門は47％成長した（Education Counts, 2012）。政府の資金提供において、民間サービスとコミュニティ・サービスの間には何の相違もない。

　保育（教育とケア）サービスや家庭的保育サービス部門における営利目的の事業の増大は、保育の質と参加の問題を提起する。ニュージーランドの研究は、民間の施設は親がより高い保育料を払うことのできる高所得地域に設置される可能性が高いことを示している（Mitchell and Brooking,

2007）。さらに、民間の施設は有資格教員の目標達成をしぶっており、
（Mitchell, 2002; Mitchell and Brooking, 2007）、職員を低い労働条件で雇って
いるが、有資格教員と労働条件という両者こそが、質の高い成 果に影響
を及ぼすのである。コミュニケーションや応答的関係のような、質のプロ
セス尺度に関する諸研究は、民営サービスの質の低さを指摘し、それが主
に規則で定められた最低人数の有資格職員しか雇用していないことと関連
しているとしている（Smith, 1996; Mitchel et al, 2011）。とはいえ、すべての
認可保育プログラムを定期的に監査し公的に報告を行っている教育評価局
Education Review Office は、保育サービスのタイプや保育プログラムにま
たがって、リーダーシップの質と資格取得と関連する質の差を見出してい
る（ERO, 2007a-b, 2009a-d）。有資格教員 100％化政策は、保育・幼児教育
サービスの範囲と種類にまたがる質の相違をなくすメカニズムとして意図
されたが、この政策の削減によって、有資格教員が 50％と少ない施設の
運営が今なお認められている。

　民間部門の利益を削減する試みが行われている。多くの民間施設の経営
者の利益を代表する保育協議会 Early Childhood Council が、戦略的計画
Strategic Plan の諸政策を実施するコストに対して反対運動を起こしたと
き、新聞は以下のような政府の対応を伝えた。

　　教育大臣スティーブ・マハレー Steve Maharey は、保育の主要な商
　業チェーンに対して、彼らが政府の巨額の保育補助金のおかげで利益
　を上げ続けることを期待することはもはやできないと伝えて、警告を
　発した……質の高いケアにますます重点をおく中で、民間経営者が株
　主に収益を配分する余地はほとんどなくなるであろう……いかなる剰
　余金も質の高いケアと教育を提供するために再投資されるべきである
　……。保育部門は、時間の経過とともにますます義務教育学校のよう
　になり、利益を上げる見込みは……ほぼ皆無となるだろう（'Editorial',
　Sunday Star Times, 6 May 2007）。

強い口調で述べられた声明の結果、保育企業の株価がすぐに下落した。通商委員会 Commerce Commission は、マハレー Maharey を市場に対する政治的干渉という理由で強く非難した。政治家たちは、子どもたちのために質の高い保育を守ることと保育事業におけるビジネスの利益を促進することとの間で、微妙なバランスをとっていた。

　「質の高い公的乳幼児教育」Quality Public Early Childhood Education (QPECE) プロジェクトは、均衡を取り戻す試みであった。これは、コミュニティ部門の事業者か、それらの上部組織のどちらかである全国保育・幼児教育団体（national ECEC organisations）の連合体であった（May and Mitchell, 2009）。そのグループは、保育・幼児教育は公益であり（Mitchell, 2012）、保育事業は政府とのパートナーシップとして提供され計画されるべきであるという考えに基づく事業の代替モデルを提案した。伝統的に保育・幼児教育サービスの種類や場所は、民間企業、あるいはコミュニティ組織の特定の関心によって決められてきた。QPECE グループは、政治的見解の「流れに逆らって」活動したが、コミュニティを基盤とする保育・幼児教育サービスの共同の願いを表明することは、時宜に適ったことでもあった。

　ビジョン：
- あらゆる子どもは、市民として無償の乳幼児教育に参加する権利を有する。
- それを望むあらゆる家族は、コミュニティを基盤とする質の高い乳幼児教育を利用することができる。

　目標：
- 「アオテアロア」^{訳注5}（Aotearoa）・ニュージーランド全土のすべての乳幼児教育 ECE 事業のための全国的計画の開発を通じた、親主導型サー

訳注5　ニュージーランドを指すマオリ語名。「白い雲のたなびく地」を意味する。

ビスを含むコミュニティを基盤とする乳幼児教育サービスの推進。

● あらゆる子どもが、無償で質の高い乳幼児教育に参加できるようにする適切なサービスの提供。

● 乳幼児教育の質の高さを示す指標と結びついた、政府、親、「ファナウ」とコミュニティに対する強固な説明責任（May and Mitchell, 2009, p 4）。

　今日の財政的、政治的風潮の中でこれらの願いを実現することは、可能性が低いかもしれないが、すべての者のための質の高い保育・幼児教育への完全な参加という理想を実現するために必要なことである。「ゼロ・ベース予算」時代に「最優先の子どもたちとコミュニティ」に対象を絞るという今日の政策の方向性は、いくつかの地域での保育供給におけるより「実際的」（hands-on）アプローチをもたらしてしているが、非常に多くの子どもたちにとって保育・幼児教育を手頃に利用できないものにしてしまうだけでなく、全体的な保育の質のレベルを低下させるという意図しない結果を生む可能性がある。

保育・幼児教育への対象を絞った参加

　対象とされたコミュニティにおいて、保育・幼児教育の在籍率を高めるための多くのプログラムがこれまでもあった（Barney, 1975; May, 2009）。1990年代から2000年代初頭の間、これらのプログラムは、保育開発〔局〕Early Childhood Development によって先導された。この保育開発〔局〕は、特に多くのマオリやパシフィカ〔太平洋諸島〕の家族がいる地域において、コミュニティの保育・幼児教育支援プログラムの監視を引き受ける政府機関であった。この機関の仕事は、2004年、教育省に吸収された。

　2008年、次期国民党政権は、「大局的見地に立った」政策インフラの構築をやめ、高いニーズが確認された地域における在籍率を高めることを目的とした、対象を絞った取り組みに向けて、保育・幼児教育政策の重点を変えることを決定した。このプロセスは、詳細な調査、いくつかの農村地

域の中だけでなく、ほとんど道路一本ずつを調べるような、郊外のいくつかの町の人口学的、統計的分析によって支えられた。「保育の在籍率が低い理由」に関する情報が求められた。全般的結論は、「地域の社会経済的、あるいは民族的な構成が、乳幼児教育ECEへの参加レベルを決定する最も重要な要因である……（しかし）サービス提供のレベルと地元のニーズに対するサービスの応答性も影響をしている」（Morrison, 2009, pp 20–1）ということであった。教育省は、その後、3年間の試行として、ニーズの高い地域に集約的コミュニティ参加プロジェクト Intensive Community Participation Projects を設立した。これらのプロジェクトは、現在、4分の1の子どもたちが保育サービスに在籍することなしに学校に行き始める、いわゆる「社会的に不利な」コミュニティにおかれている。重点がおかれているのは、家族を支援し、参加を奨励し容易にするための新しいやり方を見つけることにある。

　　集約的コミュニティ・プロジェクトの第一段階は、なぜ家族がそのコミュニティの中で乳幼児教育を利用しないか、あるいはできないかという理由に関する明確な理解を築き上げることである。第二段階は、こられの障壁に取り組むためのやり方を案出することである（ECE Lead, 2012）。

　これらのプログラムは、社会的に不利な家庭の子どもたちを多く集めているが、同時に〔そうでない子どもたちと〕分離されていない。その中心は、その地域において、親たちが特定の種類のサービスが提供されることを望むすべての子どもたちを包含することによる、コミュニティ開発と文化的アイデンティティ支援の1つである。これらの政策決定は、以下のような取り組みと並行して進められた。保育に参加しない子どもの数が多いコミュニティの親主導型プレイグループに対する支援の強化のような、多くの他の政府主導の取り組み。個々の家族に集中的な学習を提供し、彼らの子どもたちに保育・幼児教育プログラムへの定期的な参加を促進する

第7章　ニュージーランド

ために働きかける、優先順位の高い家族を参加させる取り組み Engaging Priority Families Initiative。家庭的保育・幼児教育の場を好む家族に提供する、柔軟で応答的な家庭的保育促進の取り組み Flexible and Responsive Home-based Initiative である。これらの取り組みとその他のものは、一部は古い参加プロジェクトの作り直しと名称替えであるが、全体としては、2016 年までに 98％の在籍目標へ到達することに向けた、現在の政府の保育・幼児教育における重点的取り組みを明確に示している。

　政府の社会、経済に関するより幅の広い政策には、批判が高まっている。減多にない共同声明という形で、80 団体は「ニュージーランド〔政府〕に対する共同声明として……最も「社会的に不利な」子どもたちに対象を絞ろうとする動きの中で、政府がより良い状態にある子どもたちに対するサービスを削減しないように勧告した」（UNICEF, 2012）。これらの諸団体は、「社会的に不利な子どもたちに関する緑書」Green Paper on Vulnerable Children（Ministry of Social Development, 2011）の意味合いに憂慮し、2012 年 8 月に公表された政府のアクション・プラン（National Party, 2012）に影響を与えたいと考えた。問題は、「社会的に不利」と定義された 15％の子どもたちにスティグマ〔社会的な烙印〕を押すことであった。そのグループは、「誰が社会的に不利であると類別されるのか、それがどのように定義されるのか、そして誰が決めるのか？」を問うた。これら 80 団体は、政府が子どもたちへの現存するユニバーサルで無償のサービスを維持し、同時に、労働市場と福祉政策、家族の所得保障、住宅政策、交通やコミュニケーション・システムへのアクセス、保健機関へのアクセス、社会のあり方そのものなど、子どもたちに影響を与える幅広い政策に取り組むように主張した。これは、「大局的見地に立った」インフラである。議論は、ニュージーランドにおける政府の役割に関する中道右派と中道左派の間の意見の対立を例示している。2012 年 9 月、これらの問題は、政府が子どもたちを持つ生活保護受給者に対する「社会的義務」の開始を発表したとき、より論争的になった。最初のものは、3 歳から就学までの子どもたちは幼児教育に週 15 時間、出席しなければならないというものであった。

213

違反は、最大 50％の給付金削減につながる可能性があった。保育諸団体は、こうした脅迫の実効性や倫理を疑問視した。

乳幼児教育特別委員会

　戦略的計画 Strategic Plan 2002 ～ 2012 年の余波で、2010 年、保育・幼児教育政策を検討し重点を変えるために乳幼児教育特別委員会 ECE Taskforce が設立されたことは、保育・幼児教育部門の多くの人々にとって 1 つの心配の種だった。特別委員会の委任事項は、増加する保育・幼児教育支出に対する政府の懸念を反映していた。「政府支出の効果と効率性」「さまざまな投資のタイプから得られる価値」、そして「乳幼児期の子どもたちの学びを支援する費用効率が高い方法」の決定、という言い回しが含まれていた。政府は、特別委員会に「現在の政府支出を増やすことのない」新しい資金提供モデルの提示を依頼した（ECE Taskforce, 2011, p 176）。

　検討された 1 つの問題は、一部の施設は資源を提供されているにもかかわらず、保育が不十分であるというエビデンスであった。特に、2 歳未満の乳児に提供される保育・幼児教育の質が懸念された。家庭的保育サービスについても同様であった。同じ時期に、「テ・ファリキ」カリキュラムに対する支援の強力な提起が保育部門からあった。特別委員会は、カリキュラムを支持したが、カリキュラム実施の評価（evaluation）を勧告した。大まかにいえば、特別委員会は親を含む保育部門による「ステップアップ」を強く主張した（ECE Taskforce, 2011, pp 14–15）。これは、政府が自らを「支援的な国」となるように位置づけた戦略的計画 Strategic Plan とは異なる強調点であった（Ministry of Education, 2002）。

　特別委員会の資金提供についての勧告は、最も論争的であり、その結果、特別委員会のメンバーであるアン・スミス Anne Smith が反対意見を発表することとなった（Smith, May, 2011）。スミスの 40 年にわたる保育の質、参加と資格に関する研究と主張は、保育部門にいくらかの言質をそれまで与えてきた。新しい資金提供モデルの詳細は、執筆の時点では明確ではなかったが、スミス Smith の報告は、もしこれがユニバーサルな資金提

供のレベルの削減を意味するのであるならば、「最優先の子どもたち」に
対象を絞った資金提供の成り行きには懸念があると表明した。

> 　私は、提案された新しい資金提供モデルが、いくつかのグループ、
> 特に中間所得層の保育・幼児教育の在籍率に否定的な影響をもたらす
> かもしれないと心配している……。その議論は、新しい資金提供シス
> テムは、社会経済状況（socio-economic status〈SES〉）の低い人々やマ
> オリやパシフィカ〔太平洋諸島〕の人々のためにより良いということだ
> が、新しい案が対象となるグループを正確に探し出し確定できるかに
> 関する情報がほとんどない（Smith, 2011, pp 2–3）。

　特別委員会に対する財務省の助言は、中間所得層の家族は時に彼ら自身
の政権の支持者となることがあるので、中道右派政府はバランスのとれた
行動をとっていたが、中間所得層の親はより多くを支払う用意があるだろ
う、というものであった。

解説

　ニュージーランドは、保育・幼児教育における政治的関心と投資の枠
組みの変化に関する1つの研究事例を提供する。2012年中頃まで、2つ
の乳幼児教育ECEの顧問グループ（Advisory Groups）が集まり、教育大
臣に対して、特別委員会の勧告の実施に関する助言を報告した。(1)乳幼
児教育ECE部門全般にわたる質を改善すること、(2)2歳未満の子どもた
ちの乳幼児教育サービスの質を改善すること（ECE Sector Advisory Group,
2012a, 2012b）。どちらの顧問グループも、質のコストを強調することを取
り下げず、2歳未満児の職員比率と集団規模についての規則の改善を主張
した。そして、100％有資格教員への一歩として、80％の有資格教員を勧
告した。教育大臣は、2012年中頃の返答を約束した。これは、2012年中
に招集され、新しい資金提供モデルの詳細をまとめることを課せられた第
三次顧問グループ次第になる可能性が高い。

この事例研究における資金提供に対するユニバーサル・アプローチ〈対〉対象を絞ったアプローチをめぐる議論は、より深くて相反する政治課題が試される場としての保育・幼児教育を例示している。問題は、家族と子どもたちを支援するうえでの政府の役割にかかわる。2つの道がある。1つは、保育・幼児教育の政治的投資を、「社会的に不利な家族とコミュニティ」によってもたらされる「リスク」を軽減するための優先事項として意図された、介入主義の社会的戦略と合致させることである。もう1つは、保育・幼児教育を、幼い子ども市民の権利としてみることである。それは、ニュージーランドで1939年に表明された誰もが知っている、子どものための学校教育についての一連の理想像につながるものであろう。

　　おおまかに表現するならば、政府の目的は、能力のレベルがどうであろうと、また、金持ちであろうと貧乏であろうと、町に住んでいようと地方に住んでいようと、あらゆる子どもは、最も適した、自分の力を十二分に引き出すような無償教育に対する市民としての権利を有する（Fraser, 1939, p 2）。

　この文章は、5歳未満の子どもたちに対する願いを同じように実現するために、次のように言い換えられた。

　　政府の目的は、大まかにいって、家庭環境がどのようなものであろうと、親がひとりであろうと、別居中であろうと結婚していようと、仕事をしていようと家庭にいようと、経済的に豊かであろうと貧乏であろうと、町に住んでいようと地方に住んでいようと、マオリであろうとパケハ（Pakeha）〔ヨーロッパ系〕であろうと、あらゆる子どもは、無償の乳幼児教育に対する市民としての権利を有するべきである。この乳幼児教育は、家族のニーズに適合し、彼らの文化的遺産を認識し、民主的な社会における平等な参加者として学び成長するために大人と子ども双方をエンパワーする学びのコミュニティにおいて、豊か

第 7 章　ニュージーランド

な学びの環境を提供する（May, 2004, p 88）。

　本章では、先の見通しは明確ではないが、政府と保育部門双方による現実的な妥協がなされる可能性が高いと結論づける。2014 年の選挙を前に、ここ数年の保育・幼児教育政策の 便 益 を経験した多くの投票者を疎んじることに対する政治的警告を受けて、98％の保育・幼児教育在籍目標を「ゼロ・コスト」の予算で設定することには、いくぶん、ハッタリがある。

●文献

Barney, D. (1975) *Who Gets to Preschool?*, Wellington: New Zealand Council for Educational Research (NZCER).

Carr, M. and Mitchell, L. (2010) *Qualified Teachers in Early Childhood Centres: Do We Need Them?*, Occasional Paper, Hamilton: University of Waikato.

ECE Lead (2012) ECE Participation Programmes, Wellington: Ministry of Education (www.lead.ece.govt.nz/ProgrammesAndInitiatives/ECEParticipationProgramme/Overview.aspx).

ECE Sector Advisory Group (2012a) Sector Advisory Group Report – Quality for Under-Twos, Wellington: Ministry of Education.

ECE Sector Advisory Group (2012b) *Sector Advisory Group Report – Quality ECE*, Wellington: Ministry of Education.

ECE Taskforce (2010) *Overview of the Early Childhood Education System*, October, Wellington: New Zealand Government.

ECE Taskforce (2011) *An Agenda for Amazing Children. Final Report of the ECE Taskforce*, Wellington: New Zealand Government.

Economist Intelligence Unit, (2012) *Starting Well: Benchmarking Early Education Across the World*, London and Hong Kong: Economist Intelligence Unit.

Education Counts (2012) *Annual ECE Census Summary Report 2011*, Wellington: Ministry of Education (www.educationcounts.govt.nz/statistics/ece2/annual-ece-summary-reports)

ERO (Education Review Office) (2007a) *The Quality of Education and Care in Pacific Early Childhood Services*, Early Childhood Monograph series, Wellington: ERO.

ERO (2007b) *The Quality of Education and Care in Montessori Early Childhood Services*, Early Childhood Monograph series, Wellington: ERO.

ERO (2009a) *The Quality of Education and Care in Home-Based Early Childhood Services*, Early Childhood Monograph series, Wellington: ERO.

ERO (2009b) *The Quality of Education and Care in Infant and Toddler Centres*, Early

Childhood Monograph series, Wellington: ERO.

ERO (2009c) *The Quality of Education and Care in Kindergartens*, Early Childhood Monograph series, Wellington: ERO.

ERO (2009d) *The Quality of Education and Care in Playcentres*, Early Childhood Monograph series, Wellington: ERO.

ERO (2010) *Success for Māori Children in Early Childhood Services*, Wellington: ERO.

ERO (2011) *Positive Foundations for Learning: Confident and Competent Children in Early Childhood Services*, Wellington: ERO.

Fraser, P. (1939) *Appendices to the Journal of the House of Representations, Report of the Minister of Education, Peter Fraser, E 1*, Wellington.

Froese, N. and Jenkins, M. (2008) *Early Effects of Free Early Childhood Education*, Wellington: Ministry of Education.

May, H. (2004) 'Towards citizenry rights in early childhood', *Delta*, vol 56, no 1, pp 75–91.

May, H. (2005) *Twenty Years of Consenting Parties. The Politics of 'Working' and 'Teaching' in Childcare 1985–2005*, Wellington: New Zealand Educational Institute (NZEI) – Te Riu Roa.

May, H. (2009) *Politics in the Playground. The World of Early Childhood in New Zealand*, Dunedin: University of Otago Press.

May, H. and Mitchell, L. (2009) *Strengthening Community-based Early Childhood Education in Aotearoa New Zealand*, Wellington: NZEI-*Te Riu Roa*.

Meade, A., Robinson, L., Smorti, S., Stuart, M. and Williamson, J. (2012) *Early Childhood Teachers' Work in Education and Care Centres*, Wellington: Te Tari Puna Ora o Aotearoa – New Zealand Childcare Association (NZCA).

Ministry of Education (1996) *Te Whāriki: He Whāriki Mātauranga mō ngā Mokopuna o Aotearoa: Early Childhood Curriculum*, Wellington: Learning Media.

Ministry of Education (2002) *Pathways to the Future – Ngā Huarahi Arataki 2002–2012*, Wellington: Ministry of Education.

Ministry of Education (2005) *The ECE Funding Handbook*, Wellington: Ministry of Education.

Ministry of Education (2012) *Participation in Early Childhood Education: Evidence Booklet*, Wellington: Ministry of Education.

Ministry of Social Development (2011) *Green Paper on Vulnerable Children. Every Child Thrives, Belongs, Achieves*, Wellington: New Zealand Government (www. childrensactionplan.govt.nz/greenpaper).

Ministry of Social Development (2012) *The White Paper for Vulnerable Children*, Wellington: New Zealand Government (www.childrensactionplan.govt.nz/whitepaper).

Mitchell, L. (2002) *Differences Between Community Owned and Privately Owned Early Childhood Education and Care Centres: A Review of Evidence*, Wellington: NZCER.

Mitchell, L. (2012) 'Markets and childcare provision in New Zealand: Towards a fairer solution', in E. Lloyd and H. Penn (eds) *Childcare Markets: Can They Deliver Equitable Outcomes?*, Bristol: Policy Press, pp 97–113.

Mitchell, L. and Brooking, K. (2007) *First NZCER National Survey of Early Childhood Education Services*, Wellington: NZCER.

Mitchell, L., Meagher Lundberg, P., Mara, D., Cubey, P. and Whitford, M. (2011) *Locality-based Evaluation of Pathways to the Future – Nga Huarahi Arataki*, Wellington: Ministry of Education.

Morrison, A. (2009) *Likely Reasons for Low Participation in Early Childhood Education in the Low Participation Areas of County-Manukau*, Wellington: Ministry of Education.

Moss, P. (2007) 'Leading the wave: New Zealand in an international context', in *Travelling Pathways to the Future – Ngā huarahi arataki*, Early Childhood Education Symposium Proceedings, 2–3 May, Wellington: Ministry of Education, pp 27–36.

Moss, P. (2008) 'Beyond childcare, markets and technical practice: Re-politicising early childhood', in *Proceedings of Early Childhood Care and Education Seminar Series 2*, Dublin: Centre for Social and Educational Research, pp 5–14.

National Party (2012) 'Ministers launch action plan to support vulnerable children', 22 August (www.national.org.nz/Article.aspx?articleId=39210).

Nuttall, J. (ed) (2003) *Weaving Te Whāriki. Aotearoa New Zealand's Early Childhood Curriculum Document in Theory and Practice*, Wellington: NZCER.

NZ (New Zealand) Treasury (2012) 'Briefing to the incoming Minister' (www.beehive. govt.nz/sites/all/files/MinEdu_BIM.pdf).

NZCA (New Zealand Childcare Association, *Te Tari Puna Ora o Aotearoa*) (2010) Press release: 'ECE Budget: a brutal blow to children and families', 20 May, Wellington: NZCA.

Perata, H. (2012) 'Speech notes: Raising achievement for all in the budget', 16 May, Wellington: Office of the Minister of Education.

Smith, A.B. (1996) 'The quality of childcare centres for infants in New Zealand', in *State of the Art Monograph No 4*, Palmerston North: Massey University, New Zealand Association for Research in Education.

Smith, A.B. (2010) 'Relationships with people, places and things – *Te Whāriki*', in L. Miller and L. Pound, (eds) *Theories and Approaches to Learning in the Early Years*, London: Sage Publications, pp 149–62.

Smith, A.B. (November 2010) *Position Paper on Early Childhood Education to the ECE Taskforce and the Minister of Education*, Dunedin.

Smith, A.B. (May 2011) *Position Paper on Essay 3: Reforming Funding mechanisms*, Dunedin.

Statistics NZ (New Zealand) (2007) *Consumer Price Index: September 2007 Quarter*, 15 October, Wellington: New Zealand Government.

Statistics NZ (2012) *Childcare Use and Work Arrangements in 1998 and 2009*, Wellington: New Zealand Government.

Tolley, A. (2011) Speech to the Childforum Seminar, 4 April, Wellington: Office of the Minister of Education.

UNICEF (2012) Press release, 'Collective voice for New Zealand's children', 12 July, Auckland: UNICEF.

第8章 オーストラリア

乳幼児教育と保育：
混合市場体制における公正とは？

デボラ・ブレナン Deborah Brenan

マリアンヌ・フェネック Marianne Fenech

はじめに

　保育・幼児教育は、オーストラリアでは重要な政治的関心事である。2008年、ケビン・ラッド労働党党首は、「国家の生産性を高め、労働力への参加を促し、社会的包摂(ソーシャルインクルージョン)に貢献し、『教育革命』への第一歩になる」ことを意図した「幼児教育と保育を統合する世界水準の制度」を約束した。1年後、連邦、州、特別地域および地方自治体を代表する連邦政府評議会 Council of Australian Governments（COAG）は、出生から8歳の子どもを含む乳幼児期発達戦略を承認した。「乳幼児期への投資：乳幼児期発達国家戦略」 Investing in the Early Years: A National Childhood Development Strategy は、「すべての子どもが肯定的な乳幼児期を経験することを保障するための乳幼児期発達の重要性とその便益(ベネフィット)――そして費用対効果――に関するエビデンスに対する総合的対応」を定めている（COAG, 2009a）。

　この新しい子どものウェルビーイングへの取り組みの一環として、保育・幼児教育部門は急速かつ広範な改革を行ってきた。連邦政府評議会

221

（COAG）を通じて、再び政府は施設型保育所（long day-care centres）[1]とプリスクールの双方に一貫した基準を採用してきた（COAG, 2009b）。この基準は、民間営利、非営利団体、政府運営のいずれの主流サービスにも等しく適用される。また、政府はプリスクール教育への普遍的アクセスの目標を公言している。つまり、それは、すべての子どもたちが、2013年までに「質の高い幼児教育プログラム……公的な就学の前年に、週に15時間、年に40週、4年制大学で訓練を受けた乳幼児期教員（early childhood teacher）によって提供されたもの」にアクセスできるようになることを意味している（COAG, 2009d, p 5）。重要なことは、普遍的アクセスとは、特定の種類の**サービス**に在籍するというよりも、特定の種類の**プログラム**に参加することである。すなわち、プリスクールのプログラムは、施設型保育所や、プリスクール／幼稚園に特化した（dedicated）施設[3]において、または遠隔地域の子どもたちには早期の学習体験をもたらす携帯電話サービスで提供することができる。すべての子どもたちのためのプリスクールに対するオーストラリアの取り組みは、諸外国のような取り組みほど進展しているわけではない。「普遍的アクセス」という表現は、公の願望（official aspiration）を表現しているが、子どもの権利保障が確立しているわけではない。なお15時間は必ずしも無償ではなく、むしろ政府は「費用はアクセスの障壁ではない」ことを確証する（ensuring）という不明瞭な目標を掲げている（COAG, 2009d, p 6）。

　保育の質に関する行動計画について、重要なことは国による乳幼児期教育カリキュラムである「乳幼児期の学習枠組み」Early Years Learning Framework（EYLF）がどこまで確実なものとなっているかである（COAG, 2009c）。EYLFは、子どもの誕生からの学びを支援し、学校への円滑な移行を確実にするために必要な原則、実践、成果を定めている。そこでは、遊びをベースにした学びを重視しており、就学前に必要な読み書きの能力や計算能力、また社会的、情緒的発達を含む、コミュニケーションと言語の重要性を認識している。

　この行動計画がどの程度進展しているのか、そして低所得家庭の子ども

や他の社会的に不利な子どもたちにはどのような意味をもっているのか？

　はじめに、私たちは、低所得の子ども、先住民の子ども、難民や移住者を含む英語以外の言語背景を持つ子ども、および障がいのある子どもの状況を強調しながら、保育・幼児教育への参加の現状を説明する。次に、オーストラリア連邦政府と州政府[4]の役割の違い、およびオーストラリア連邦主義を反映した幼児教育と保育の間にある定着した境界（entrenched division）に留意しながら、オーストラリアの保育・幼児教育を構成する制度的・政策的枠組みについて概説する。さらに、「乳幼児期の学習枠組み」EYLE、規制要件、および保育・幼児教育における労働力を強化するための方策について概説しながら、オーストラリアの改革的な行動計画の詳細について述べる。私たちは、オーストラリアの現行の政策背景と制約の中での、質の高い保育・幼児教育への普遍的アクセスの展望について意見を述べ結論づける。

オーストラリアの保育・幼児教育への参加：ぼやけたスナップ写真

　オーストラリアの保育・幼児教育サービスの資金提供と供給には、多くの機関や組織が携わっている。それらの間の責任の境界線は必ずしも明確ではなく、データが不十分な場合があるため、これを私たちが「ぼやけた」スナップ写真として説明する理由である。保育・幼児教育の政策責任は、連邦、州、および特別地域政府間で共有される[5]。サービスは、政府、営利および非営利団体、コミュニティベースの事業者を含む混在した市場を通じて提供される（PWC, 2011, p 14）。「保育」を提供すると認識されるサービスと「教育的」とみなされるサービスの間では、長年にわたる分業が続いている。ほとんどの連邦政府の資金は、賃金労働またはその他の経済社会的参加を支援するサービスを対象としている。就学年齢未満の子どものための主要な連邦政府のサポートサービスは、施設型保育所、家庭的保育（family day-care）[6]および訪問型保育（in-home care）[7]である。このよう

なサービスは、通常、出産から学齢に至るまでの子どものためのものであり、年間を通じて少なくとも一日 8 時間の保育が可能である。プリスクールや幼稚園などの教育サービスは、一般に就学の 1、2 年前の子どもたちに対応し、スクールの期間中は半日または短時間（午前 9:00 ～午後 3:00）のセッションを提供する。これらは主に州政府の資金提供を受けている。州によっては、プリスクールは無償で提供されるか、またはごくわずかな費用で提供され、小学校と同じ敷地に配置されるところもある。家庭的保育は、家庭を基盤とした保育を好む家族のために提供される。それはプリスクールの補完としても機能し、家庭的保育制度の 46％が「包括的な」サービスを提供している（Productivity Commission, 2011, p 117）。規制された公的なサービスは、祖父母や他の親族、友人、ベビーシッターが提供する私的な保育によって補完されている。

　就学前のすべての子どものちょうど半分以上（55％）は、公的または私的な保育のいずれか、または両方に参加している。この割合は 1996 年以来大きく変化していないが、規制された公的なサービスへの参加は著しく増加した。施設型保育への在籍率は、2011 年には就学前の子どもの 31％の参加であったが、それは 1996 年の 13％に比べると大きく増加した。同じ時期に、私的な保育を利用している子どもの割合は 30％から 22％に減少した（表 8.1 を参照）。したがって、公的なサービスが、私的や家庭型保育にますますとって代わっているようである。

　保育への参加は、親の就業状況によって異なる。同様な国と比較して、オーストラリアは労働力への参加度が低い。就学前の子どもを持つ母親の52％が労働力に参加しているが、多くがパートタイム労働者である（ABS, 2008）。親の両方が働いている家庭では、子どもの 63％が通常、保育に参加する。夫婦でひとりの親が働いている場合は 31％である。同様のパターンは、ひとり親世帯でも明らかである。親が働いていないひとり親世帯の子どもの 49％が保育・幼児教育に参加しているのに比べて、親が働いているひとり親世帯の子どもの 82％が参加している（ABS, 2012a）。保育・幼児教育へのアクセスは、子どもの年齢によっても異なる[8]。最も多い

224

第8章 オーストラリア

表8.1 オーストラリア：0〜4歳児、利用した保育の種類、1996〜2011

	1996 (%)	1999 (%)	2002 (%)	2005 (%)	2008 (%)	2011 (%)
保育に通う子どもたち	54	59	56	60	59	55
公的保育						
施設型保育	13	18	23	24	28	31
家庭型保育	6	6	6	7	4	4
職場保育	4	3	3	4	2	2
就学前後の学校保育	4	2	4	2	2	0
他の公的保育	1	1	1	1	1	0
合計	24	27	32	35	34	37
私的保育						
祖父母	n/a	30	25	28	29	22
きょうだい	2	1	1	0	0	1
同居していない親	n/a	2	2	3	3	3
他の親族	30	5	5	4	5	4
他の人	10	8	7	5	5	4
合計	40	43	37	38	38	31
公的保育のみの子どもたち	14	16	19	22	21	24
私的保育のみの子どもたち	30	32	24	25	26	18
公的と私的保育の子どもたち	10	11	13	14	13	12
保育に通わなかった子どもたち	46	41	44	40	41	45

注：子どもたちは、1つ以上の形態に通っているので、合計値は足し合わせたものにはなっていない。
出典：ABS（2012a, Table I）

参加は、2〜3歳である。この年齢層の子どもの54％は通常、公的な保育に参加し、40％は私的な保育に参加する。平均利用時間はサービスの種類によって異なる。施設型保育所の子どもは、通常、週に26時間未満利用し、家庭的保育の子どもは20時間程度の利用である（Productivity Commission, 2012, 3.27）。

　家庭の収入は、保育へのアクセスに影響を与える重要な役割を果たす。毎週2000豪ドル以上の収入を得ている家庭では、0〜14歳の子どもの

225

52％が定期的に保育に参加しているが、週給が 800 豪ドル未満の家族では 25％である。家庭の収入はまた、利用される保育の種類にも影響する。親の週給が 2000 豪ドルを超える子どもは、800 豪ドル未満の子どもよりも、公 的 な保育（それぞれ 18％と 11％）と 私 的 な保育（それぞれ 24％と 13％）の両方を利用する可能性が高い。1 週間に 800 ～ 999 豪ドルを稼ぐ家族は、公 的 または 私 的 な保育を利用する可能性が最も低い（表 8.2 を参照）。

　オーストラリア政府は、施設型保育、家庭的保育、訪問型保育などのサービスの重要な目的として、特定のターゲットにされたグループの子どもたちの参加状況を把握しているが、これらのほとんどのグループの子どもたちの場合、実際の数に比べ〔保育を利用するのは〕少ない状況がある。例えば、非英語圏の背景を持つ子どもたちは、地域で 3 ～ 5 歳の子どもの 19％近くを占めているが、保育サービスに在籍しているのは 12％をわずかに上回っているにすぎない。アボリジナルとトレス海峡島 Aboriginal and Torres Strait Islander（ATSI）の背景の子どもたちは、この年齢層の 4.7％を占めているが、認可されている保育を利用する子どもはわずか 2％である。障がいを持つ子どもは、3 ～ 5 歳の子どもの 6.3％を占めているが、連邦政府が認可している保育を利用している子どもは 5.4％にすぎない。オーストラリアの地方および遠隔地域でも子どもの数は実際より少ない（表 8.3 を参照）。

　州が資金提供するプリスクールサービスへの参加は、連邦政府が資金提供する保育への参加とは別に推定される。データ収集の改善には多大な努力がなされているが、すべての保育・幼児教育サービスへの参加の全体的なイメージを提示することはまだ可能ではない。例えば、州の資金提供によるプリスクールとオーストラリア政府が資金提供する保育サービスの両方に在籍している子どもの、二重の計上の問題を克服するような個別の「子どもの識別子」（child identifier）はない。最近、オーストラリア統計局（ABS）は、プリスクールへの参加の「試験的推定値」（experimental estimates）を発表している。そこでは、プリスクールへの参加については

第 8 章　オーストラリア

表 8.2　オーストラリア：0 〜 14 歳児をもつ夫婦家庭における、所得（週給）階層別の通常利用している保育の種類　2008（%）（豪ドル）

保育の種類	800 未満	800 〜 999	1,000 〜 1,199	1,200 〜 1,399	1,400 〜 1,999	2000 以上	合計
通常の保育を利用している子どもたち	25	30	37	40	45	52	41
公的保育のみの子どもたち	11	12	14	17	16	18	15
私的保育のみの子どもたち	13	16	18	17	21	24	20
私的と公的保育の子どもたち	2[b]	2[b]	5	6	7	10	6
通常の保育を利用していない子どもたち	75	70	63	60	55	48	59

注：a　「通常」は、時間と費用を含めた、子どもの典型的な保育の利用を意味する。
　　b　推定値は相対標準誤差が 25 〜 50%であり、注意する必要がある。利用する保育が複数ある子どもは、一度しかカウントされない。
　　四捨五入により百分率は合計 100 にならない場合がある。
出典：ABS（2009）

表 8.3　オーストラリア：オーストラリア政府認可の保育を利用する特別グループの0 〜 5 歳児の割合　2011（%）

	認可された保育サービス利用の割合	地域内の割合
非英語圏の子どもたち	15.0	20.1
先住民の子どもたち	2.0	4.7
低所得家庭の子どもたち	25.8	27.1
障がいをもつ子どもたち	2.5	4.0
地方の子どもたち	28.7	31.5
遠隔地の子どもたち	1.0	3.1

出典：Productivity Commission（2012）, Indigenous Compendium, Table 3A.14

比較的厳格な基準が採用されている。すなわち、この場合、子どもは3～6歳であり、4年制大学の資格を持つ教師による就学前のプログラム（「通常セッション型で提供され……構造化された遊びに基づいた〈play-based〉学習プログラム」として定義されるもの）に参加していなければならない。この推定では、4歳と5歳の子どものほぼ81％がプリスクールプログラムに登録されているが、そこに含まれているアボリジナルとトレス海峡島（ATSI）の子どもの場合は75％であることを示している（ABS, 2012b）。

　乳幼児期サービスにおけるアボリジナルとトレス海峡島（ATSI）の子どもへの関与は、地域の社会的不利レベルを考えると特に重要である。保育・幼児教育サービスに参加しているほとんどのATSIの子どもは、非先住民と先住民の子どもの双方に保育を提供する主流サービスに在籍している（Productivity Commission, 2012, p 349）。オーストラリアには、地元の先住民家族のニーズを満たすように作られた多機能のアボリジナルの子ども向けサービス、託児所（creche）訳注1、プレイグループ、放課後保育、携帯電話モバイルサービスなど、約270の先住民向けサービスがある。主流サービスのいくつかは、先住民族の家族やコミュニティと密接かつ生産的に連携するが、これはすべてについていえるものではない。全国アボリジナル・トレス海峡島保育事務局 Secretariat of National Aboriginal and Islander Child Care（SNAICC）の立場は、**すべての**保育・幼児教育サービスは、先住民族コミュニティと効果的で敬意のあるパートナーシップに基づき携わるべきであるとしている（SNAICC, 2012）。

　子どもの健康と発達に関する集団的測定である「オーストラリア乳幼児期発達指数」Australian Early Development Index（AEDI）は、学校入学時の子どもの発達を理解するための貴重なデータ資料を提供する。これは、子どもの保育・幼児教育経験の質と社会経済状況を結びつけるデータがないことを考えると特に有用である。AEDIは、子どもの学校の初年

訳注1　この場合の creche は一時預かり的なもの。

度に教師によって記入されたチェックリストに基づいている。それは5つの領域で発達を測定する。すなわち、身体的健康とウェルビーイング、社会的能力、情緒的成熟、言語と認知能力、コミュニケーションスキルと一般知識である。

2009年に行われた「オーストラリア乳幼児期発達指数」AEDIについての第一次分析では、オーストラリアの子どものほぼ4分の1が1つまたは複数の特定領域で発達的にリスクを持つ（vulnerable）ことが明らかになった。多くの先住民の子どもでは、その約2倍（48％）がリスクを持ち、同様に英語以外の言語的背景を持つ子どもの32％もリスクを持っているとみなされていた。AEDIのデータによれば、質の高い乳幼児教育への参加は、より社会的に有利な集団に偏っていた（AIHW, 2012）。

政策的文脈

分割された責任と市場の混在

オーストラリア政府と州・特別地域政府は、区別されてはいるが、部分的に重複する保育・幼児教育における責任を負っている。歴史的に、ほとんどの州は教育に焦点を当てたプリスクールサービスに資金提供をしてきたが、就労している親のニーズを満たす形態の支援をほとんど行っていない。一方、オーストラリア政府は、非営利の保育施設に資金提供を認めるチャイルドケア法 Child Care Act の施行に伴い、1972年に乳幼児期領域に大きく介入していった（Spearritt, 1974）。同法は、若い子どもを持つ母親の労働力参加を促進し、州が資金提供するプリスクールサービスを補完するように策定されている。ウィットラム政権（1972〜75年）は、保育・幼児教育への連邦政府の関与を拡大し、その資金援助を増やし、家庭的保育や放課後保育などの新しい種類のサービスを支援した。その後、連邦政府は歳出と政策立案の両方を支配するようになった。その焦点が主に親の労働力への参加を支援しているという事実は、州が資金提供するサービスは「教育」に関するものであり、連邦政府が資金提供するサービスは「保育」であるという認識を助長した。いずれのレベルの保育の政策立案や供

給の複雑さによってこの特徴が正当化されるものではないが、政府と州という2つのレベルの間で浮上した区分の別の表現として頻繁に使用される（Brennan, 2010）。

　保育・幼児教育事業者の混在は、州ごとおよびサービス種別ごとで大きく異なる。施設ベースの保育サービスの約3分の2は民間営利ビジネスで（DEEWR, 2010）、家庭的保育など、ほとんどすべての家庭ベースのサービスは、コミュニティベースで非営利団体によって運営されている。非営利団体は、東海岸におけるプリスクールサービスの大半を提供し、一方、州政府は、西オーストラリア、南オーストラリア、タスマニアにおいて主な事業者である。

　近年、政府は保育・幼児教育をより統合するアプローチを確立するための措置を講じている。オーストラリア政府内では、教育・雇用・職場関係省にある保育・幼児教育部（Office of Early Childhood Education and Child Care）が児童サービスを担当している。これまでは、この機能の拠点は社会福祉省の保育部（Office of Child Care）におかれていていた。ほとんどの州で同様の変更が行われた。すべての施設型保育所のほぼ半分は、現在、プリスクールのプログラムを提供しており、一部のプリスクールでは、働く親に配慮するために長時間または「包括的な」保育を提供している。プリスクールに在籍する子どもの少なくとも40％が、保育サービスの対象となっている（ABS, 2012a）。大きな統合に向けたこれらの進歩にもかかわらず、教育と保育の違いは、さまざまなサービスの種類の資金提供に組み込まれている。大部分の州政府は、プリスクールの資金や運営費に直接資金提供しているが（供給側のアプローチ）、連邦政府は、いくつかの例外を除いて混合市場において保育を購入する親の費用を削減することを目的として、需要側の戦略をとっている。職員の賃金と事業の状況は部門ごとで異なる（Brenna, 1998; Productivity Commission, 2011）。

民営化と企業保育の成長

　1980年代後半には、民間業者による継続的なロビー活動を受け、連邦労働党政府は、チャイルドケア法 Child Care Act を改正し、非営利の施設型保育所同様に、営利事業者による保育の利用者にも補助金を支払うことを可能にしたが、それは、党内に激しい論争を巻き起こした。それを支持した人々は、彼らが利用した保育サービスが営利目的で行われているかどうかにかかわらず、同様の状況にある家族は補助金に平等にアクセスできるべきだと主張した。反対派は、子どもの保育は利益追求の機会ではなく公的な責任であるべきだと反論した。営利事業者の施設における保育基準についても懸念が表明された。それに応じて、連邦政府は「質的改善と認定制度」Quality Improvement and Accreditation Scheme（QIAS）を導入した。こうしてオーストラリアは二重の規制制度を有した。すなわち、州と特別地域は、職員の数や資格などの測定可能な条件を規制し、一方、連邦政府は QIAS システムを通じて、職員、子どもおよび親の相互作用の質、個別化された学習計画の妥当性、健康、栄養および学習を支援するマネジメントおよび記録保持の実践についてのエビデンスなどの、「プロセス」要因を評価した。親が利用した施設型保育サービスが、州／特別地域の規定を満たし、QIAS に参加した場合にのみ、親は連邦政府の補助金にアクセスすることができた。

　ジョン・ハワード首相（1966～2007）の中道右派政権は、施設型保育の市場化を強化した。ハワードは、労働党政権の下で非営利サービスに支払われていた小規模な補助金を廃止し、民間部門が幼児のためのサービスの好ましい事業者であることを明確にした。ビジネスはそれに応じて対応した（Brennan, 2007a, 2007b）。2001年に、ABC ラーニング（ABC Learning）はオーストラリアで最初に上場した保育企業になった。他の企業もそれに従い、数年以内にオーストラリアは、非営利団体による保育を犠牲にして営利目的の保育を拡大しただけでなく、企業型保育（corporate care）――すなわち、株式を取引する企業によって提供される保育への転換を経験した（Sumsion, 2102）。株式市場に上場することにより、ABC は

多額の資本にアクセスし、非営利サービスよりはるかに急速に拡大することができた（Newberry and Brennan, 2013）。

ABC は積極的な拡大戦略を採用した。それはすぐにライバル企業の大部分を吸収合併し、何百もの独立していた施設を引き継ぎ、オーストラリアの施設型保育部門での主役になった（Ellis, 2009）。最盛期では ABC の CEO（最高執行責任者）は、40 歳未満のオーストラリア人のうち最も富裕な人物であり、彼の個人的な資産は 2 億 7200 万豪ドルと推定された（Farougue, 2006）。だが、株式市場での急激な成功にもかかわらず、ABC の継続的な成長と拡大のビジネスモデルは持続不可能であり、2008 年に同社は管財人の管理下におかれた〔破産手続きに入った〕。倒産時に、ABC はオーストラリアで施設型保育サービスの約 25％を所有していた。これらは 12 万人の子どものためのサービスを提供し、1 万 6000 人の職員を雇っていた（Ellis, 2009）。同社が管財人の管理下におかれた時点で、55 の保育所が直ちに閉鎖され、政府は、その維持可能性を評価しながら、残りの施設の開設を継続するために 2400 万豪ドルを費やした。2009 年 12 月、オーストラリアの最大の慈善団体のうち 4 社が、ソーシャルベンチャーオーストラリア Social Ventures Australia と協力して、650 以上の旧 ABC 施設を管財人から購入するために、グッドスタート GoodStart と呼ばれる新しいコンソーシアム（共同事業体）を結成した。グッドスタートは非営利団体として運営されており、部門全体のサービスの質の改善に余剰金を再投資することを約束している。グッドスタートによる購入の結果、営利組織が運営するサービスの割合は 88％から 66％に減少した（DEEWR, 2010）。

資金提供と補助金

2010 ～ 11 年、連邦政府は、認可された事業者（営利、非営利、公営）から、家族が保育を購入することを支援するために 42 億豪ドルを提供した。州は、合計でプリスクール教育に約 10 億豪ドル、保育に 1 億 4900 万豪ドルを費やした（Productivity Commission, 2012, 表 3A.3, 3A.5）。州および特

別地域の政府では、プリスクールおよびその他の児童サービスへの投資の規模は著しく異なる。ニューサウスウェールズ州は、子ども1人あたり年間190豪ドルを費やしているが、比較として、例えばノーザン・テリトリー（北部準州、北部特別地域）では1033豪ドルである（表8.4を参照）。家族が負担するプリスクールの費用は、これらの違いを反映している。2008年には、西オーストラリア州、南オーストラリア州、タスマニア州および両特別地域で就学前教育が無償または実質的に無償であったが、ニューサウスウェールズ州の平均費用は1日あたり27豪ドルだった。

オーストラリア政府は、2つの仕組みを通じて保育費用を家族に提供している。保育給付金 Child Care Benefit（CCB）は、資力調査^{ミーンズテスト}が行われたうえで、労働状況にかかわらず、家族が利用可能なものである。保育料金の還付 Child Care Rebate（CCR）は、資力調査^{ミーンズテスト}は行われないものの、仕事をしたり、仕事に関係する勉強をしたり職業訓練を受けており、かつ認可された保育サービスを使っている親のみ利用可能である。^{訳注2}

保育給付金 CCB の支給額は、家庭の所得と「認可」（approved）された保育に在籍する子どもの数によって異なる。施設型保育、家庭的保育、訪問型保育などの認可されたサービスを利用し働いている親は、就学年齢前の子どもそれぞれにつき最長50時間の CCB の対象となる。低所得家庭は、1時間あたり3.90豪ドル、1週間に195豪ドルを請求することが

表8.4　オーストラリア：地域社会における子ども1人あたりのサービスに対する州および特別地域政府の実支出総額　0～12歳児　（ドル／子ども）、2010～11（豪ドル）

NSW	Vic	Qld	WA	SA	Tas	ACT	NT	Aust
190	266	204	556	499	395	489	1,033	291

注：NSW－ニューサウスウェールズ；Vic－ビクトリア；Qld－クィーンズランド；WA－ウェスタンオーストラリア；SA－南オーストラリア；Tas－タスマニア；ACT－オーストラリア首都特別地域；NT－ノーザンテリトリー；Aust－オーストラリア。
出典：Productivity Commission（2012, Table 3A.37）

訳注2　CCB と CCR については、236頁の表8.5も参照のこと。

できる。ベビーシッターのような「登録」（registered）された保育を利用している家庭は、所得にかかわらず、時間あたりわずか6セントまたは週32豪ドルを請求することができる。CCBは通常、サービス事業者に直接支払われるため、手数料が減り、請求をして還付を待つ必要がない。働いたり、仕事関連の勉強したり、職業訓練を受けていない親は、認可された保育利用にあたって週24時間のCCBを請求することができるが、CCBとサービスによって課される実際の保育料との間の差額を支払う必要がある。主な例外は、所得補助 Income Support（失業手当 Unemployment Benefits または子育て給付 Parenting Payment など）を受けている親が、労働力に参入するために、仕事を探したり、仕事関連の勉強したり、職業訓練を受けたり、社会復帰に向けて動いている場合は、追加支給の対象となることである。雇用・教育・訓練 Jobs, Education and Training（JET）・保育料補助 Child Care Fee Assistance は、こうした親のために、少なくとも限られた時間の間「保育料の差額ギャップ費用」の大半を支払い、1時間の保育ごとに1豪ドルの共同寄付（co-contribute）を彼らに要求する（DHS, 2012）。

　保育給付金CCBに加えて、保育料金の還付CCRは子ども1人あたり年間最大1万5000豪ドルまで、支払い済みの保育費用の50%を払い戻すことにより、働く親を支援する。CCRは資力調査がなく、家族はCCRを申請する必要はない。すなわち、資格があれば自動的に支払われる。高所得家庭は高い料金の認可された保育を長時間利用する可能性が最も高いため、CCRの効果は2倍になる。すなわち、第一に、高所得の家族に大きな利益をもたらす。第二に、事業者が料金に上限を設けようとする動　機を弱めることができる。専門職の女性を代表する一部のロビー団体による、CCRの上限の廃止をめざすキャンペーンの結果、子ども1人あたり1万5000豪ドルを超える費用を支払った親が追加給付を受けることができるようになっている。こうしたグループはまた、CCRの適用がベビーシッターとオペア――現在、CCBがいうところの「認可」ではないため除外されている――まで拡大するように要請している（Karvelas,

2012a)。野党はこの姿勢に共感を表明しているが、ベビーシッターによる保育のための補助金の導入を約束しているわけではない。

認可された保育を利用している家庭のほとんどすべて（98％）が保育給付金 CCB または保育料金の還付 CCR のいずれかを受けている。これらのうち 4 分の 3 近く（72％）が両方の補助金を受け取っている。残りの約半分は CCB のみを受け取り（おそらく彼らは、「認可」された保育ではなく「登録」された保育を利用しており、そのため CCR の資格がないからだろう）、他の半分は CCR のみを受けている（家庭全体の収入を合わせると CCB の資格がなくなるからであろう）（DEEWR, 2012, p 26）。

連邦政府の補助金は保育費用の削減にどの程度効果があるのだろうか？ シミュレーションはそれらが非常に効果的であることを示唆している。幅広い所得層にわたって、家族は、補助金を考慮したうえで、50 時間の保育を利用するために可処分所得の 7 ～ 8％を必要とする（表 8.5 を参照）。しかし、このシミュレーションのあまりの楽観さは次の事実によって薄められる。保育給付金 CCB の全額支給は、「認可」されたサービスに関してのみ適応可能であり、認可されるためには、最低限の質的基準を満たすだけでなく（この点は次節で議論される）、年間 48 週以上、1 日あたり 8 時間以上開設されていなければならない。州が資金提供するプリスクールは、限られた開設時間のために CCB のいうところの認可施設とはされていない。

保育の補助金を定めている連邦政府の規則は、働くことに関連する理由で「登録」された保育を利用している家庭に困難をもたらす。上記のように、登録されたサービスを利用している家族が請求することができるほとんどの保育給付金 CCB は、1 時間あたり 6 セントまたは週 32 豪ドルである。また、登録された保育の利用者は、所得や労働力状況にかかわらず、保育料金の還付 CCR の対象にはならない。「認可された」保育と「登録

訳注 3　au pairs: 家庭に住み込み家事をする外国人の若者。

表 8.5　オーストラリア：認可された保育と登録された保育の違い

	認可された保育	登録された保育
何？	ACECQA 基準を満たし、1 日あたり最低 8 時間、年間 48 週間開かれるサービスは、オーストラリア政府の認可を得ることができる。ほとんどの施設型保育、家庭型保育および訪問型保育サービスが認可されている。ほとんどのプリスクールは、ACECQA の基準を満たしていても、短時間の開設時間のために認可されていない。	祖父母や他の親族、友人やベビーシッターはオーストラリア政府に保育をする者として登録することができる。プリスクールまたは私立学校で働く個人は、何らかの状況において登録できる可能性がある。
親は CCB を請求できるか？	認可された保育を利用している保護者は、「仕事、勉学、職業訓練」基準を満たしている場合、週に 50 時間まで CCB を請求することがある。この基準を満たさない場合、24 時間以上の CCB を請求することがある。CCB の額は、家族の所得、保育を認められた子どもの数、保育時間によって異なる。最大値は週 195 豪ドルである。	彼らが「仕事、勉学、職業訓練の基準」を満たしていれば、登録されている保育を利用している親は、CCB の最低料金（週 32 豪ドル）を請求できる可能性がある。
親は CCR を請求できるか？	仕事、勉学、職業訓練の基準を満たす保護者は、CCB に加えて CCR を請求することができる。CCR は、1 人の子ども 1 人あたり年間最大 1 万 5000 豪ドルの現金支給額の 50％を支払っている。	登録された保育を利用する親は、CCR を請求する資格がない。

された」保育の区別は、混乱を招く可能性がある——特に規制基準を満たすサービスは「認可」され、CCB が当然適用されるだろうと想定している親の場合。

　いくつかの強みを持ちながら、オーストラリアの保育制度が市場原理に基づいているという事実は、包摂性（inclusivity）と公平性の点で限界がある。親は最適なサービスを得るために、サービス、価格、基準を比較する、積極的な消費者であることが求められる。彼らは、情報に平等にアクセスし、不十分または不適切である場合にサービスを切り替えることによって事業者を鍛える準備ができていると仮定される。補助金の存在以外に、低所得者や社会的に不利な子どもたちの乳幼児期サービスへの在籍と参加を

図 8.1 オーストラリア：国の幼児教育の質に関する行動計画

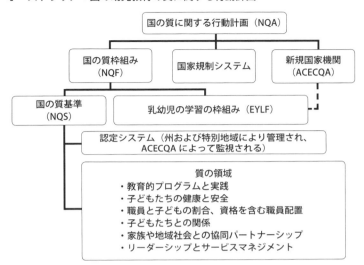

積極的に促進し支援する措置はほとんどない。親は、補助金について知り、理解し、アクセスし、補助金では足りない差額を払う必要がある。

保育・幼児教育の質に関する行動計画

オーストラリアの「国の質に関する行動計画」には、質を向上させるために協働するように設定された多くの要素がある（図 8.1 を参照）。「国の質枠組み」National Quality Framework（NQF）は、以前は各州および特別地域ごとに運営され異なっていた免許制度にとって代わる新しい質の保証システムを含んでいる。その実施は、新たに設立された法的機関である「オーストラリア子ども教育・保育の質評価機関」Australian Children's Education and Care Quality Authority（ACECQA）によって監督されている。

「国の質枠組み」NQF は 2012 年に施行された。これによって職員と子どもの比率、および職員の資格の全国的な統一が、8 年にわたって段階的に実施するように導入された。2014 年 1 月から、25 人以上の子どもが在

籍するすべての認可された主流の施設型保育所とプリスクールでは、大学資格の乳幼児期教員（early childhood teacher）が必要となる（しかしながら、多くの先住民に焦点を当てたサービスは当初、NQF から除外されていた。この点は後に論じる）。プリスクールや施設型保育サービスに雇用されている職員の半数は、子どものサービスに関する 2 年間の職業学位を有しているか、それに向けて努力することが求められる。残りの職員は、職業資格Ⅲレベルの保育・幼児教育資格（6 か月間の初心者レベルの資格）またはそれに準ずる資格を有しているか、または、それに向けて努力することが求められる。これらの目標を達成し、資格のある専門職員を惹きつけて雇用を維持することは、特に低額の賃金、昇進の見込みが少ない、厳しい労働条件が特徴であることを考えると、保育部門における重大な課題となる。施設型保育の職員の多くは、現在、法定最低賃金レベルの給与で、キャリアの上昇の機会が限られており、資格を高めることによって経済的に利益を得ることができない（Tarrant, 2008）。

「国の質基準」National Quality Standard（NQS）は、乳幼児期の学びと保育に貢献し、子どもの発達を促進する、構造、プロセス、マネジメント、リーダーシップの要素を網羅している（Sylva et al, 2004; Myers, 2006）。それは、国のカリキュラムまたは「乳幼児期の学習枠組み」EYLF と密接に関連している。この枠組みは、学びと発達を強化するそれぞれの子どものためのプログラムを補強するべきものである。NQS がカバーする質の領域は、教育プログラムと実践、子どもの健康と安全、物理的環境、人員配置（職員と子どもの比率および職員の資格を含む）、子どもとの関係、家族や地域社会との協力的パートナーシップ、リーダーシップとサービス管理である（ACECQA, 2011）。それぞれの領域には、アセスメント（評価）とランクづけ評定（rating）の過程の中で、各サービス事業者が示さなければならない 2 つまたは 3 つの成果基準がある。サービス事業者はそれぞれの質の領域で評価され、全体的な質の評価が与えられる。アセスメントの評価は、各施設の遵守と評価の履歴、年間質改善計画の検討、職員との議論、施設の方針やプログラムの計画と評価などを裏づけるエビデン

スの確認、そして施設における保育実践の観察に基づいて行われる。設定されているランク評定は次の通りである。

- 大幅な改善が必要
- 国の質基準に向けて努力中
- 国の質基準を満たしている
- 国の質基準を上回る（この評定を得たサービス事業者は、さらに「優秀」と格づけされるよう申請することができる）

「国の質基準」NQS は、「獲得された自治」（earned autonomy）の原則を前提としている。質の評定が高いほど、規制当局による公的（フォーマル）および私的（インフォーマル）なアセスメント訪問（「抜き打ち検査」〈spot checks〉）は少なくなる。例えば、「国の質基準に向けての努力中」と評価されたサービス事業者は、少なくとも年に1回の公的（フォーマル）なアセスメントの対象となり、抜き打ち検査を受ける義務がある。対照的に「国の質基準を上回る」と評価されたサービス事業者は、3年ごとに公的に評価され、抜き打ち検査の対象となる。しかし、公平性と包摂性（インクルージョン）は NQS の基本原則であるが、社会的に不利な地域の子どもに対する公平なアクセスの提供についてのエビデンスは、最低基準を超える評定を得るための要件ではないことは注目に値する。少数の施設のみが「国の質基準を上回る」と評価されるのであり、これらの施設の場所、料金、社会的に不利な地域の利用者の割合を監視することが重要である。

　ほとんどの州や特別地域では、新しい質基準は、保育・幼児教育の環境で要求されるスキルと資格の大幅な向上を意味し、より多くの社会的評価と報酬のための土台を潜在的に確立するだろう（Fenech et al, 2012）。しかし、連邦政府は保育者や教員の資格を向上させるための追加の資金提供をしているが、これらの高められた資格に応じて給与を引き上げるために必要な追加の資金提供をサービス事業者に提供していない。したがって、この部門は将来、職員の損失と資格を有する職員の不足に直面するだ

ろう。この分野の主要労働組合は、連邦政府の労働力推進施策（workforce initiatives）に触れながら、「これらの措置は、労働者がその分野にとどまり、さらなる進学や訓練を奨励するために必要な、キャリア構造とやる気を引き起こす昇給の仕組みの欠如に対応するのには不十分である」と指摘した（United Voice, 2012, p 8）。

　先住民を対象としたサービスの多数は、基本的設備と資源の水準が低いため、当初は「国の質的枠組み」NQF から除外された。これらの多くはオーストラリアの遠隔地や非常に遠い地域にあり、NQF を満たすためには追加の時間と資源が必要となる。オーストラリア政府はこの作業に約 6000 万豪ドルを割り当て、これらのサービス事業者は 2014 年までに NQF が適用される予定である（Productivity Commission, 2011, p 363）。これらのサービス事業者の主な課題は、職員（特に先住民族の職員）を惹きつけ雇用を維持することである。

　「国の質的枠組み」NQF、そして総体としての「国家乳幼児期改革行動計画」National Early Childhood Reform Agenda は、全体としての**システムの質**ではなく**個々の**サービスの質を高めることに重点をおいているという特徴がある（Myers, 2006）。この「規制を通しての質」（quality-through-regulation）というアプローチは、新しい基準を満たし、提供する教育と保育の質を向上させる方法を探す責任は、実際には、サービス事業者にあるということを意味する。必然的に、これを行うサービス事業者の能力は、彼らが保護者に課すことができる保育料を含む資源に依存するだろう。したがって、政府が質の向上に必要なコストに実質的に寄与しない限り、社会的に不利な子どもたちが最善のプログラムにアクセスすることは難しくなるだろう。システム全体の質に焦点を当てたアプローチであれば、必要な資金を確保することで、質の基準を維持し、保育・幼児教育の保育者や教員に適切な賃金を支払うことができるだろう。

　社会的に不利な子どもたちの質の高い保育・幼児教育への参加に関するさらなる課題は、規制が一致していないことである。「国の質的枠組み」NQF は全国統一の質基準を設定することを意図しているにもかかわらず、

第 8 章　オーストラリア

表 8.6　オーストラリア：国の質基準（NQS）の比率とこれらが発効する年、発効以前の比率、Early Childhood Australia[訳注4] が推奨する比率

子どもの年齢	NQS の比率とこれらが発効する年	発効以前の比率	Early Childhood Australia が推奨する比率
誕生〜 12 か月	1:4（2012）	N/A	1:3
12 〜 24 か月	1:4（2012）	N/A	1:4
24 〜 35 か月	1:5（2016）	Vic=1:4	1:5
3 歳	1:11（2016）	NSW, SA, Tas, WA=1:10	1:8
4 歳以上	1:11（2016）	NSW, SA, Tas, WA=1:10	1:10

出典：Productivity Commission（2011）

8 つの州と特別地域では構造上の基準について合意に達しているとはいえない。また、「国の質基準」NQS が適用する管轄区域よりも、より厳格な職員と子どもの比率をすでに達成していた区域は、より高い基準を保持している。表 8.6 に示すように、新しい国の基準よりも厳格な州ベースの職員と子ども比率の（「例外としての」〈grandfathering〉）維持は、一部の州および特別地域が他の州よりも強固な規定を有することを意味する（Fenech et al, 2012）。

　もう 1 つの矛盾は、大学の資格を持つ教員の雇用に関する規制は、サービス事業者の規模によって異なるということである。少なくとも 1 人の乳幼児期教員を雇用するという要件は、25 人以上の子どもが在籍する認可された施設のみ適用される。25 人未満の子どもが在籍する認可された施設では、開設時間の 20％の時間帯でのみ、乳幼児期教員が必要とされているだけである。さらに、教員の要件は、過去の規制を反映し維持さ

訳注4　Early Childhood Australia（ECA）は、1938 年にオーストラリアで設立された非営利組織（NPO）である。幼児とその家族の最善の利益のために活動する権利擁護団体であり、保育・幼児教育に関する政策立案への参画および政策提言、保育・幼児教育専門職の倫理綱領の開発、幼児とその家族のニーズの発見・理解促進などを行っている。

れた基準のために、州や特別地域によって異なる。例えば、ニューサウ
スウェールズ州では、先述のような「例外としての」規定のために、40
〜 59 人の子どもが在籍する認可された施設には 2 人の教員、60 〜 79 人
の子どもには 3 人の教員、80 以上の子どもには 4 人の教員が必要である。
大学の資格を持つ教員の存在によって乳幼児期の学びのためのプログラム
の質を高めることができるという点を考えると（Siraj-Blatchford and Manni,
2007）、子どもたちが質の高い施設にアクセスできるかどうかは、少なく
とも一定期間は、彼らが住んでいる場所と彼らが通っているサービス施設
における資格者の規定数などに依存してしまうことは非常に問題である。

　先に述べたように、2014 年までに、保育・幼児教育施設の職員の少な
くとも 50％は、職業学位または、より高い水準の資格を取得するように
積極的に取り組むことが求められる。残りの職員は、職業資格Ⅲレベル保
育・幼児教育資格の保持またはそれに向けて積極的に取り組むことが求め
られる。これらの要件はいくつかの州で大幅な改善を示しているが、すべ
ての職員が最低限の資格を有するという全体に及ぶ要件よりも、中核とな
る大学の資格を有する職員を雇用したほうがより効果的であることが示唆
されている（Siraj-Blatchford and Manni, 2007; French et al, 2010）。上記の教
員に関する要件を考えると、社会的に不利な家族の子どもたちの質の高い
保育・幼児教育サービスへのアクセスは、実際には政府の方針よりも個々
の施設の実践によって効果的にサポートされる可能性がある。

　保育給付金 CCB へのアクセスを規定する規則は、低所得者や社会的に
不利な子どもたちの質の高い保育・幼児教育サービスへのアクセスを制限
しているかもしれない。先に述べたように、家族は連邦政府によって「認
可」されたサービスを利用する場合のみに CCB にアクセスすることがで
きる（これは質の基準を満たすことと同じではない）。州が資金を提供してい
るプリスクールは、質の基準を満たしているかもしれないが、それらの
限られた開設時間のために CCB がいうところの連邦政府による認可を受
けることはほとんどない。連邦政府の視点からすれば、これは、州政府が
財政的責任を果たせるようにサポートする義務から逃れるための方法であ

る。しかし、プリスクールの費用が高いニューサウスウェールズ州などの州では、CCBへのアクセス不足は多大な困難を招き、普遍的アクセスという目標を邪魔している。他の管轄区域では、施設型保育に通っている子どもの親は、補助されない実質的な保育料のための支出額の高さに直面しているが、一方でプリスクールを利用している家庭では、保育料を一切支払う必要がない場合があるということは注目すべきである（Productivity Commission, 2011, p xxxxvii）。

　経営や予算のあり方、ガバナンスはあまり調査されることはないが、社会的に不利な子どもたちの質の高い保育・幼児教育へのアクセスを決定するうえで潜在的に重要な要素である。最近のオーストラリアの研究では、3つの尺度で持続的に質の高い評価を受けている6つの施設型保育所に寄与する要因を調査したところ、平均的に、施設の予算のほぼ85％が、中核的な教員の雇用を含め、人員配置に配分されていることが明らかになっている。6つの施設はすべて非営利団体だった。オーストラリアの施設型保育所の少なくとも3分の2が民間の営利ベースで運営されている（DEEWR, 2010）ことを考慮すると、営利・非営利の状況と質との関係性にはさらなる調査が必要である。

統合サービス

　オーストラリアの「国家乳幼児期改革行動計画」National Early Childhood Reform Agenda に沿って、オーストラリア政府は、統合されたサービス提供の戦略を通じ、社会的に不利な家族に対する保育・幼児教育へのアクセスを促進することに尽力してきた。統合的なサービスは、教育、保健、福祉サービスの混合からなり、その構成のあり方は、特定の対象地域のニーズおよび行政の運営体制によって異なっている。

　健康と教育の成果が、そうではない子どもよりもかなり低い先住民の子どものために、連邦政府評議会（COAG）の先住民の国家乳幼児期発達パートナーシップ（National Partnership for Indigenous Early Childhood Development）（「格差是正」への取り組み〈'Closing the Gap' initiative〉とも呼

ばれている）では、2014 年中頃までに、23 の農村部と遠隔地、15 の都市部の先住民族の家族を対象とした――それに限定されないが――38 の統合センターまたは子ども家庭センター（child and family centre）を設立することが含まれている。これには 6 年間で 2 億 9260 万豪ドルの連邦政府資金が必要となる。これと同様に、特定のグループの子どもたちのために 38 の統合された乳幼児期学習・保育サービスが設立された。これらのうちの 6 つは、自閉症スペクトラム障害の子どものためのものであり、32 は、かなり社会的な不利な地域に住む家族のためのものである（Productivity Commission, 2011）。これらの統合サービスの質の体系的評価と社会的に不利な家族の利用率の評価が今後行われるだろう。

結論

　オーストラリア政府は、人材育成、労働力への参加、社会的包摂^{ソーシャルインクルージョン}に関連した総合的な乳幼児期発達戦略の一環として、保育・幼児教育の質を向上させ、保育の費用負担を少なくし、アクセスを増やすために多くの積極的な取り組みを行ってきた。実質的に増加した投資と併せて、この改革は今後数十年間で実を結ぶはずである。4 歳までの子どものほぼ 40％が、現在、規制されている公^{フォーマル}的な保育・幼児教育に参加しており、すべての子どもが少なくとも 1 年間のプリスクールにアクセスできるようにするという目標の達成に向け、着実に進歩している。「乳幼児期の学習枠組み」EYLF と全国的に一貫した規制基準は現在、ほとんどのプリスクールおよび保育サービスに適用されている。

　これらの進展にもかかわらず、オーストラリアの「国家乳幼児期改革行動計画」National Early Childhood Reform Agenda の長期的な有効性と持続可能性はまだ保証されていない。特に懸念することは、保育料に過度の圧力をかけることなく、より高いレベルの職員の基準を満たすために必要となる追加の資金を政府が投入していないことである。保育・幼児教育部門に普及している比較的均一な賃金（flat-wage）構造であっても、より高度に熟練した資格のある労働者を雇用するにはさらに相当な費用がかか

る。大部分の保育・幼児教育の職員は十分な給与が支給されていないことがすでに広く知られている。政府がより質の高い労働力のための追加費用を賄わない場合、サービス事業者は保育料を引き上げたり、他の費用を削減する必要がある。これによって、低所得家庭の子ども、つまり質の高い保育・幼児教育から最も利益を得ることができる子どもたちが、費用の問題で制度から排除される可能性がある。一部の民間営利事業者は、質に関する行動計画は彼らにとって過度に負担となり、親にとっても費用面で負担になると主張している（Karvelas, 2012b）。彼らは市場の「過度の規制」や干渉について懸念を表明している自由党との結びつきをめざしてきた。

　オーストラリアの保育・幼児教育システムのもう1つの問題は、カリキュラム、保育の質のランクづけ評定および基準が統合された上部構造において、連邦政府と州政府の間、教育と保育の間、そして労働力問題と保育・幼児教育制度の子ども中心の目標の間——に大きな違いと緊迫関係（テンション）が残っていることである。これらは、プリスクールに関連する供給側への資金の支払いモデルと、連邦政府の保育へのアプローチを特徴づける需要側への支払いの市場モデルとの間の対比において明らかである。教育と保育の施設の間で、賃金と労働条件の違いは、まだまだ執拗に残っている。

　すべての子どもが15時間のプリスクールにアクセスできるようにするという目標は、オーストラリアにとって大きな前進であるが、前記のように「普遍的アクセス」は政治的な願いであり、権利保障ではない。いずれにしても、4歳児のための週15時間のプリスクールは、他の国の権利保障やサービスの保証と比較して、非常に控えめな目標である。多くの先住民固有のサービスは、少なくとも2014年まで新しい質に関する行動計画の枠外にあり、少なくとも主流施設に対して行われているランクづけや方法によって測定された場合、適切な水準の質に達することができるかどうかは不明である。オーストラリアでは、就学前1年の年齢の子ども以外の年齢層に対するアクセスは目標とされておらず、親がどのように出産休暇または育児休暇から職場復帰への移行を行うと予想されるかについての明確なビジョンはない。

総じて、オーストラリアの保育・幼児教育におけるこれらの格差や不作為は、政府の投資と民間事業者や家庭の責任の間のバランスについて、政治的および政策的レベルで根源的な不確実性があることを示唆している。また、子どもの発達と学びの促進、成人の労働力への参加に対する支援、男女平等の促進などを含む、保育・幼児教育制度における（時にはそれぞれに競合する）目標に対して重点をおくことが明確ではないことを示唆している。

●注
1　「施設型保育」は、オーストラリアで保育所や託児所に使用される用語である。
2　後述するように、多くの先住民固有のサービスは、少なくとも最初は新しい質に関する行動計画から除外されていた。
3　両方の用語がオーストラリアで使用されている。ここでは、それらを同じ意味で使用している。
4　オーストラリアは、国家政府同様に、6つの州と2つの特別地域を持つ連合である。この章では随時「州（State）」という用語を使用し、下位国家の管轄区域の両方のタイプをカバーする。
5　ビクトリア州では、地方政府も重要な役割を果たしている。
6　家庭的保育は、保育提供者が自らの自宅で保育と発達活動を提供することを含む。その体制は中央調整局（central coordination units）によって管理されサポートされる。
7　訪問型保育プログラムでは、保育をする者が子どもの自宅で雇用されるようになっている。訪問型保育のサポートは限られており、オーストラリアの遠隔地に住んでいる家族、学齢期前の3歳以上の子どもがいる家族、子どもまたは親が障害を持っている家族のような、特定の種類の家族のみが利用できる。
8　2011年にオーストラリアで全国有給育休制度（national paid parental scheme）が導入された。最低賃金で18週間の休暇を提供し、配偶者が休暇をとる場合には、さらに2週間の休暇を提供する。オーストラリアのほとんどの親は、1年間の無給の育児休暇を取得する権利がある。
9　最も重要な例外は、主にATSIの子どもとその家族を対象とする269件の予算ベースのサービスである。

●文献
ABS (Australian Bureau of Statistics) (2008) *Social Trends, Cat No 4102.0*, Canberra: ABS.

第 8 章　オーストラリア

ABS (2009) *Social Trends*, Cat No 4102.0, Canberra: ABS.

ABS (2011) *Childhood Education and Care*, Cat No 4402.0.55.003, Canberra: ABS.

ABS (2012a) *Childhood Education and Care, Australia, June 2011, Cat No 4402.2*, Camberra: ABS.

ABS (2012b) *Experimental Estimates of Preschool Education, Australia, 2011, Cat No 4240.0*, Canberra: ABS.

ACECQA (Australian Children's Education and Care Quality Authority) (2012) *ACECQA Strategic Plan 2012–2016*, Sydney: ACECQA.

AIHW (2012) *A Picture of Australia's Children, Cat. no. PHE 167*, Canberra: AIHW.

Brennan, D. (1998) *The Politics of Australian Child Care: Philanthropy to Feminism*, Cambridge: Cambridge University Press.

Brennan, D. (2007a) 'Babies, budgets and birthrates: Work/family policy in Australia 1996–2006', *Social Politics: International Studies in Gender, State and Society*, vol 14, no 1, pp 31–57.

Brennan, D. (2007b) 'The ABC of child care politics', *Australian Journal of Social Issues*, vol 42, no 2, pp 213–25.

Brennan, D. (2010) 'Federalism, feminism and multilevel governance', in M. Haussman, M. Sawer and J. Vickers (eds) Federalism, *Feminism and Multilevel Governance*, Farhmah: Ashgate, pp 37–50.

COAG (Council of Australian Governments) (2009a) *Investing in the Early Years: A National Childhood Development Strategy, July* (http://acecqa.gov.au/storage/national_ECD_strategy.pdf).

COAG (2009b) *National Partnership Agreement on the National Quality Agenda for Early Childhood Education and Care* (www.eduweb.vic.gov.au/edulibrary/public/earlychildhood/nqf/nationalpartnershipagreementnqa.pdf).

COAG (2009c) *Belonging, Being and Becoming: The Early Years Learning Framework for Australia* (www.deewr.gov.au/EarlyChildhood/Policy_Agenda/Quality/Documents/Final%20EYLF%20Framework%20Report%20-%20WEB.pdf).

COAG (2009d) *National Partnership Agreement on Early Childhood Education*, Canberra: COAG (www.federalfinancialrelations.gov.au/content/npa/education/early_childhood/national_partnership.pdf).

COAG (2009e) *National Indigenous Reform Agreement (Closing the Gap)*, Canberra: COAG (www.federalfinancialrelations.gov.au/content/npa/health_indigenous/indigenous-reform/national-agreement_sept_12.pdf).

DEEWR (Department of Education Employment and Workplace Relations) (2010) *State of Child Care in Australia*, Canberra: Office of Early Childhood Education and Child Care.

DEEWR (2012a) *Annual Report 2011–2012*, Canberra: DEEWR.

DEEWR (2012b) *Child Care Update*, Canberra: DEEWR.

DHS (Department of Human Services) (2012) *Budget 2012–13: Jobs, Education and*

247

Training Child Care Fee Assistance Program, Canberra: DHS.

Ellis, K. (2009) 'Ministerial Statement – The future of ABC learning', 15 September.

Farouque, F. (2006) 'The other Eddy everywhere', The Age, 8 April.

Fenech, M., Giugni, M. and Bown, K. (2012) 'A critical analysis of the National Quality Framework: Mobilising for a vision for children beyond minimum standards', *Australasian Journal of Early Childhood*. vol 37, no 4, pp 5–14.

Fenech, M., Harrison, L., Press, F. and Sumsion, J. (2010) *Contributors to Quality Long Day Care: Findings from Six Case Study Centres*, Bathurst: Charles Sturt University.

Karvelas, P. (2012a) 'Widening gap "a reason" to raise child care cap', *The Australian*, 23 May.

Karvelas, P. (2012b) 'Costly baby rooms go out with the bathwater', *The Australian*, 18 December.

Myers, R.G. (2006) *Quality in Program of Early Childhood Care and Education* (http://unesdoc.unesco.org/images/0014/001474/147473e.pdf).

Newberry, S. and Brennan, D. (2013) 'Economic and social policy tensions: Early childhood education and care in a marketised environment', *Accounting, Auditing and Accountability*, vol 29, no 3, pp 227–45.

Productivity Commission (2011) *Early Childhood Development Workforce, Research Report* (www.pc.gov.au/__data/assets/pdf_file/0003/113907/early-childhood-report.pdf).

Productivity Commission (2012) *Report on Government Services*, Canberra: Productivity Commission.

PWC (PriceWaterhouseCoopers) (2011) *A Practical Vision for Early Childhood Education and Care,* Melbourne: PWC.

Siraj-Blatchford, I. and Manni, L. (2007) *Effective Leadership in the Early Years Sector (ELEYS) Study*, London: Institute of Education, University of London.

SNAICC (2012) *Opening Doors Through partnerships: Practical approaches to developing genuine partnerships that address Aboriginal and Torres Strait Islander community needs*, Melbourne: SNAICC.

Spearritt, P. (1974) 'The kindergarten movement: tradition and change', in D. Edgar (ed) *Social Change in Australia: Readings in Sociology*, Melbourne: Cheshire, pp 583–96.

Sumsion, J. (2012) 'ABC Learning and Australian early childhood education and care: a retrospective audit of a radical experiment', in E. Lloyd and H. Penn (eds) *Childcare Markets: Can They Deliver an Equitable Service?*, Bristol: Policy Press.

Sylva, K., Melhuish, E.C., Sammons, P., Siraj-Blatchford, I. and Taggart, B. (2004) *The Effective Provision of Pre-school Education (EPPE) Project: Technical Paper 12 – The Final Report: Effective Pre-school education*, London: Department for Education and Skills, Institute of Education, University of London.

Tarrant, L. (2008) 'Taking big steps in child care', *Every Child*, vol 14, no 3, p 3.

United Voice (2012) 'Professional wages proposal for early childhood education and care', United Voice 2013 ECC Federal Budget Submission.

第9章 アメリカ

低所得の子どもに対する質の高い幼児教育と
保育の提供

キャサリン・マグナソン Katherine Magnuson
ジェーン・ウォルドフォーゲル Jane Waldfogel

はじめに

　保育・幼児教育の研究者と政策立案者は、アクセス、保育の質、費用負担の少なさを向上させる、という目標間のつながり、そして葛藤を示すものとして「保育のトライアングル」（childcare triangle）という隠喩を使用してきた。矛盾するこれらの目標の間にある葛藤が、今日ほど深刻な時代はない。就労する母親を持つ子どもの割合の高さは、保育サービスへのアクセスの拡充を社会政策において不可欠なものとしている（Fox et al, 2012）。しかし同時に、子どものウェルビーイングのために保育の質が非常に重要であることも今まで以上に認識されており（Shonkoff and Phillips, 2000）、そのことは、保育の質に配慮することなくサービスへのアクセスを拡大するだけでは不十分であるのみならず、非生産的であることも認識されている。とはいえ、近年の景気後退の影響のため、州と連邦政府の両方で予算の確保が非常に厳しく、アクセスの拡大と質の向上はともにコストのかかるものとなっている。

この状況を踏まえ、本章ではアメリカがいかに効果的に、そしてどのような仕組みを通じて、あらゆる背景を持つ子どもたちに対して質の高い保育・幼児教育へのアクセスを保障しようとしているかを問うていく。この章では、3つのタイプの政策、すなわち規制、補助金、直接的な公的支援について検討し、質が高く、かつすべての人にとってアクセスできる保育・幼児教育を保証するために、特に低所得世帯の子どもたちにおける保育へのアクセスや質、費用について、これらの仕組みがどのように機能するか（そして相互作用するか）を探究していく。

　用語：現在のアメリカの実践に沿って、「保育」（childcare）という語を、時に保育・幼児教育部門を構成するプログラムや配置の省略形として用いることがある。「プリスクール」（preschool）という語を、（小学校入学1、2年前の）3歳と4歳の子どもが利用する、学校、または施設型のケアを指すものとして用いることがある。

課題点

　アメリカでは、ほとんどの母親は、子どもが1歳を迎える最初の誕生日の前には仕事に復帰する（Han et al, 2008）。子どもたちは、5歳頃までは小学校には通っていない。[1] ゆえに、親たちが働いている場合、就学前の子どもたちは長い期間保育を必要とする状況になる。さらに多くの親たち（特に低所得者）は非典型、あるいは不規則な時間に働いていることから、より複雑な状況がもたらされている。しかし、保育・幼児教育は単なる仕事の支援にとどまらない——質の高いものであれば、発達上重要な役割を果たし得る。とりわけ、それらを自分たちでは賄うことができない低所得層の保護者の下で育つ子どもたちにとっては、質の高い教育と保育から非常に大きな便益を受ける。

　子どものウェルビーイングにおいて、質の高い保育・幼児教育が有する潜在的な効果に関する根拠は、いくつかの出典から示されている。第一に、小規模で質の高い保育プログラムに関する無作為対照実験が少数存在

する。これらの研究から得られたエビデンスは、質の高いプログラムの効果とは何であるかを示すうえで貴重なものであるが、今日アメリカで一般に利用可能な保育において、どの種類の保育が効果があるかについての知見の提供は少ない。第二に、さまざまな種類の保育と子どもの成果との関連性に関しては多くの観察研究が行われてきた。これらの研究は非常に有用な記述的知見を提供しているが、特定の種類の保育を利用する特定のタイプの子どもが研究対象であるというセレクション・バイアスのために、おそらく結果に偏りがある可能性がある。第三に、保育政策が子どものウェルビーイングに及ぼす影響についての研究がいくつかある。これらの研究は、将来の政策が持つ影響の可能性を示すうえで重要である。

　無作為割り当てによる、質の高い保育プログラムに関する研究（Karoly et al, 1998; Waldfogel, 2006a; Almond and Currie, 2011 のレビューを参照）は、質の高い保育は低年齢児であっても、強いプラスの効果をもたらす可能性があり、とりわけ経済的に不利な社会的背景を持つ子どもたちに大きな影響を与えると結論づけている。しかし前述のように、これらのプログラムは一般的に小規模であり、大規模なプログラムで提供されるものよりもはるかに高い質のものである。最近の連邦政府の最大の補償保育プログラムであるヘッドスタートは、3 ～ 5 歳の社会的不利を抱える子どもたち（小規模なアーリー・ヘッドスタートプログラムは社会的に不利を抱える 0 歳児から 2 歳児）にサービスを提供している。ヘッドスタートに関する無作為割り当てによる最近の評価研究では、子どもの健康と発達にいくつかのプラスの影響があることを示したが、これらの効果の大きさは一般に、モデルプログラムで見出されたものよりもはるかに小さかった。しかし、これら最近の研究の比較対象とされた条件は、以前の研究のものとは異なることに留意すべきである。以前の研究に比べ、コントロールグループの子どもたちは、質は多様であるにせよ、現在はより施設型の保育を経験する可能性が高く、母親はより高いレベルの教育を受けている、という 2 つの点はともに合致している（Duncan and Magnuson, 2013）。

　多くの観察研究では、保育の配置の特徴（特に質、種類、期間）が子ど

もの成果（アウトカム）に及ぼすさまざまな影響を推定している。前述のように、この
ような研究では、特定のタイプの保育・幼児教育にかかわる子どもが、無
作為なグループではなく、むしろプラスまたはマイナスの方向に偏った形
で対象として選択された可能性があるという事実により、混乱が生じて
いる。さらに、子どもがどのような保育を必要として、誰が保育を利用
しており、そして何が比較対象なのか（つまり、その保育を受けない状況に
おいてどのようなケアを受けたか）によって、そのタイプの保育の効果は異
なる場合がある。したがって、研究において幅のある推定が示されたこと
は驚くべきことではない。最も一貫している結果としては、学校または
施設型保育を利用することは、一般には小学校入学時にはより良い学業
成績と認知面での成果（アウトカム）と関連しているだけでなく、他方で多くの表面化
した行動上の問題とも関連しているということである（特に、保育が長時
間であったり質が低かったりする場合）（Waldfogel, 2006a のレビューを参照）。
一貫しているもう 1 つの知見は、プリスクールとプリキンダーガーデン
(prekindergarten)（訳注1）プログラムは、一般には、社会的に有利な子どもたちよ
りも不利な子どもたちにおいて、より大きな効果を生み出しているという
点である（例として Magnuson and Waldfogel, 2005 を参照）。

　保育・幼児教育に関する**質**の問題は、特に注目を集めている。人生の最
初の数年間は、驚くほど急速に発達を遂げ、子どもの日々の経験は、これ
らの発達過程において重要な役割を果たす。このように人生早期の経験の
重要性を踏まえて、研究者は保育・幼児教育の環境における質のあり方
を、基本的な健康に関する活動、そしてスタッフとの温かく応答的なやり
とり、そして学びのための豊かな機会を提供するかにおいて明らかにしよ
うとしている。

　質に関する多次元の概念モデルにおいては、ほとんどの測定手法に複数
の要素が関与していることは驚くにあたらない。保育・幼児教育の質を評

訳注 1　3 歳と 4 歳児を対象に提供されるアメリカにおける就学前教育。270 ～ 271 頁も参照
のこと。

価する方法は、一般的には2つある。第一は、プログラムの構造的側面、例えば子どもと教員の比率や教員養成のレベルを検討することである。構造の指標は測定しやすく、統制しやすい。これらの要素が日々の教室での経験を形成することで、子どもに対し間接的な影響を及ぼすことが推定されている（NICHD ECCRN, 2002）。2つ目の質に関する一連の指標としては、プロセスに関する指標、またはグローバルな質に関する指標が、子どもの日常的な経験とかかわりを直接的に説明するように設計されている。これらの指標は、通常は教室での子どもの観察、そして子どもの体験に関するいくつかの側面の評価を含む。プロセスの質に関する一般的な尺度としては、改訂版乳幼児期環境評価尺度 Early Childhood Environment Rating Scale-Revised（ECERS-R）がある。尺度には保育のスペースや家具の質、個別的保育の日課、言語と論理的思考にかかわる機会、活動、かかわり、プログラム構成、親／スタッフ、を測定する7つのサブスケールを含む43の項目が含まれている（Harms et al, 1998）。教室の質に関して最近作成され、頻繁に用いられている観察的尺度である教室アセスメントシステム Classroom Assessment Scoring System（CLASS）は、幼児教育の環境における、教師と子どものかかわりに完全に焦点をあてたものとなっている（Pianta et al, 2007）。

　アメリカにおいては、保育の質に関するデータは限られている。しかし、最近の全国の研究データによれば、これらのグローバルな保育の尺度によって評価された、保育のほんの一部（一般には10～12%）のみが質が高いとされたものとなっており、大部分の保育の質は中程度である（Ruzek et al, 2012）。教員の教育レベルや賃金など、質の構造的指標に関するデータは、これらが過去20年間で改善されたことを示している。ダフナ・バソックら Daphna Bassok et al.（2012）の調査によれば、保育・幼児教育の労働市場は依然として「低い教育レベル、低賃金で職員の回転率が高い」ものとして特徴づけられてきたが、1990年代初めから職員の教育レベルと所得は高まっており、職員の回転率は減少している。全体として、少なくとも部分的であっても大学教育を受けた保育・幼児教育関連従事者の割

合は、2009年には1990年の46％から約62％に増加した。平均賃金は同期間に8.80米ドルから11.70米ドルに上昇した。

　一般的に、質の構造に関する側面、そしてプロセスに関する側面の両方が、子どもの学校への準備（レディネス）の状況を予測するが、その相関は大きくはない。より社会的に有利な子どもは、より質の高い保育を経験している可能性が高いため、最も説得力のある研究では、これらの保育の選択プロセスを考慮に入れた分析戦略を用いている。例えば、国立小児保健・人間発達研究所とダンカン（NICHD ECCRN and Duncan, 2003）は、厳密な方法を用いることで、観察による保育の質と保育提供者の教育レベルが、子どもの認知力における成果（アウトカム）を予測することを見出した（NICHD ECCRN and Duncan, 2003）。加えて、プロセスの質における特定の次元間の組み合わせは、それらが予測する成果（アウトカム）とよりつながりを持つ場合、さらに予測可能となることを示している。例えば、プロセスの質の度合いにおいて、その施設が豊かな言語環境であるかどうかという指標は、それ以外の成果（アウトカム）以上に、より子どもの言語面での成果（アウトカム）を予測するし、その指標は、全体的な質の指標以上に言語面の成果（アウトカム）を予想することができる（Burchinal et al, 2011）。

　さらに、近年における質の構造測定の重要性に関するエビデンスは、子どもの成果（アウトカム）との関連が一般に評価されている以上に、一層限定的であるかもしれないことを示唆している。ある研究は、教員資格のレベルがプログラムの質と相関していることを見出している（Tout et al, 2005）が、一方で教員の資格固有の影響を特定する試みからは、その相関は頑健なものとはいえないかもしれないことが示唆される。例えば、プリキンダーガーデンやヘッドスタートを含む、施設型幼児プログラムについてのアーリーら（Early et al, 2007）の研究では、保育提供者の教育レベルとプログラムの質や子どもの成果（アウトカム）との間には一貫した関連性はみられないことが明らかになった。研究者たちは、資格が子どもの習得状況を一貫して予測するわけではないという事実イコール保育提供者のスキルが重要ではないという論を示すことについては慎重である。検討されたプログラムはすべてヘッ

254

ドスタートや就学前プログラムを含む、成果における基準と目標を持つ構造化された幼児期学習プログラムであり、あまり構造化されていない環境や、より規制の緩やかな状況では保育提供者の教育レベルはより予測的なものとなるだろうとする（Raikes et al, 2005）。アメリカのある研究レビューは、大人と子どもの比率は、保育・幼児教育の環境においては子どもの成果に関連する最も一貫した特性であることを見出した（Burchinal, 2012）。この知見は、アメリカ全体において大人と子どもの人数比は多様であるという事実を反映している可能性がある（例えば、3人または4人の歩き始めの子どもの保育に対し1人の職員が必要であるとする州があれば、1人の職員が8人または12人の歩き始めの子どもを担当することを許可している州もある〈Hotz and Xiao, 2011〉）。政策立案者や実践者の間では、リーダーシップとマネジメントに関する問題が重要であり、とりわけ良いマネジメントが欠如する場合、良いプログラムを作るのは難しいと捉えられている（Smith, 2012）。

　保育・幼児教育政策の子どもの成果への影響に関する研究は稀少であり、因果関係を特定することはしばしば困難である。計量経済学的手法を用いたアメリカでの最近のいくつかの研究では、保育に関する補助金が子どもの発達に及ぼす影響を調べ、負の相関関係があることを明らかにしている（Herbst and Tekin, 2010a, 2010b）。これらの結果は、ケベック州における普遍的な、1日につき5カナダドルの保育補助金プログラムの導入に関する一連の子どもおよび家族の成果に対する影響を分析したカナダの調査（Baker et al, 2008）結果と同様のものであり、カナダの研究では5歳未満の子どもの社会的、情緒的および健康的成果に対する有意な負の相関関係を示している。しかし、他のアメリカの研究では子どもの成果における保育への補助金の影響は正の関係でも負の関係でもないことが明らかになっている（Johnson et al, 2013; Washbrook et al, 2011）。知見における矛盾を説明し、このような異なる結果が分析的前提条件の違いなのか、または研究の特性によるものなのかを明らかにするためには、さらに多くの研究が求められる。

最近の国際的な研究は、保育・幼児教育政策の効果は、それらの政策の設計と支援を利用する人々両方によるものである可能性が高いことを示している。例えば、ノルウェーの研究では、調査参加者の長期的成果（アウトカム）について、保育の補助金受給者全般において効果があることを明らかにしており（Havnes and Mogstad, 2011）、また、所得分布の最下位および中間に位置する人々にとっては、効果はさらに大きいものであることを示している（Havnes and Mogstad, 2012）。

政策の枠組み

　保育・幼児教育の分野における連邦および州の政策関与に関する状況は、ここ数十年にわたってかなり変化してきた。しかしながら、一貫しているのはアメリカが民間の市場に大きく依存していることである（Kamerman and Waldfogel, 2005）。それゆえに、保育の補助金の公的予算と幼児教育の公的な供給は過去20年間で拡大されたが、他の諸国の保育・幼児教育に対する公的支援の水準と比較すると、依然としてかなり限られている（Gornick and Meyers, 2003; Waldfogel, 2006b; OECD, 2012; Ruhm, 2012）。

　両親が共働きで中間所得層の家族は、連邦政府の子どもおよび家族に対する扶養控除を受けるとともに、多くの州において州の補助的な保育についての税控除という形で支援を受ける（Donahue and Campbell, 2002; Smolensky and Gootman, 2003）。

　低所得層の家族は、大体はこれらの税控除の恩恵（ベネフィット）を受けない（たいてい還付もほぼない）が、保育補助金（連邦と州の両方の財源による補助）またはヘッドスタート（連邦政府の資金による障害のある子どもや低所得家庭の子ども向けの公的プログラム）の対象となる。しかし、保育への補助金もヘッドスタートも、対象となるすべての子どもが利用できるわけではないという点では、彼らの権利保障がなされているわけではない（代わりに、対象となる子どもの数にかかわらず決められた量の枠が提供されている）。保育の補助金は、1990年代の福祉改革の間に大幅に拡大されたものの、対象となる家族の3分の1未満にしか利用されていない（Johnson, 2010）。が、

第 9 章　アメリカ

そのような利用比率の低さは、ヘッドスタートなど、他の公的資金を受けた保育プログラムをそうした家族が利用しているゆえであると説明できる（推定では、資格のある子どもがいる家族のうち、わずか20％しか援助を受けていないことが示されている；Johnson, 2010 を参照）。1990 年代に大きく拡大したヘッドスタートの財源は近年停滞しており、子どもの貧困の増加とともに、対象となる 3 歳と 4 歳の子どもの約半数にしかいき届いていない状況にある（Gibbs et al, 2011）（非常に小規模なプログラムである、アーリー・ヘッドスタートは、対象となる 3 歳未満の子どもの 5％未満にしか行き届いていない）。

　新しいタイプの公的支援として、地元の公立学校によって資金提供と管理を受け、当該施設または他の協力機関にて提供される、無償のプリキンダーガーデンプログラムがある。プリキンダーガーデンプログラムは州の個別の教育基準に沿う必要があり、（小学校で教える者のような）より高いレベルの資格である教員の雇用と学習基準を満たしているという傾向にある。主に州とコミュニティから直接資金の提供を受けたこれらのプログラムは、1990 年代から 2000 年代初めにかけて拡大し、しばしば短時間^{パートタイム}でのプログラムではあるものの、4 歳児の約 28％にプログラムを提供するに至っている（Barnett et al, 2011）。ほんの一握りの州では、参加に制限がないという点で普遍的なものとなっているが、これらの州においてもヘッドスタートなど他の既存のプログラムにとって代わることを目的とはしていない。他州においても、特定の地域では普遍的な支援の提供となっているか、あるいは社会的に不利な子どもを選別的に対象としている。プリキンダーガーデンプログラムは、最近の景気後退の影響に対して州政府が引き続き対処している現状においては、限られた予算の問題に直面しており、これらのプログラムへの支出はインフレ調整後の額としては減少している（Barnett et al, 2011）。

　州はまた、保育・幼児教育に対する資金提供に加えて規制を行い、また家族に情報を提供する役割を担っている。州は、保育の質におけるさまざまな側面に関する規制を行っている。例えば、州は職員の教育資格の最低

基準を設定し、職員と子どもの比率や専門的な研修機会の設定を行い、かつ子どもの環境の安全性に関連する、消火器の設置やその他の基準の設定などの安全環境づくりを義務づけている。しかし、そのような規制の厳格さ、そしてどの規制が施行されるかについての厳密性は州ごとに異なる。

　保育・幼児教育の分野における、雇用主による関与は比較的稀であり、雇用主の約15％のみが保育に関する支援を提供しており、この支援は他の従業員に対する給付と同様に、低所得者よりも高所得労働者に提供される傾向がある（Waldfogel, 2007, 2009）。雇用主によって提供される支援の多くは、被雇用者が税引前に保育料を支払うことを可能にするといった形のプログラム、または情報の提供や紹介を行うプログラムである。保育・幼児教育の直接提供、あるいは保育・幼児教育への支払いに関する支援は稀である（Waldfogel, 2007, 2009）。

　学校または施設型保育を利用していない子どもは、親たちと一緒に、または私的な保育によって在宅生活を過ごす。推定では、親以外から保育を受ける6歳未満の子ども50％以上が、親戚、ベビーシッター、または子守り（nanny）による当該の子どもの家やそれ以外の家庭での保育、または家庭的保育（family childcare）を受けている（Iruka and Carver, 2005）。多くの親は、特に低年齢の子どもにおいては低コストで個別的、そして家族的な環境で柔軟であるという点から、私的な保育を好む。しかし、子どもたちが就学年齢に近づくにつれて、多くは学校または施設型保育に移行する。親以外による保育を経験している乳児のうち、施設型保育を受けているのは28％のみだが、親以外による保育を経験している3〜5歳の子どもの場合、この割合はほぼ78％に増加する（Iruka and Carver, 2005）。学校が正式に始まる前の1年または2年、施設型の幼児教育プログラムに参加することが、低所得の子どもの学校への準備を改善することが明らかになっていることを考えると、子どもがそのような経験をしない場合、子どもが学ぶ能力を構築するための大切な機会を失うことになるのではないかという懸念を政策立案者や実践者は抱く。幼児教育プログラムへの参加の格差に対する対応の取り組みとしては、保育補助金の他、

第 9 章　アメリカ

ヘッドスタートやプリキンダーガーデンプログラムなどがある。

低所得者家庭におけるアクセス、保育の質、費用負担の少なさ

　雇用者の非常に小さな役割と、民間市場への依存度が高く、保育・幼児教育の費用を補うために利用できる公的資金が限られていることを考えると、「保育のトライアングル」の 3 つの側面すべてにおいて、低所得家庭の場合、そうでない家庭に比べ悪い状況にあることは、驚くには値しない。

アクセス

　先進国ではますます、就学前 1 ～ 2 年間の子どもは学校や施設型の「プリスクール」プログラムに在籍するようになっており、多くの場合このプリスクールは公的に提供されている（OECD, 2012）。しかし、これはアメリカには当てはまらない。3 歳と 4 歳の間のプリスクールへの在籍は普遍的ではなく、低所得の子どもは豊かな子どもよりも（プリスクールに）在籍していないことが一貫して示されている（Bainbridge et al, 2005 を参照）。

　最近の研究（Magnuson and Waldfogel, 2012）では、10 月の人口動態調査 Current Population Survey の代表データを用いて、所得に基づき家族を 5 グループに分け、1968 ～ 2010 年の 3 歳と 4 歳の子どもの在籍率の動向について追跡調査が行われた。3 歳と 4 歳の子どものプリスクールの在籍率は、すべての所得層において時間の経過とともに増加していったが、在籍率は中間所得者と低所得層よりも、上位 2 グループの所得層で一貫して高いことがわかった（図 9.1 ～ 9.3）（所得が最も低い層の在籍率が、2 番目に低い層や中間層よりも一貫して低いわけではないのは、保育の補助金やヘッドスタート、プリキンダーガーデンによる支援へのアクセスが、最も低い層ではより多いことを反映している）。

　この点に公共政策が役割を果たすのは、明らかである。以前の研究では、1960 年代と 1970 年代に 5 歳児の幼稚園（kindergarten）プログラムが拡大するにつれて、その年齢児における在籍率の所得に関連した格差が

259

図 9.1　アメリカ：家計所得の五層区分に基づくプリスクールの在籍児童数の割合

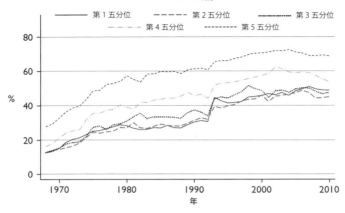

注：10月の人口動態調査（Current Population Survey）のデータにて示された3年間の移動平均線。

図 9.2　アメリカ：家計所得の五層区分に基づくプリスクールの在籍児童数の割合

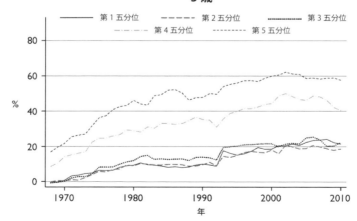

注：10月の人口動態調査（Current Population Survey）のデータにて示された3年間の移動平均線。

図9.3 アメリカ：家計所得の五層区分に基づくプリスクールの在籍児童数の割合

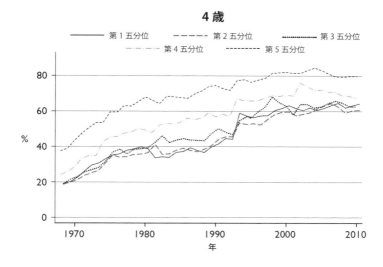

注：10月の人口動態調査（Current Population Survey）のデータにて示された3年間の移動平均線。

なくなったことがわかった（Bainbridge et al, 2005）。3歳と4歳児の動向についての分析では、保育補助金、ヘッドスタート、またはプリキンダーガーデンプログラムへの支援がより豊富であった時代は、より多くの低所得者層の子どもたちが利用していたことがわかる（Magnuson et al, 2007; Magnuson and Waldfogel, 2012）。

ヒスパニック系の子どもや移民の子どもたちも、家庭の所得が低い傾向にあるため、プリスクールへの在籍率が他の子どもたちよりも低いが、それとは対照的に、アフリカ系アメリカ人の子どもたちは学校または施設型の保育への在籍率において、どちらかといえば比較可能な白人の子どもの状況に相当している可能性が高い（Meyers et al, 2004; Magnuson and Waldfogel, 2005; Magnuson et al, 2006）。

私たちは、3歳未満の子どもたちの保育・幼児教育へのアクセスの差についてはあまり把握していない。しかし、実在する分析は、この年齢

層の子どもたちにも格差が存在することを指摘している。例えばグリーンバーグ Greenberg（2011）は、1995 ～ 2005 年における全国家庭教育調査 Household Education Survey の 0 歳児から 2 歳児における 4 つの時期のデータ分析を行い、より高いレベルの教育を受けた母親のほうが、親以外による保育をより多く利用していたことを明らかにしており（学歴が高校未満の母親はわずか 35％だったのに対し、大学教育を受けた母親は 60％であった）、また、学校または施設型の保育をより利用していた（大学卒の母親は学校・施設型の保育利用が 21％であるのに対し、高等未満の学歴の母親はわずか 7％の利用にすぎなかった）。また、年長の子どもも同様であり、親の教育レベルやその他の属性による違いも不変であり、低所得であることとヒスパニック系であることは、学校または施設型の保育の在籍率の低さと相関関係があり、その一方でアフリカ系アメリカ人の場合、学校または施設型の保育の在籍率はより高かった（Greenberg, 2011）。

保育の質

　低所得層の子どもたちはおしなべて、他の子どもに比較してさらに質が低い保育・幼児教育を利用している（Waldfogel, 2006a）。保育・幼児教育の質、特にプロセスの質に関する国の一連の情報を追跡することは滅多にない。現存しているデータは、貧困な子どもはより質の低い保育の利用に偏っている可能性が高いことを示唆している。例えばルゼクと同僚ら（Ruzek et al, 2011）は「幼児縦断 - 出生コホート研究」Early Childhood Longitudinal Study-Birth Cohort（ECLS-B）において、2 歳児（24 か月児）の場合、（経済的に）豊かな子どもたちがプロセスの質に関する全体的な尺度において質の低い保育を利用する割合はわずか 16％であった一方、貧困な子どもの 43％は質が低いと示された保育・幼児教育を経験することを明らかにした（Ruzek et al, 2011）。対極にある数値として、貧困状況にない子どもが質の高い保育・幼児教育を経験している割合は 15％であるのに比較して、貧困な子どものうち質の高い保育・幼児教育を利用していたのはわずか 9％のみであった（Ruzek et al, 2011）。こうした相違は、他

第9章　アメリカ

の形態のプログラムにおいてもみられる。例えばいくつかの研究は、より多くの低所得家庭の子どもを対象としているプリキンダーガーデンプログラムは、質がより低い可能性が高いことを報告している（LoCasale-Couch et al, 2007）。

費用負担の少なさ

　最後に、低所得の家庭は私的（インフォーマル）で質の低い保育を利用する可能性が高いが、保育の費用の支払いにおいては、経済的に豊かな家族より家庭の所得に占める保育・幼児教育への支払い額の割合は高い（Meyers et al, 2004; Rosenbaum and Ruhm, 2007）。加えて、シングルマザーの家庭における支払額が所得に占める割合は、夫婦世帯よりも高い傾向にある（Rosenbaum and Ruhm, 2007）。

　学校への準備（レディネス）を向上させるという点で最良の準備を提供すると考えられる、学校または施設型の保育・幼児教育プログラムは、一般には低所得家庭には手が届かないものとなっている。学校または施設型の保育・幼児教育を利用している乳児における平均費用（9520米ドル）は、貧困ラインの3人家族の所得（1万8530米ドル）のおおよそ半分であり、4歳の子どもにおける、学校または施設型の保育・幼児教育の平均費用（7705米ドル）は貧困ラインの所得の約40％を占めている（Child Care Aware of America, 2012）。貧困ラインの2倍の所得（3万7060米ドル）を得ている家庭でさえ、平均して所得の4分の1（乳児の場合）、あるいは5分の1（4歳児）の費用を捻出するのは困難を伴うだろう（Child Care Aware of America, 2012）。さらに、これらのコストは1人の子どもの料金を示しているため、子どもが2人以上いる家庭の費用はもっと高くなる。

　補助金を受けたり、ヘッドスタートやプリキンダーガーデンプログラムへのアクセスがあったりする家庭ではそれほど費用はかからないが、すべての低所得家庭が補助金を受けている保育・幼児教育を利用しているわけではないことを思い起こしてほしい。さらにある研究では、補助金の受給においてはかなりの不安定性が認められ、受給期間は平均約6か

263

月であり、そしてかなりの子どもは補助金の受領期間を複数回経験していた（Meyers et al, 2002; Ha, 2009）。このような不安定な補助金の実情は、子どもに対する保育の提供者が不安定となることにも結びついている（Ha et al, 2012）。

アクセス、保育の質、費用負担の少なさを向上させるための取り組み：連邦政府レベル

　連邦レベルにおける保育政策は、保健福祉省が行っている（ただし、オバマ政権時代に教育省との連携体制が構築された）。連邦政府が利用できる主要な政策手段は、保育の補助金／税控除とヘッドスタートプログラム（プリキンダーガーデンについては、連邦政府はその質の規制や供給、資金提供においてほとんど役割を果たしていない）である。次節で説明するように、連邦政府は州が保育の質を向上させるための措置をとるようにリーダーシップをとり、インセンティブを与えている。また、近年国防総省によって管理されている軍の保育システムは、アクセス、保育の質、および費用の安さという点でモデルシステムになっているように、連邦政府は雇用者という立場として保育を提供していることも記しておく（Floyd and Phillips, 2013）。

　前述したように、保育補助金は1990年代の福祉改革の一環として大幅に拡大されたが、補助金は依然として対象となる家族のごく少数にしかき届いていない。さらに、補助の対象となる保育・幼児教育の種類と質は非常に多岐にわたる。厳格な規則が親の就労を妨げることがないように対象となる家族に柔軟な利用を許容しているのは、ある程度は意図的なものである。一方で、前述したように、保育補助金に関する研究は、子どもや家族に対してどっちつかず、あるいは負の影響を及ぼすことが懸念されている。親の就労を支援し、子どもの発達ニーズを満たすという二重のニーズに応えるためには、保育の補助制度をどう改善したらいいかを探るうえでさらに多くの研究が必要であることは明らかである。

補助金制度の改革案には、貧困ラインの200％未満の所得層の家庭に保育補助金を保障すること、保育の質を向上させ、保育と他の幼児プログラムのコーディネートを行い、一定の高い質の保育を維持するために十分な補助金の額を保障すること、そして連邦政府の扶養控除を還付可能なものとすることなどが含まれる（Greenberg, 2007）。

　連邦政府が利用できる他の政策は、ヘッドスタートである。多くの専門家は、ヘッドスタートは少なくとも短期的には、低所得者層の子どもに有益であるとしており、非実験的研究でもヘッドスタートは長期間にわたり有益であると指摘されている。そして、より多くの子どもにサービスを提供するためにプログラムを拡大する必要があると主張している（例としてLudwig and Phillips, 2007; Deming, 2009; Almond and Currie, 2011; Gibbs et al, 2011 を参照）。オバマ政権は、ヘッドスタートのための財政支援（2009年のアメリカ復興と再投資法 American Recovery and Reinvestment Act of 2009 の一部としての増額）を維持しているが、ヘッドスタートの質の向上については、達成するための最良の方法についてさまざまな視点が存在するものの、研究と政策それぞれにおいて大きな関心が寄せられている。ヘッドスタートとプリキンダーガーデンプログラムについては、主にヘッドスタートの資金を管理し、州のプリキンダーガーデンとヘッドスタートのプログラムをそれとなく（implicitly）一体化させていくことで、より良い連携を図るべきであると論じるものもいる（Haskins and Barnett, 2010）。他には、ヘッドスタートの資金運営が州に引き継がれた場合に起こる懸念として、「すべての子ども」を対象とする現在の姿勢を放棄し、アカデミックスキルにより重点化した場合には、より高い効果を得ることは難しい、あるいは効果は失われる可能性があるという主張もある（Gibbs et al, 2011）。

　オバマ政権は、ヘッドスタートのプログラムの質を向上させるために現実的^{プラグマティック}なアプローチをとっており、プログラムの質に関するいくつかの行政上の指標による評価において、最も低いレベルの成果を出しているヘッドスタート補助金受領者たちを資金調達において競合させている。過去には、ヘッドスタートの補助金を受領する事業者は資金援助を受けるた

めに競う必要がなく、プログラムの資金提供が打ち切られるのは、非常に稀な状況のみであった。この市場原理に基づいた、プログラムの質の向上のためのアプローチには2つの促進要因があった。1つは、ある事業者は他の事業者よりも質の高いプログラムを提供しているという観測がなされたことで、もう1つは、競争によって資金支援がより適切になるような機会が増えることは、質の高い教育を提供するというヘッドスタートの目標達成につながるであろうという期待である。このようなアプローチがうまくいくかどうかの前提には、また次のような2つの点がある。競争をもたらす、選択された評価基準が質の低いプログラムを正確に特定できるということ、そしてたとえ資源が増加しなくともプログラムの改善を促すことができ、あるいは幼児期にかかわる他の事業者が質の高いヘッドスタートプログラムを運営することができるというものである。

　連邦政府は、ヘッドスタートプログラムの質を向上させるために、いくつかのその他の措置を講じている（Lombardi, 2011）。例えば、国内におけるすべてのヘッドスタートプログラムでは、CLASSを使用することによりプログラムの質を監視し、質の改善について報告することが求められる。また、英語を第二言語とする子どもにも効果を発揮できるようにヘッドスタートプログラムを改善する取り組みも進行中である。

　オバマ政権は、近年保育・幼児教育の省庁間ワーキンググループを立ち上げることにより、保育政策、そしてそれらの教育政策との関連性の可視性を高めようとしている。オバマ政権において保健福祉省と教育省を結ぶ、省庁間の初めての連絡役を務めたジョアン・ロンバルディ Joan Lombardi は、ヘッドスタートとアーリー・ヘッドスタートの両方が学びのための実験場として活用されていると論じている（Lombardi, 2012）。両方のプログラムでは、他の施設でも適用可能な保育のアプローチを開発したり試したりしているとする。彼女はまた、文化的多様性（特に英語を第二言語とする者への支援）や家族のかかわりといった問題について、ヘッドスタートや他の保育環境の両方がもたらす効果について焦点をあてる国の研究・研修センターの役割の重要性を強調している。

アクセス、保育の質、費用負担の少なさを向上させるための取り組み：州レベル

　各州では、保育へのアクセス、保育の質、費用負担の少なさに影響を与える多数の政策的手法を有している。それらは、規制、補助金、税控除、公的な保育の直接提供（特にプリキンダーガーデンプログラムを通じて）といったものである。

　すべての州は現在保育・幼児教育の規制を行っているが、基準、接触、そして管理監督についてのレベルは多岐にわたっている。規制は、一般的には学校または施設型プログラムにおける最低限の安全性や保育の質を保障するように設計されており、ほとんどの州で家庭的保育の提供者（family-based provider）に対しても同様の対応だが、親族でない子どもたちをごく少人数保育する場合は、たいていは規制の対象外となっている。一般的な傾向としては、保育・幼児教育のライセンス認定の要件と監督は強化される方向に進んでいる。しかし、規制やライセンスの要件の強化は、子どものウェルビーイングを高めるために求められるプログラムの質の大幅な改善を生み出すうえで前提として必要ではあるが、十分ではない（Rigby et al, 2007）。さらに、厳格な規制の施行は、コストを高め、施設型保育の利用可能性を制限するという、意図していない結果をもたらすことが示されている（Hotz and Xiao, 2011）。

　質の向上における各州の最近の戦略は、「幼児教育への取り組みへの助成金」Early Learning Challenge Grants（特定の条件を満たしていれば各州に提供される連邦の資金支援）によって連邦政府により推進されている「階層型の質の評定・向上システム」Tiered Quality Rating and Improvement Systems（TQRIS）の実施である。幼児教育の取り組みに対する助成の実施は現在 14 州のみだが、その助成が支援する改革のあり方は、最終的には 50 州すべてに影響を与える可能性がある（Lombardi, 2012）。

　「階層型の質の評定・向上システム」TQRIS は、保育・幼児教育の事業

者に対してそのプログラムの質に対する評定を提示するように設計されているもので、通常では2つの機能を果たす。まず、複数の観点からなる指標に基づいてプログラムの質の格づけを行い、そしてその格づけの情報を保護者に提供する。ほぼすべての州で、職員のトレーニングと教育レベル、教室や学習環境などが情報に含まれている（後者は、一部の州では質の高いレベルのものしか測定されていない）。国による認定状況、親の関与する活動、企業的手法の実践、そして子どもと職員の比率に関する情報があるか、かつどの程度あるのかについては、州により異なる。TQRISの機能の根底にある前提として、親はしばしばプログラムの質に関する適切な情報を持っておらず、もしこうした保育の情報があれば、より高い評価を受けた保育を選択する可能性が高いといった点がある。その結果、質の低い保育の事業者がプログラムの質を向上させる機会を得るか、あるいはこの領域から撤退していく流れを作る（Zellman and Perlman, 2008）。

第二に、ほとんどの「階層型の質の評定・向上システム」TQRISにおいては、プログラムの質を向上させるためにさまざまな技術的支援、資源（リソース）、インセンティブを提供する。そのような取り組みには、質の向上のためのコンサルテーション（教員のためのカリキュラムや指導に関するガイダンスを含む）、専門性の向上のための奨学金などの投資の増加、質の向上を目標としたその他の取り組みのための少額の助成などが含まれ、場合によっては高く格づけされたプログラムに対するより高額な補助金の提供も含まれる。これらの取り組みが目標とするのは、提供するケアの質を向上させることに対する保育事業者の努力を促進し支援することである。

そのようにして、「階層型の質の評定・向上システム」TQRISプログラムは、質の高いケアに対する需要と供給に影響を与えることによって、質を改善しようとしている。もちろん、こうした努力の成功は、保育の質において鍵となる要素を正確に識別し格づけするシステムの評価能力、および評定システムに参加する保育事業者の意欲に依拠している（Zellman and Perlman, 2008）。

ほとんどの州の「階層型の質の評定・向上システム」TQRISプログラ

ムがまだ始まったばかりであることを考えると、そのようなアプローチの有効性に関して結論づけるのは、当然時期尚早である。今日まで、ほとんどの研究はそのプログラムの実施状況に焦点を当てており、また記述的研究であった。さらに、州ごとでシステムの設計が違うことは、いずれかの州のシステムから普遍的な結論を引き出すことを困難にしている。最近の「幼児教育への取り組みへの助成金」Early Learning Challenge Grants が、格づけ尺度がプログラムの質を効果的に差別化するかどうかを検証する研究を重要視する姿勢は、各州が多くの必要な研究に取り組むことに対し大きなはずみをつけている（Zellman and Fiene, 2012）。子どもの成 果にかかわる研究は稀であり、これまでのところさまざまなあいまいな結果を示しているが、格づけシステムおよび関連する政策の多様性を考慮すれば、それは驚くようなことではない。ミズーリ州での小規模な調査によれば、高い評定を得たプログラムを利用した低所得家庭の子どもたちは、低い評定のプログラムの子どもよりも多くの学びを得ていた（Thornberg et al, 2009）。しかし、コロラドでの評定システムについての大規模な研究は、体系的に差異化を設定した、学校への準 備指標における子どもの状況には違いを示さなかった（Zellman et al, 2008）。高い子どもの回転率という状況の中で（そのため、特定のプログラムへの低い参加率となる）子どもを対象として研究するのがいかに難しいかを、コロラド州の報告書は強調している。

　他のいくつかの州における、質の向上のための改革が注目を集め、精査されている。最も有名なのがノースカロライナ州のスマートスタートプログラム Smart Start Program であり、1993 年にパイロットプログラムとして開始され、1990 年代後半までには州全体で実施された。このプログラムは、家庭訪問やペアレンティングプログラムなどの子どもの健全な成長を促進するための取り組みとともに、保育・幼児教育の質を向上させるために地元の、典型的にはカウンティ（郡）レベルの、協力関係形成のために基金を創設した。スマートスタートの基金がどのように使われるべきかについての裁量は現地の理事会に与えられ、子どもの学校への準 備状況

を改善し、より多くの低所得家庭の子どもたちが質の高い保育を利用することを保証するのが目的とされた。初期の報告では、資金の約30％が質の向上にかかわる改善に費やされ、「スマートスタート」の実施後、「質が高い」という評定を受けた施設の比率が劇的に改善されていることが示された（Bryant et al, 2003; US DHHS, 2011）。さらに最近の精密な研究では、4歳児がプリスクール教育を受けるための特定の資金助成と併せることにより、3年生の時点での試験の得点も改善されることがわかった（Ladd et al, 2012）。

　実際に、連邦当局はノースカロライナ州を、保育の質を段階的に向上させる取り組みに成功した例として示している。最初に質の向上のための報奨金を利用して数か所の事業者の質を向上させ、次に十分な数の保育事業者の質が向上し、さらにはすべての保育事業者において、より高い質となるよう義務づけることができたとしている（Rudisill, 2012; Smith, 2012）。ノースカロライナ州はこのプロセスに10年近くを費やしたものの、その成功が、質の向上は実現可能であることを示している。

　州レベルにおける3歳と4歳児に対するプリキンダーガーデン教育の普遍的な提供（Kirp, 2007）にも、大きな関心が寄せられている。ここまで論じられてきたように、これは小学校入学1〜2年前における普遍的な就学前公教育の提供が標準となっている、ほとんどのOECD諸国で採用されているモデルであるが、アメリカにおいては比較的新たな展開である。普遍的な保育の支持者は、プリスクールプログラムに対する公的支援を確実に行うことが、低所得の子どもが隔絶された、より質の低いプログラムの中に孤立させられないようにする唯一の方法であると主張している（Esping-Andersen, 2004, 2009; Waldfogel, 2006a）。しかし、普遍的な保育はコストが高い。これを理由として、対象をより低所得家庭の子どもに限定したプログラムとすべきであると論じる者もいる（Duncan et al, 2007を参照）。前述したように、プリキンダーガーデンプログラムは拡大しており、今では4歳児の30％弱に対し提供されている。それでもなお、本当に普遍的な保障となっているのはほんの一握りの州だけである。他国と比較して、

270

第9章 アメリカ

アメリカは普遍的なプリスクール教育（OECD, 2012）の提供はかなり遅れている。

アメリカのプリキンダーガーデンプログラムに関する精密な実証研究は、他国におけるプリキンダーガーデン教育の拡大に関する研究からの知見と同様に、これらのプログラムが子どもたちの学校への準 備を向上させることを証明している（Ruhm and Waldfogel, 2012 を参照）。最近、ワイランドとヨシカワ（Weiland and Yoshikawa, in press）は、数学カリキュラムおよび標準化された言語とリテラシーのカリキュラム、さらに子どもの行動の管理やそれらのカリキュラムを実施するための効果的な指導法および専門性を備えた、ボストンの全日制のプリキンダーガーデンのプログラム評価を実施した。その結果、このプログラムでは、子どもの数学や語彙のスキルが大幅に改善され、子どもの遂行機能や感情の発達において、小さいながらも有意な改善が認められた。

結論

ここまでみてきたように、アメリカは「保育のトライアングル」（childcare triangle）の3つすべてにおいて課題に直面している。低所得家庭は高所得の家庭より保育・幼児教育にアクセスする割合が低く、アクセスしている場合も、子どもが利用する保育の質は低く、かつ払わなければならない費用については彼らの所得に対する割合としてはより大きい。

親の雇用を支援し、子どもの発達を促進することを優先するということであれば、質の高い保育・幼児教育を低所得家庭にとってより手頃なものにすることが、実行するべき最も重要な改革となる。問題は、どのようにそれを行うかである。1つの方法としては、プリキンダーガーデンやヘッドスタートなど、より質の高いプログラムを直接提供することであり、もう1つは、子どもたちが参加しているおびただしい数の保育・幼児教育プログラムの質を向上させるための規制その他の手段を用いることである。だがもちろん、2つのアプローチは両立しないわけではない。理想的には、保育の事業者がペナルティを受けるのではなく、より質の高いプロ

271

グラムが報奨され、奨励されるような継続的なプログラム改善の文化を構築することにより、保育の事業者と協働し、また保育の直接提供をさらに増やし、質を向上させる連邦および州システムを構想することであろう。序列をつける評定システムは、ペナルティを与えるのを念頭において設計され、ノースカロライナ州などで成功したが、今のところ 50 州すべてで効果があるかどうかは定かではない。

　最後に、アメリカにとっての根本的試練は、質の高い保育を提供するシステムのための費用をどうするかである。現在、児童・家庭総局の幼児期部門の副補佐官であるリンダ・スミス Linda Smith は、この点を雄弁に指摘している。

> 　私たちはこの資金をどのように調達するか、その方法をいまだ編み出せてはいない。商品の費用が消費者において支払うことができる以上のものであれば、市場は壊れてしまう。私たちは、親たちに資金調達を背負わせてきた。しかし、保育をまっとうに提供するためのコストは、家族が支払うことができる費用以上のものであり、たとえ中産階級の家庭でも、支払うことができる費用の範囲内で一定の質を満たす保育を見つけるのに苦労している。では、どのようにしてその構造を築くのか？（Smith, 2012）

　財政的課題については、保育・幼児教育に投入される資金が賢明な使われ方となっているかどうかを検討することが、ますます重要になっている。私たちは、公的（および私的）な資金が、質が高くはないことも少なからずある保育を利用するために使われている現状を、甘受することはできない。したがって、資金が限られているということが、質の問題を棚上げにしなければならないということを意味することにはならない。実際のところ、財政的な課題が質の向上に関する問題をより緊急に取り組むべきものとしているのである。

第 9 章　アメリカ

●注

1　アメリカは、母親となった女性に対する有給休暇の提供について、国レベル
での施策がない点において、他国とは異なる。連邦家族医療休暇法 Family and
Medical Leave Act の下では、利用資格がある両親の場合、出産後 12 週間までの産
後休暇を取得することが可能だが、その期間は無給となっている。

●文献

Almond, D. and Currie, J. (2011) 'Human Capital Development before Age Five', in O.
　　Ashenfelter and D. Card (eds) *Handbook of Labor Economics, Volume 4b*, Amsterdam:
　　Elsevier, pp 1315–486.

Bainbridge, J., Meyers, M., Tanaka, S. and Waldfogel, J. (2005) 'Who gets an early
　　education? Family income and the gaps in enrolment of 3–5 year olds from
　　1968–2000', *Social Science Quarterly*, vol 86, no 3, pp 724–45.

Baker, M., Gruber, J. and Milligan, K. (2008) 'Universal child care, maternal labor supply,
　　and family well-being', *Journal of Political Economy*, vol 116, no 4, pp 709–45.

Barnett, W.S., Megan, E., Carolan, J.F. and Squires, J.H. (2011) *The State of Preschool
　　2011: State Preschool Yearbook*, New Brunswick, NJ: National Institute for Early
　　Education Research.

Bassok, D., Fitzpatrick, M., Loeb, S. and Paglaynan, A. (2012) *The Early Childhood Care
　　and Education Workforce from 1990 through 2010: Changing Dynamics and Persistent
　　Concerns*, Center on Education Policy and Workforce Competitiveness University
　　of Virginia, CEPWC Working Paper Series No 5 (http://curry.virginia.edu/research/
　　centers/cepwc/publications).

Bryant, D., Maxwell, K., Taylor, K., Poe, M., Peisner-Feinberg, E. and Bernier, K. (2003)
　　*Smart Start and Preschool Child Care Quality in NC: Change Over Time and Relation to
　　Children's Readiness*, Chapel Hill, NC: FPG Child Development Institute.

Burchinal, M. (2012) Presentation to the Office of Planning and Research Evaluation
　　INQUIRE Meeting, 30 July.

Burchinal, M., Kainz, K. and Cai, Y. (2011) 'How well do our measures of quality predict
　　child outcomes? A meta-analysis and coordinated analysis of data from large-scale
　　studies of early childhood settings', in M. Zaslow, I. Martinez-Beck and K. Tout (eds)
　　Quality Measurement in Early Childhood Settings, Baltimore, MD: Paul H. Brookes
　　Publishing, pp 11–31.

Child Care Aware of America (2012) *Parents and the High Cost of Child Care*, Arlington,
　　TX: Child Care Aware of America (www.naccrra.org/sites/default/files/default_site_
　　pages/2012/cost_report_2012_final_081012_0.pdf).

Deming, D. (2009) 'Early childhood intervention and life-cycle skill development:
　　Evidence from Head Start', *American Economic Journal: Applied Economics*, vol 1, no 3,

273

pp 111–34.

Donahue, E. and Campbell, N.D. (2002) *Making Care Less Taxing: Improving State Child and Dependent Care Tax Provisions*, Washington, DC: National Women's Law Center.

Duncan, G., Ludwig, J. and Magnuson, K. (2007) 'Reducing poverty through preschool interventions', *The Future of Children*, vol 17, no 2, pp 143–60.

Duncan, G.J. and Magnuson, K. (2013) 'Investing in preschool programs', *Journal of Economic Perspectives*, vol 27, no 2, pp 109–31.

Early, D.M., Maxwell, K.L., Burchinal, M., Alva, S., Bender, R.H., Bryant, D., Cai, K., Clifford, R.M., Ebanks, C., Griffin, J.A., Henry, G.T., Howes, C., Iriondo-Perez, J., Jeon, H.-J., Mashburn, A.J., Peisner-Feinberg, E., Pianta, R.C., Vandergrift, N. and Zill, N. (2007) 'Teachers' education, classroom quality, and young children's academic skills: Results from seven studies of preschool programs', *Child Development*, vol 78, pp 558–80.

Esping-Andersen, G. (2004) 'Untying the Gordian knot of social inheritance', *Research in Social Stratification and Mobility*, vol 21, pp 115–38.

Esping-Andersen, G. (2009) *The Incomplete Revolution*, Cambridge: Polity Press.

Floyd, L. and Phillips, D. (2013) 'Child care and other support programs', *Future of Children*, vol 23, no 2, pp 79–97.

Fox, L., Han, W.-J., Ruhm, C. and Waldfogel, J. (2013) 'Time for children: Trends in the employment patterns of parents, 1967–2009', *Demography*, vol 50, no 1, pp 25–49.

Gibbs, C., Ludwig, J. and Miller, D.L. (2011) *Does Head Start Do Any Lasting Good?*, NBER Working Paper No 17452, Cambridge, MA: NBER.

Gornick, J. and Meyers, M. (2003) *Families that Work: Policies for Reconciling Parenthood and Employment*, New York: Russell Sage Foundation.

Greenberg, J.P. (2011) 'The impact of maternal education on children's enrolment in early childhood education and care', *Children and Youth Services Review*, vol 33, pp 1049–57.

Greenberg, M. (2007) 'Next steps for federal child care policy', *The Future of Children*, vol 17, no 2, pp 73–96.

Ha, Y. (2009) 'Stability of child-care subsidy use and earnings of lowincome families', *Social Service Review*, vol 83, pp 495–523.

Ha, Y., Magnuson, K. and Ybarra, M. (2012) 'The association between child care subsidies and stability of care', *Children and Youth Services Review*, vol 34, pp 1834–44.

Han, W.-J., Ruhm, C., Waldfogel, J. and Washbrook, E. (2008) 'The timing of mothers' employment after childbirth', *Monthly Labor Review*, vol 131, no 6, pp 15–27.

Harms, T., Clifford, R.M. and Cryer, D. (1998) *Early Childhood Environment Rating Scale-Revised*, New York: Teachers College Press.

Haskins, R. and Barnett, W.S. (2010) 'New directions for America's early childhood policies', in R. Haskins and W.S. Barnett (eds) *Investing in Young Children: New Directions in Federal Preschool and Early Childhood Policy*, Washington, DC: Brookings

第9章　アメリカ

Institution, pp 1–28.

Havnes, T. and Mogstad, M. (2011) 'No child left behind: subsidized child care and children's long-run outcomes', *American Economic Journal: Economic Policy*, vol 3, no 2, pp 97–129.

Havnes, T. and Mogstad, M. (2012) *Is Universal Child Care Leveling the Playing Field?*, CESifo Working Paper Series 4014, Munich: CESifo Group.

Hotz, V.J. and Xiao, M. (2011) 'The impact of regulations on the supply and quality of care in child care markets', *American Economic Review*, vol 101, pp 1775–805.

Iruka, I.U. and Carver, P.R. (2006) *National Household Education Surveys Program of 2005: Initial Results from the 2005 NHES Early Childhood Program Participation Survey, Nces.* Washington, DC: National Center for Education Statistics, Institute of Education Sciences, US Dept of Education.

Johnson, A. (2010) 'Child care subsidies: Who uses them and what do they buy low-income families and children?', Unpublished doctoral dissertation, Columbia University Teachers College.

Johnson, A., Martin, A. and Brooks-Gunn, J. (2013) 'Child-care subsidies and school readiness in kindergarten', *Child Development*, vol 84, no 5, pp 1806–22.

Kamerman, S. and Waldfogel, J. (2005) 'Market and non-market institutions in early childhood education and care', in R. Nelson (ed) *Market and Non-Market Institutions*, New York: Russell Sage Foundation, pp 185–212.

Karoly, L.A., California Wellness Foundation, Criminal Justice Program (Rand Corporation), and Labor and Population Program (1998) *Investing in Our Children: What We Know and Don't Know About the Costs and Benefits of Early Childhood Interventions.* Santa Monica, CA: Rand.

Kirp, D. (2007) *The Sandbox Investment: The Preschool Movement and Kids First Politics*, Cambridge, MA: Harvard University Press.

Ladd, H., Muschkin, C. and Dodge, K. (2012) *From Birth to School: Early Childhood Initiatives and Third Grade Outcomes in North Carolina.* Working Paper, Durham, NC: Sanford School of Public Policy, Duke University.

Lombardi, J. (2011) 'Going to scale: Lessons from Head Start', *Early Childhood Matters*, vol 117, pp 21–7.

Lombardi, J. (2012) Personal communication.

LoCasale-Crouch, J., Konold, T., Pianta, R., Howes, C., Burchinal, M., Bryant, D., Clifford, R., Early, D. and Barbarin, O. (2007) 'Observed classroom quality profiles in state-funded pre-kindergarten programs and associations with teacher, program, and classroom characteristics', *Early Childhood Research Quarterly*, vol 22, pp 3–17.

Ludwig, J. and Phillips, D. (2007) 'The benefits and costs of Head Start', *Social Policy Report*, vol 21, no 3, pp 1–18.

Magnuson, K. and Waldfogel, J. (2005) 'Child care, early education, and racial/ethnic test score gaps at the beginning of school', *The Future of Children*, vol 15, no 1, pp 169–96.

Magnuson, K. and Waldfogel, J. (2012) *The Role of Early Childhood Education in Changing SES Gaps in Achievement*, Working paper. NY: Columbia School of Social Work.

Magnuson, K., Lahaie, C. and Waldfogel, J. (2006) 'Preschool and school readiness of children of immigrants', *Social Science Quarterly*, vol 87, pp 1241–62.

Magnuson, K., Meyers, M. and Waldfogel, J. (2007) 'The effects of expanded public funding for early education and child care on enrolment in formal child care in the 1990s', *Social Service Review*, vol 81, no 1, pp 47–83.

Meyers, M., Rosenbaum, D., Ruhm, C. and Waldfogel, J. (2004) 'Inequality in early childhood education and care: What do we know?', in K. Neckerman (ed) *Social Inequality*, New York: Russell Sage Foundation Press, pp 223–69.

Meyers, M., Peck, L.R. Davis, E.E. Collins, A., Kreader, J.L., Georges, A., Weber, R., Schexnayder, D.T., Schroeder, D.G. and Olson, J.A. (2002) *The Dynamics of Child Care Subsidy Use: A Collaborative Study of Five States*, New York: National Center for Children in Poverty.

NICHD ECCRN (Early Child Care Research Network) (2002) 'Early child care and children's development prior to school entry: Results from the NICHD Study of Early Child Care', *American Educational Research Journal*, vol 39, pp 133–64.

NICHD ECCRN and Duncan, G. (2003) 'Modeling the impacts of child care quality on children's preschool cognitive development', *Child Development*, vol 74, pp 1454–75.

OECD (Organisation for Economic Co-operation and Development) (2012) *Education at a Glance 2012*, Paris: OECD (www.oecd.org/edu/EAG%202012_e-book_EN_200912. pdf).

Pianta, R., Paro, K.L. and Hamre, B. (2007) *Classroom Assessment Scoring System – CLASS*, Baltimore, MD: Brookes.

Raikes, A.H., Raikes, H.H. and Wilcox, B. (2005) 'Regulation, subsidy receipt and provider characteristics: What predicts quality in child care homes?', *Early Childhood Research Quarterly*, vol 20, pp 164–84.

Rigby, E., Ryan, R. and Brooks-Gunn, J. (2007) 'Child care quality in different state policy contexts', *Journal Of Policy Analysis & Management*, vol 26, pp 887–907.

Rosenbaum, D. and Ruhm, C. (2007) 'Family expenditures on child care', *The B.E. Journal of Economic Analysis and Policy*, article 34, vol 7, no 1 (www.bepress.com/ bejeap/vol7/iss1/art34).

Rudisill, S. (Director, Office of Child Care, Administration for Children and Families, US Department of Health and Human Services) (2012) Personal communication.

Ruhm, C. (2011) 'Policies to assist parents with young children', *Future of Children*, vol 21, no 2, pp 37–68.

Ruhm, C. and Waldfogel, J. (2012) 'Long-term effects of early childhood care and education', *Nordic Economic Policy Review*, vol 1, pp 23–51.

Ruzek, E., Burchinal, M., Farkas, G. and Duncan, G. (2012) *The Quality of Toddler Child Care and Cognitive Outcomes at 24 Months: Propensity Score Analysis Results from the ECLS-B*, University of California, Irvine, Working Paper.

Ruzek, E., Burchinal, M., Farkas, G., Duncan, G., Dang, T. and Weilin, L. (2011) 'Does high quality childcare narrow the achievement gap at two years of age?', Paper presented at the Society for Research in Educational Effectiveness, March.

Shonkoff, J.P. and Phillips, D. (2000) *From Neurons to Neighborhoods: The Science of Early Childhood Development*, Washington, DC: National Academy Press.

Smith, L. (Deputy Assistant Secretary for Early Childhood, Administration for Children and Families, US Department of Health and Human Services) (2012) Personal communication.

Smolensky, E. and Gootman, J. (eds) (2003) *Working Families and Growing Kids: Caring for Children and Adolescents*, Washington, DC: National Academy Press.

Thornburg, K.R., Mayfield, W.A., Hawks, J.S. and Fuger, K.L. (2009) *The Missouri Quality Rating System School Readiness Study*, Columbia, MO: Center for Family Policy & Research.

Tout, K., Zaslow, M. and Berry, D. (2005) 'Quality and qualifications: Links between professional development and quality in early care and education settings', in M. Zaslow and I. Martinez-Beck (eds) *Critical Issues in Early Childhood Professional Development*, Baltimore, MD: Paul H. Brookes Publishing Co, pp 77–110.

US DHHS (Department of Health and Human Services) (2011) *State Issues and Innovation in Creating Integrated Early Learning and Development Systems*, Rockville, MD: US DHHS.

Waldfogel, J. (2006a) *What Children Need*, Cambridge, MA: Harvard University Press.

Waldfogel, J. (2006b) 'Early childhood policy: A comparative perspective', in K. McCartney and D. Phillips (eds) *The Handbook of Early Childhood Development*, London: Blackwell, pp 576–94.

Waldfogel, J. (2007) 'Work-family policies', in H. Holzer and D. Nightingale (eds) *Reshaping the American Workforce in a Changing Economy*, Washington, DC: Urban Institute Press, pp 273–92.

Waldfogel, J. (2009) 'The role of family policies in anti-poverty policy', in M. Cancian and S. Danziger (eds) *Changing Poverty, Changing Policies*, New York: Russell Sage Foundation, pp 242–65.

Washbrook, E., Ruhm, C. Waldfogel, J. and Han, W.-J. (2011) 'Public policies, women's employment after childbirth, and child well-being', *B.E. Journal of Economic Analysis and Policy*, vol 11, no 1, Article 43. DOI: 10.2202/1935-1682.2938

Weiland, C. and Yoshikawa, H. (in press) 'Impacts of a prekindergarten program on children's mathematics, language, literacy, executive function, and emotional skills',

Child Development.

Zellman, G.L. and Fiene, R. (2012) *Validation of Quality Rating and Improvement Systems for Early Care and Education and School-Age Care*, Research-to-Policy, Research-to-Practice Brief OPRE 2012-29, Washington, DC: Office of Planning, Research and Evaluation, Administration for Children and Families, US Department of Health and Human Services (www.acf.hhs.gov/programs/opre/cc/childcare_technical/reports/val_qual_early.pdf).

Zellman, G.L. and Perlman, M. (2008) *Child-Care Quality Rating and Improvement Systems in Five Pioneer States: Implementation Issues and Lessons Learned*, Santa Monica, CA: RAND Corporation (www.rand.org/pubs/monographs/MG795).

Zellman, G.L., Perlman, M., Le, V.-N. and Setodji, C.M. (2008) *Assessing the Validity of the Qualistar Early Learning Quality Rating and Improvement System as a Tool for Improving Child-Care Quality*, Santa Monica, CA: RAND Corporation (www.rand.org/pubs/monographs/MG650).

第10章 共通した政策上の課題および教訓(レッスン)

キティ・スチュワート Kitty Stewart
ルドヴィクァ・ガンバロ Ludovica Gambaro
ジェーン・ウォルドフォーゲル Jane Waldfogel
ジル・ラター Jill Rutter

　各国ごとの背景は異なるが、すべての子どもたちに質の高い保育・幼児教育へのアクセスを保証することをめざすとき、各国は似たような課題に直面する。キャサリン・マグヌソン Katherine Magnuson とジェーン・ウォルドフォーゲル Jane Waldfogel が自らのアメリカの章で「保育のトライアングル」(childcare triangle) と名づけた、アクセス、保育の質、費用負担の少なさ、の3つの角〔課題〕すべてを果たそうとすると緊迫関係(テンション)の発生は避けられない。最後のこの章では、さまざまな国がこれらの共通する課題にどのように向き合っているかを8か国の事例研究からエビデンスとしてまとめている。
　まず、社会的に不利な子どもたちの公的な保育・幼児教育へのアクセスが、どのように促進され可能となっているかを問うことから始めている。第二に、可能な限り質の高い保育・幼児教育であることを保証するために何がなされているかを問う。次に、より多くの子どもたち（または、より低年齢の子どもたち）が保育・幼児教育を利用できるようにアクセスを拡大することと、提供された保育・幼児教育の質を向上することとの間の二律背反(トレードオフ)関係に各国はどのように向き合っているかを探っている。続い

279

て、私たちは、地方分権の課題と民間営利事業者を含むさまざまな部門の役割などの運営問題に移る。最後に、(この章の冒頭部に述べた)結論部に戻る。保育・幼児教育の供給を増やすことはコストのかかることであり、質を改善することも同様である。政府は、単純に新たな財源を探すべきなのか、それとももっと効率的に予算を使う方法があるのだろうか?

　もちろん、政策というものは特定の政治的、制度的背景の中で実現し、実施されるものであり、比較社会政策研究者たちも国ごとの相違点の広範さを指摘しながら、単純な「政策模倣」(policy borrowing) の危険性を警告している (Mahon, 2006)。それぞれの章で例示されるように、保育・幼児教育政策の基盤には以下のような相違点が存在している。ジェンダー平等や子ども期についての社会や文化規範の違い、親の就労が主な関心なのか、それとも子どもの発達なのかについての政策立案者間の考え方の違い、保育・幼児教育が政策課題となってどれほどの期間なのかの違い(他にもあるが、参照として Kremer, 2007; Lewis et al, 2008; Saraceno, 2011)。この章の私たちの目標は、特定の政策を特定の国に奨励するのではなく、保育・幼児教育が組織され、財源を与えられ、運営される方法を検討するにあたって有用かもしれない優れた取り組み(good practice)から、共通のテーマを見出すこととそこからの考察に光をあてることである。私たちは、また特定の国における最近の政策的な討論に焦点をあてすぎないようにし、時を経ても生き残るだろう幅の広い教訓を引き出すことが目標となる。

1　どのように、社会的に不利な子どもたちの公的な
　　保育・幼児教育へのアクセスは促進されているか?

　各章におけるすべての国に共通して、低所得および移民家庭の子どもは保育・幼児教育サービスへのアクセスが少ない傾向が見られる。その格差は、3歳以上に比べ3歳未満でより顕著であるが、多くの場合3歳以上の子どもたちの普遍的な在籍でさえ達成できていない。これに取り組むには何をしたらいいか?

第 10 章　共通した政策上の課題および教訓[レッスン]

無償のサービス

　1つの明白なメッセージは、無償で普遍的なサービスの場合、保育料がかかるサービスに比べより高い在籍率になるということだ。イギリスとフランスは、サービス組織のあり方は伝統的に異なっているが、両方の国における3歳児以上の子どもたちのための無償の普遍的なプリスクール制度では、ほぼ100％の保育利用をもたらすことができている。[1]ニュージーランドでの20時間の無償の保育・幼児教育対策も効果をもたらしており、在籍率は90％以上であり、またさまざまな人種民族間の在籍率の格差を縮小している。アメリカの章で、マグヌソン Magnuson とウォルドフォーゲル Waldfogel は、公立学校教育をプリキンダーガーデン（prekindergarten）プログラムの幼い子どもたちの年齢まで押し下げるのが、在籍率の格差を縮めるための方法だと主張している。というのも、現在、民間によるプリスクールと施設型保育での費用は高く、低所得、ヒスパニック、移民の子どもたちの在籍率は低い傾向にある。

　普遍的な対策は、社会的に不利な子どもに保育・幼児教育を届けるには最も効果的なように見えるが、政府にとっては明らかに高負担である。というのも、相対的に少ない数の〔社会的に不利な〕子どもたちに保育・幼児教育を届けるために普遍的対策を導入すれば、政府は新たに在籍することになる、他の多くの子どもの費用もとりあえず払うことになるからだ。こうして、イギリスでは3歳児の在籍率を60％から90％以上にするのは、90％の3歳児のすべてをカバーするように予算を増やすことで達成できている。[2]普遍的な保育・幼児教育対策を支持する主張として、手段的なものと本質的なものの両方がある。手段的な視座からは、もし幼児教育が教育面や社会行動面の成果[アウトカム]の改善に長期的な効果があるとすれば、豊かな家庭の子どもたちにも補助金を出し普遍的な政策を導入することは、最終的にはその投資が返済され利益にもつながるのであり、かしこい社会投資とみることができる。普遍的対策の本質的な意義からすれば、ヘレン・メイ Helen May がニュージーランドの章で強調するように、幼児教育はどのような家族背景があろうとも幼児たちの権利であり、サービスの財源や

281

運営のあり方を考える場合の中心的な議論とされるべきである。この考え方からすれば、無償の普遍的なサービスは、費用の問題として議論されるべきではなく、最も社会的に不利な子どもたちにサービスを届けるための効果的な方法として、またすべての子どもへの政府の責任問題として議論されるべきである。

　にもかかわらず、普遍的な対策のコストの高さは次のような疑問を導く。完全な（full）在籍を確保するためには、普遍的な対策は**必ず必要な**のか？　選別的な対策では同じ目標は達成できないのか？　私たちの事例研究における、最も成熟した選別的な幼児教育政策の例は、アメリカにおけるヘッドスタートプログラムである。このプログラムでは、貧困ライン未満および障がいを持つ子どものみを対象としている。ヘッドスタートプログラムや他の選別的なプログラムに対する予算措置が寛大であるここ数年の間、プリスクールプログラムに低所得家庭の子どもたちのかなりの割合が在籍しているとマグヌソン Magnuson とウォルドフォーゲル Waldfogel は主張する。ところが、第 4 および第 5 所得五分位の低所得家庭では、3 歳児たちの在籍率は 20％未満でしかなく、一方第 1 所得五分位の最も豊かな家庭を除くと全体では 50％未満となっている。こうして、もし完全な在籍が目標であるならば、選別はうまくいっているのかという疑問が出てくる。さらに、何人かの評論家はピア効果が重要であると示唆する研究結果に照らして、ヘッドスタートセンターにおけるソーシャルミックス（social mix）の少なさに危惧を示している。イングランドでは、3 歳児と 4 歳児への普遍的対策と並行して、最も社会的に不利な（下位40％にあたる）2 歳の子どもに対する無償の選別的な保育の提供策を現在導入している。この対策は、ある関心から注目を受けている。普遍的な権利保障と比較して、選別的な対策の対象となる家庭をアウトリーチし区分けすることはかなり難しいのではないかという関心である。そこには、スティグマ性の問題と対象となる家庭を認定することの困難さが横たわる。無償で普遍的な対策との比較で、イングランドの戦略の効果性は 2 つの対策の興味深い比較をもたらすだろう。

第 10 章　共通した政策上の課題および教訓[レッスン]

　第二の疑問は、保育・幼児教育を無償で普遍的にさえすれば、最も社会的に不利なグループを制度に導き入れるのに**十分な**のかという点である。イングランドでは、3 歳児の 7 ～ 8 ％には制度を届かせることが難しいと判明した。アウトリーチをかなり実施しての結果としてもである。中央政府は、優れた取り組みについての案内書を発行し、社会的に不利なグループによる理解が促進されるように、地方自治体当局にデータを集め公表するように要請している。ニュージーランドでは、普遍的な戦略の下、在籍率の格差は縮まってきているが、パシフィカ（太平洋諸島）やマオリの子どもたちの在籍率はかなり低いままである。ニュージーランドでは、2 つの方法で対応しようとしている。1 つは、無償で普遍的な保育時間の提供よりも、補助金による助成に方針変更することによって選別的な取り組みを重視するものである。ヘレン・メイ Helen May は、この変化に懸念を表明し、最も効果的な作戦とは普遍的なアクセス**に加えて**不利な子どもたちにアウトリーチすることであり、どちらか 1 つではないとしている。第二のまた、さらなる論争的な議論を伴う動きとして、ニュージーランドでは選別されたある種の子どもたちを対象として義務教育としての幼児教育に在籍させる実験を行っている。2013 年以降、生活保護（benefit）の受給者に対して、3 歳以上の子どもに 15 時間の保育・幼児教育を義務として課している。ニュージーランド乳幼児委員会 New Zealand early childhood council は、コミュニティおよび民間の幼児期の施設を代表するところだが、この政策を支持している。一方で、批判をする人々は、現状でも困難な状況にある家族たちにとって、この制度は生活保護に対する制裁として新たなストレスになるだけであり、ゆえに子どもの発達をサポートするものではなくむしろ蝕むものだとしている[3]。

　最後の疑問は、無償化策とからんで生じるものだが、無償であることは働く親たちのための保育のシステムと合致するものかという点だ。もし、権利保障としての無償の保育提供を行う施設が半日のみの活動を実施していたら、イギリスの場合と同じように、働いていない親の子どものために短時間[パートタイム]での対応をする施設と、働く親の子どものために全日制で対応する

283

施設との間で分裂が起きてしまう。気がかりな点が2つあり、1つは施設間での社会的な差別を生む可能性を高めてしまうことであり、もう1つは短時間制の事業所に子どもを通わせ始めた親たちに、就労に向けての追加の壁を生じさせてしまうことである。チャイルドマインダー（childminder）のような包括的なケアがあれば、両方の問題は効果的に防げるが、毎日ケアする人の間で転々とする経験がさらに増えるという犠牲を子どもに負わせてしまう。フランスのように、無償の施設が全日制の保育をカバーしている場合は、このような分離は生じない。同じように、ニュージーランドのように、施設が全日制とセッション制授業の両方を柔軟に提供してくれるとしたら、短時間制の無償の保育提供は一律に保育・幼児教育のコストを下げ、分離を強化することなく子どもが参加する時間数を増やすことになるだろう。

保育料と費用徴収

　保育料がかかったり費用徴収があったりする場合、いくつかの資金提供のあり方が社会的に不利な子どもの在籍率を高めることにつながるようだ。1つは、保育・幼児教育の場の保証や補助金システムが、働いている親たちだけでなくすべての家族に適用されていることだ。ノルウェーでは保育施設（kindergarten）を利用する法的な権利は、親の就労のあり方にかかわらず、1歳からのすべての子どもたちに拡大されている（スウェーデンなど他のスカンジナビア諸国と少し異なる点である）。ノルウェーでは政府の補助金もまたすべての子どもたちに拡大されている。ニュージーランド、オーストラリア、オランダ（プレイグループのみ）、フランス（保育所*crèhe*のみ）、ドイツのいくつかの州（例えば、ハンブルク：初期のバウチャーシステムの制度変更後のもの）も同様である。対照的に、イギリスとアメリカでは親が働いていない場合、通常は子どもが3歳になってから補助金サービスを利用できる。ただし、先に述べたようにイングランドでは社会的に不利な2歳児にも無償サービスを拡大している。

　次に、所得によって負担がどの程度に及ぶのかが重要である。研究対象

第 10 章　共通した政策上の課題および教訓（レッスン）

としたほとんどすべての国で、何らかの所得に基づく費用徴収政策が行われている。これは、施設を利用した時点で所得に応じた保育料を払うものか（ノルウェー、ドイツ、ニュージーランド、アメリカ、オランダのプレイグループ、フランスの保育所）、租税システムを通じて後々所得額に応じて親に還付されるものか（イギリス、オーストラリア、いくつかのアメリカの州、オランダの就労中の親の場合、フランスのチャイルドマインダーを選択した親の場合）のどちらかである。しかし、サポートの範囲は実にさまざまであり、所得に連動していても所得分布の底辺の親たちにやさしくない場合もある。イギリスの税額控除補助金システムは、働く低所得家庭をしっかり対象にしている。しかし、最大のサポートレベルを受けている家庭でも少なくとも保育施設でのコストの 30％を払っている。対照的に、オランダではすべての家庭が多少の還付金を受け取っており、最大のサポートを受けている場合は保育コストのわずか 3.5％を払っており、所得が最も高い世帯の場合、3 分の 2 を払っている。所得に連動し最も困っている家族に寛容な補助金システムを設計する場合、すべての資力調査（ミーンズテスト）を持つシステムに共通するある基本的な難問が生じる。もし、援助される金額の減少が所得の上昇によって急激であった場合、働く時間や賃金を増やそうという意欲を妨げることにつながる。この問題点を最小限に食い止めるためには、最も所得の低い家庭に非常に安いまたはまったく保育料のかからないシステムを運用する場合、すべての家庭にも少しずつの援助を提供する必要がある。

　ノルウェーでは、社会的に不利な家庭の低年齢の子どもたちが非常に高い割合で在籍しているのは、2 つの政策の組み合わせによるものである。保育料は所得に応じてかつ全体的にも安い。また、それに合わせてすべての子どもたちには保育・幼児教育の場の法的な保障がある。アンネ・リセ・エリンセター Anne Lise Ellingsæter は、サービスが拡大し親が払う保育料も減額された 2000 年から 2011 年にかけて、公的な保育（フォーマル）へのアクセスが顕著に増加したことを指摘している。高所得の家庭の在籍率のほうがまだ高いが、2004 年から 2008 年にかけて低所得家庭の在籍率の増加割合

285

が最も高かった。就労収入のないひとり親と暮らす1、2歳児の約60％が保育施設に在籍し、両親とも失業中の1、2歳児の31％が在籍している。この数値は、この本における研究対象の国々の同様の子どもたちの中で最も高いものである。

　しかし、たとえ安い保育料でさえ無償のものに比べれば保育・幼児教育の利用を抑制するかもしれないということを強調する意味はあるだろう。オスロでのパイロットプロジェクトでは4歳と5歳児すべてに無償の保育を提供したが、ほぼすべての子どもたちが在籍した。しかし、1か月に80ユーロの保育料の徴収を導入した時期には、3分の1の子どもたちが参加しなかった。フランスでは、3歳未満児に対する所得連動型の保育料の徴収は、保育所での低所得家庭の子どもの在籍率が低いというアクセスの問題を解決するには不十分であった。フランス社会では、保育所でのケアは子どもにとって高い意義を持つと考えられており、シングルマザーたちが優先的に利用できるようにされていたにもかかわらずである。低所得家庭では、自宅外での保育に支出を避けるために、育児休暇の延長制度を利用し、私的な保育または変則勤務を活用している。ドイツでは、保育料は所得に連動しているが、移住の経験を持つ家庭の利用率はまだ低い。オーストラリアでは、デボラ・ブレナン Deborah Brenan とマリアンヌ・フレンチ Marianne Frenche は、両親とも就労してない家庭に対して、1週間に24時間の保育利用の権利を保障する保育給付金 Child Care Benefit（CCB）は、オーストラリアのシステムとしてはポジティブな特徴を持つものであると指摘する。一方で、オーストラリアでは「保育料の差額ギャップ費用」として知られている、部分料金制度（part-payment）が親が就労していない家庭の子どもが在籍するための主な障壁となっていることを明らかにする必要があると言及している。

　3番目の点は、補助金制度は透明性があり安定したものとするべきということだ。アメリカの保育補助金は悪い例だが、事業者が補助金を受け取れる期間は平均で6か月間でしかない。これでは保育事業者に不安定さをもたらしてしまう。資力調査がある支援は、親たちがどれぐらいの支出

第10章　共通した政策上の課題および教訓^{レッスン}

が求められるか計算が難しい場合、アクセスの障壁となってしまうかもしれない。同様の理由で、イギリスのような税額控除を通した還付制度よりも前払いの所得に連動した保育料のほうが好まれるだろう。所得連動型の保育料には、事業者に直接支払いがなされるというさらなる利点がある。還付制度では、親は保育のコストを一旦負担し、後に請求手続きをしないといけない。だが、オーストラリアでは、中間の方法として保育給付金CCB の支払いを直接事業者に行うという選択肢が可能となっている。就労していない世帯の場合、前払いは非常に困難なので、補助金制度に彼らを組み入れる場合、還付制ではないことは特に重要である。親が就労してない家庭を補助金で支援する国では、還付制ではなく所得連動型の保育料制を運用しているのはたぶん偶然ではないだろう。所得連動型の保育料は、フランスのように公営の事業者のシステムではごく簡単に実行しやすい。しかし、ノルウェーやドイツでの経験によれば、民間事業者が存在していても同じように機能することが示唆されている。

2　どのようにしたら社会的に不利な子どもたちに 質の高い保育・幼児教育は保証できるのか

　第二の主な課題は、提供される保育・幼児教育の質の高さをどう確保するか、特に社会的に不利な子どもたちが在籍する施設において、彼らは最も高い質のサービスを利用できるだろうかという点である。これには 2 つの側面がある。国全体の質の高さと、質の高い保育・幼児教育への公平なアクセスである。私たちはこれらの課題を順にみていく。

全体の保育・幼児教育の質

　8 か国は、似たような質を高めていくための政策的な手法を使っている。カリキュラム、職員の資格、職員と子どもの比率、監査、モニタリングである。しかし、8 か国はそれぞれに異なった形でそれらの手法を設計し結びつけており、特定の手法をさまざまな程度において強調している。

1つには、カリキュラムについて2つの幅のあるやり方がある。大まか
にいえばイギリスで展開している手法だが、細かなカリキュラムを定めそ
れに従うよう義務づける方法が1つである。もう1つの手法は、カリキュ
ラムとして緩やかな取り決めはあるが、職員は高い資格があり前者にくら
べ自由に活動することが許されているものである。ノルウェーは後者のモ
デルを代表とする国であり、ノルウェーの保育施設では子どもの発達、人
生の長期に及ぶ学び、民主主義社会へのアクティブな参加、といった点の
健全な基礎を身につけさせることが求められているとアンネ・リセ・エリ
ンセター Anne Lise Ellingsæter は述べている。だが、標準的に定められて
いる（requirement）ものはほとんどなく、指導監督（スーパービジョン）も地方自治体次第であ
る。一方で、すべて保育施設では大学卒業資格の教員が必要とされ、園長
とペダゴジカルなリーダーは必ず大学卒業資格者でなければならない（有
資格の人がいない時には免除されるが）。「テ・ファリキ」（Te Whāriki）とい
う幅の広いカリキュラムを持つ、ニュージーランド・モデルは、また後者
の型にあてはまるものである。「テ・ファリキ」は、現場で実践をする人
は適切な知識を持ちリサーチ志向で自省的でなければならないとしてお
り、ゆえに、それ自体ですべての乳幼児期の施設で100％の職員を有資格
にするという政策を推し進めるための鍵となってきたものであった。「テ・
ファリキ」は、何を教えるべきかを教員たちに伝えるものではなく、ウェ
ルビーイング（wellbeing）、所属（belonging）、貢献（contribution）、コミュ
ニケーション（communication）、探求（exploration）という5つのエンパ
ワーメントの領域を中心に自分たち自身の保育カリキュラムを「織り上げ
る」ことを求めている。
　対照的に、イギリスの乳幼児期基礎段階 Early Years Foundation Stage
（EYFS）は詳細で具体的なカリキュラムである。ここ15年で、保育・幼
児教育に関する資格を持っている職員の割合や新規の大学卒業資格者を増
やすための社会的投資は顕著に増加してきた。しかし、保育・幼児教育職
員の中の大学卒業者の割合は相対的に少ないままだ。ドイツは、同じよう
な状況でいる。保育・幼児教育の質を改善する努力は、ここ10年間で乳

幼児期のカリキュラムの枠組みを発展させることに焦点化されてきた。イギリスでもドイツでもカリキュラムは、ホリスティック、参加型、遊び中心、子ども中心であり、狭く認知的な習得にのみ注目されているわけではなく、そのカリキュラムは乳幼児期の専門家から受け入れられている。だが、どちらの国でももっと専門的な教育を受けてきた職員が増えないとそのカリキュラムは有効に実践化されないのではないかという懸念がある。ドイツではわずか4%の職員しか大学卒レベルのものがおらず、保育・幼児教育システムが6歳まで対象としていることを考慮すると特に低いとパメラ・オーバーヒューマ Pamela Oberhuemer は指摘している。

2つ目の対比点は、モニタリングと監査をどの程度重要視するかである。この点について、イギリスを構成する4つの国すべてでは、教育（や保育）監査官による公的な評価制度を用いて、他の7つの国と比べ、より組織的、中央集権的に実施されている。オランダとノルウェーでは、地方自治体がモニタリングを担当している。ノルウェーでは、基礎自治体が指導監督のプランを作らねばならないが、これがどのような形式をとるのか、どれぐらいの頻度で行うのかは基礎自治体に任せられている。「監査」（inspection）の代わりに「指導監督」（supervision）の言葉が使われること自体興味深いものである。ドイツでは、州（*Länder*）政府がまた異なる方法をとっている。カリキュラムへの遵守を確実にするための管理的な手法は、一般的に控えめに用いられており、主には事業所組織との同意に基づいて行われているとパメラ・オーバーヒューマ Pamela Oberhuemer は記述している。アメリカの事例は、類型化するのが難しい。全体としては、保育・幼児教育のシステムは質の担保のためにカリキュラムではなく規制と監査に重点をおいているが、規制の影響力、監査の影響力、それぞれは州ごとでだいぶ違いがある。

国ごとの3番目の違いは、職員と子どもの比率と職員の資格の問題に対して取り組む方法に関するものだ。一見、子どもの比率と職員の資格については二律背反の関係になっていることを示すエビデンスがある。例えば、ニュージーランドとフランスはイギリスに比べ、高学歴の養成教育を

受けた職員が多いのだが、職員 1 人あたりの子ども数の比率は高い（特に低年齢の場合）。ニュージーランドでは、その比率は 2 歳未満の場合 5 対 1 であり、2 歳以上の場合 10 対 1 である。フランスの保育園（crèhe）ではまだ歩行ができない子どもたちの場合 5 対 1 であり、他の場合は 8 対 1 である。これを書いている時点で、イギリスでは 2 歳未満の場合 3 対 1 が必要とされ、2 歳児には 4 対 1 である。

　この関係性からすると、子ども数の低い比率の国は、より高いレベルの資格を持つ職員を雇うのと引き換えにこの比率を上げることを検討するかもしれないとなるのだが、各国の微妙な差異についての説明が必要だ[4]。最初に、ニュージーランドではこの子ども数の比率は高すぎるという懸念があり、それを引き下げるという提案が議題に上っている。次に、ノルウェーは職員の資格要件は高度なのだが、イギリスとほぼ同じぐらいの比率で運営されている。しかし、これは基礎自治体が決定をするという事実によってごまかされている。国レベルで定められているのは、その比率は単に「十分な」という規定のみなのである。実際の平均的な比率は、アンネ・リセ・エリンセター Anne Lise Ellingsæter の報告では 3 歳未満で大人 1 人に 3.4 人の子ども数なのである。3 番目に、教育に対する認識についての文化的な違いが、特定の国で適切であると考えられる比率に影響しているだろう。職員 1 人あたりの子ども数の多さによって、個人ではなく集団を重視することが必要とされるし、これは何よりも学びについての各国の方法に合致（フィット）しているのかもしれない。

　この本における他の国では、相対的に子ども数の高い比率と低いレベルの資格の職員で運営されている。ドイツでは、州（Länder）ごとで異なり、3 歳未満児では最も高いのがブランデンブルグ州における 6 対 1 より少し上の数値であり、最も低いのがサララランド州における 3 対 1 より少し上である。オランダでは、「中級の」職業訓練を職員全員が終了していなければならないが（しかし、これより上の資格を持つのはたった 5%）、子ども数の比率はプレイグループでも保育所でも 5 対 1 である。子ども数の高い比率と職員の低いレベルの資格という組み合わせは、保育のコストを

290

下げることに寄与できるかもしれないが、2つの国ともプロセスの質は低く、この組み合わせは質に関しては手本になるものではないようだ。

　第四にここで取り上げたほうがいい課題は、低年齢の子どもと高年齢の子どもと過ごす職員の資格要件に関する各国の政策の違いである。ノルウェーとニュージーランドのみが、すべての年齢の子ども間で、働いている職員は同じ職業的な背景を持っている。ノルウェーでは、保育施設教諭（petagogus）という6歳未満の子どもと過ごすために特別に養成教育を受けたものである。ニュージーランドでは、教員（teacher）である。ドイツでは、同様に職員はすべての年齢で同じ資格背景を持っているが、職業的レベルは低い。他の国では、雇用されている職員の資格は、3歳児、4歳児とそれより低年齢の子どもたちの間で区分されていることが通常である。フランスでは、保育所の職員（保育所の管理者を含む）は、教育ではなく保健に関する背景を持つものであるが、一方で保育学校（écoles maternelles）では養成教育を受けた教員である。イギリスでは、3歳児、4歳児は教員と接するべきだという原理が広く受け入れられており、これが低年齢の子どもに必要かとどうかについてはコンセンサスが得られていない。

　最後に、各国の施設型保育は家庭的保育に比べ一貫して厳しく規制されており、職員の資格要件は高い。一方で、いくつかの国ではチャイルドマインダーの資格を上げる改革を最近導入している。フランスでは、最初の訓練が12か月に延長され、チャイルドマインダーを支援しアドバイスを提供するセンターが拡充している。ニュージーランドとイングランドでは、家庭的保育の提供者はナショナル・カリキュラムを実施しなければならないとされている。また、イングランドではチャイルドマインダーの監査とランクづけ評定（rate）は国家監査官によって行われる。ニュージーランドでは、家庭的保育の提供者は、毎月訪問を受け彼らの実践を支援する教員と連携している。さらに、家庭的保育と関連して記しておくべきなのは、子どもたちのうち少数の割合のみが家庭的保育に参加しているということだ。例外としてはフランスであり、3歳未満の子どものため最も

一般的な保育がチャイルドマインダーである。しかし、ジャンヌ・ファニャーニ Jeanne Fagnani は、保育所に対する高い需要が示唆するように、利用状況には保護者の好みよりもサービスの利用可能性が反映されていると説明している。これは、エリンセターとグールブランゼン（Ellingsæter and Guldbrandsen, 2007）がノルウェーについて描いていることと呼応している。ノルウェーでは、施設型保育の利用可能性が高まるにつれて、家庭的保育は急速に減少した。

　これまでの議論では、ある程度、質の高い保育・幼児教育の提供はいくつかの異なる形態をとることを示唆している。確かに、保育の質をどのようにみるかは、国家的な好みやプライオリティと関連する（例としてDahlberg and Moss, 1997 を参照）。しかし、同時にこの本の中で行われているように特に子どもの発達に関して焦点を当ててみると、極端な相対主義（relativism）は的外れでもある。乳幼児期環境評価尺度 Early Childhood Environment Rating Scale（ECERS）、乳児期環境評価尺度 Infant/ Toddler Environment Rating Scale（ITERS）および教室アセスメントシステム Classroom Assessment Scoring System（CLASS）、あるいは各国で開発された尺度によって把握された、プロセスの質の評価は他の国に比べその国の保育政策が良いものであるかどうかの証拠となる。最近のドイツとアメリカの全国調査では、提供された保育の約 10％のみが高い質のものであり、大半の保育は普通（mediocre）であると判断されている。エムレ・アグンドゥス Emre Akgündüz とヤンネケ・プランテンガー Janneke Plantenga によって提示されたオランダの分析は、同様の状況を示しており、教育サポートの評点はかなり低い。さらに、保育の構造の質の指標、特に高いレベルの職員の資格の指標は、より高いプロセスの質を予測させることがわかっており、ノルウェー、ニュージーランド、フランス（3歳以上の場合）は、これらの指標の先頭を走っている。ニュージーランドについて、ヘレン・メイ Helen May は、サービスの種類間のプロセスの質の違いは、リーダーシップの質と職員の資格に関連していることが判明したと報告している。これは、イングランドにおける「効果的な就学前教育プロジェクト」

Effective Provision of Preschool Education（EPPE）調査の結果と一致するものであり、職員の資格を高めることが質全体を高めるためのアプローチの中心にあるという考えを支持するものである。

保育の質の高さへの平等なアクセス

　ここで、質の高い環境への公平なアクセスと、家庭環境において不利な子どもが幼児教育においては不利ではないように保証する仕組みを考察してみよう。全体として平均的に質の高さを有することは、もちろん1つの鍵となる要素である。だが、どのようにして保育のあり方が形成され資金提供されるかという点は、その国の質の高い保育の場に最も不利な子どもがアクセスすることの困難さに違いをもたらす。

　子どもの家庭背景と保育・幼児教育の質との関係性についてのエビデンスがあった章では、通例、不利な子どもたちは質の悪い環境に在籍しているという傾向が見つかりそうである。しかし、この関係性は予想したほどはっきりしたものではなかったのである。アメリカでは、低所得家庭の子どもは平均的に質の悪いサービスに在籍していた。他のプログラム同様にこれはプリキンダーガーデンにもあてはまるもののようだ。同様に、ドイツでは、トルコ人の子どもたちはドイツ人と比べ好ましくない学習環境に在籍していた。イングランドでは、（民間・非営利・独立〈PVI〉部門または公立の保育学級に絞っていえば）**部門内においては**、社会的に不利な地域で保育の質は低かった。ただし、その違いは大きなものではなかったが。

　一方で、イングランドでは民間・非営利・独立（PVI）部門に比べ公立部門では職員の資格要件は高い。公立施設は主に社会的に不利な地域にあるため、このことは不利な子どもたちを守るのに役立っている。オランダでは、保育・幼児教育は著しい社会的分離によって特徴づけられている。共働き家庭の子どもたちは全日制の保育施設に在籍し、低所得家庭とマイノリティの子どもたちはプレイグループに在籍している。しかし、施設の質は（低いけれど）すべての場合でほとんど平等である。プレイグループの職員は、保育所の職員と同じ程度の資格を持っており、2つの部門でプ

ロセスの質には大きな違いは認められない。高い社会経済的地位の子ど
もたちは、情緒的にはよくサポートされているが認知的発達面ではそう
ではない。ノルウェーでは、職員の資格要件の高さは、すべての施設に
おける相対的に高い質の保証をもたらしている。一方で、エリンセター
Ellingsæter は、多くの移民が住むオスロでは、教員を探すのが最も難し
い状況にあると述べている。

　この本におけるすべての国で、多かれ少なかれ保育市場が活用されてい
るにもかかわらず、子どもの背景と保育の質との深い関係性がなかったの
は驚きである。保育の市場化によって、所得の高い親たちは質の高い保育
を購入し、経済状況による区分化が促進されることが予想される。これ
が予想ほど起きていなかった事実は歓迎されるものである。しかし、こ
の事実はちょっとした謎を提示する。考え得る説明としては、親は保育
の質をあまり重要視しないのではないか、親にとって保育の質とは見え
にくい（可能性のある）ものなのではないかという点である。医療（ヘル
ス）ケアの領域で観察されてきたことだが（例えば、Propper, 1996; Propper
et al, 2006）、また保育に関してもデイビッド・ブロー David Blau とナシ・
モカン Naci Mocan が議論してきたことだが（Blau and Mocan, 2002; Mocan,
2007）、保育市場が仮に保育料と保育の質とに基づいて動いているとし、
消費者は質について十分には目を向けないとすると、彼らは保育料金に基
づいて決定を行うだろう。それは結果として質を向上させようという事業
者の動機を阻害することになってしまう。影響を与える主な要因が料金で
あるなら、なぜ質に投資する必要があるだろうか？　オランダでは、保育
料のうち還付される額に限度があることが「緩やかな上限」（soft cap）と
して作用している状況にこの現象が見える。保育料の高い施設は、補助金
が適用される施設に比べて、費用の問題で低所得者が排除される傾向が高
いようだ。^{訳注1}このことは、（時々そういう期待がされることがあるが）保育の自

訳注1　第 5 章によれば、オランダでは全体的に保育の質の低下が認められる。次頁また 306
頁も参照。

由市場では質の改善は期待できないことを示唆している。質の観点からは問題なのだが、一方で公平的な観点からはこれは奨励されるべきことのように表面的には思われる。しかし、よく考えてみたら、一律に質が低いことは公平的な観点からも問題なのである。なぜなら、質の高い保育から最も高い効果を得るのは社会的に不利な子どもであり、それゆえに質の悪い保育によって失うことが多いのも彼らだからである。

　特に、不利な子どもについての視点からすると、質の改善に向けての各国の動きからはどのような結論を得ることができるだろうか。

　一点目として、競争は保育の質を引き上げることはできないようだと述べたが、もう少しそのことと絡んで情報があるようだ。競争がアクセスの平等性という点からはネガティブな影響さえもたらすかもしれないという点だ。この方法をとる国は増えているのだが、保育の質のランクづけを公表することによって質を改善しようとする動きがある。例えば、オーストラリアがそうである。イギリスのオフステッド（教育監査局）によるランクづけ評定、アメリカの「階層型の質の評定・向上システム」Tiered Quality Rating and Improvement Systems（TQRIS）とスターランクづけ評定（star rating）も同様である。イギリスとアメリカは、社会的な背景と保育・幼児教育の質の関連性が認められる国である。オランダについて、アグンドゥス Akgündüz とプランテンガー Plantenga は、豊かな親の子どもたちのほうが情緒的に高いサポートを受けていることが認められるのは、その他の点の評定は利用できなくても、この点は親たちの目につきやすい（オランダの文化的背景ではこのことは高い価値があるとされる）からだろうと指摘している。さまざまな面を反映するようなランクづけ評定システムは、オランダの親たちの行動を変えるかもしれない。選択という行為は、学校選択制についての文献が実証しているように、たとえ保育にかかる費用をすべて政府・自治体がまかなっても社会背景による違いをもたらす。政府・自治体の補助金が保育の費用の一部しか賄えず、親がそこに積み上げることができるシステムでは、公平性に対する課題はますます大きくなる。

この問題を最小限に食い止めるには、政府が職員の資格など保育の質の核となる点について、すべての施設で十分に高い最低基準を設けることだ。そうすれば、選択はノルウェーでのようにほとんど本質的な問題にはならない。ノルウェーでは、保育料の最大額という制限も課せられている。しかし、この方法は割高であり、政府がその費用を賄わなければならない。さもなければ、中低所得世帯を公的な保育から費用の面で完全に排除してしまう危険に陥ってしまう。その危険性とは、ブレナン Brenan とフレンチ Frenche がオーストラリアでの例として鋭く強調している点である。また、そこには十分な養成教育を受けた職員数が不足しているという状況の中での、突然の資格の新たな義務化の流れという実際上の課題もある。

　中間的な方法としては、質を向上させるための補助金制度をより明示的なものにするというのがある。均一な補助金制度ではなく（これでは、結果として親の保育料の積み上げが求められるだろう）、質の改善に投資した施設が資金を多めに受け取るようにする。そうすれば、低所得世帯を費用の問題で排除することなく質の改善ができる。例としては驚くほどに少ないのだが、ニュージーランドは1つのモデルを提示している。有資格の職員を多く雇用した施設は、政府から資金を多めに受け取ることができるように「質に基づく資金提供区分」（quality funding bands）という仕組みによって〔保育の質を〕保証している。イングランドでは、地方自治体による3歳児、4歳児の権利保障の資金の中に事業者のための質向上付加給付金（quality supplement）を設けているが、地方自治体そのものが〔中央政府から〕受け取る予算は固定されているものであり、結局他の施設が困ることになるのが予想できるため、ほとんど利用されていない。他方、専用に利用される基金であれば効果を発する（例えば、イングランドで2006〜2011年に実施された学卒資格リーダー基金 Graduate Leader Fund）。アメリカでは、「階層型の質の評定・向上システム」TQRIS において、高く評価されたプログラムに対する補助金の額を上げようというものがある。例えば、ノースカロライナでは、長期的に資格の高度化を義務づける目的で、高度な資格

第 10 章　共通した政策上の課題および教訓^{レッスン}

を持つ職員を雇ったり養成した場合に施設には経済的なサポートがなされている。

　社会的に不利な子どもが利用している施設の質の高さを保証する、もう1つの方法は短時間制^{パートタイム}の保育の質を改善することだ。これはイングランドで、歴史的な偶然によってもたらされた。公立の保育学校（nursery school）と保育学級（nursery class）の職員は高いレベルの資格要件を必要としており、低所得家庭、エスニックマイノリティの家庭が多く住むインナーシティ地域に存在している。結果として、不利な3歳児、4歳児は、豊かな世帯の子どもよりも教員〔高いレベルの資格を必要とする〕のいる施設を利用できている場合が非常に**多い**。フランスの都市部の2歳児のための保育学校の発展は、同じようなストーリーをたどっているようだ。ただし、フランスでは保育所と比較して、保育学校がこの年齢の子どもにより質の高い保育を提供しているかは不明であるが。オランダでは、プレイグループの質に向けた投資は、最も不利な子どもたちを対象とした質改善の投資になっている。

　他方、これは実際的^{プラグマティック}な方法であり、短期的にはもちろんうまくいくだろう。しかし、限界のある戦略でもある。1つには、全日制の保育施設を利用し就労している低所得の親たちの子どもの状況を無視している。次に、社会的分離に関する対応を何もしてない。もし、ピア効果が存在するなら（研究として参照。イングランドのものとして Mathers et al, 2007、アメリカのものとして Shager, 2012、それらの研究はその存在を認めている）、または単純に教育の一環としてソーシャルミックスを本質的な価値とするなら、政策は短時間制^{パートタイム}と全日制の環境の間の分離を前提とするのではなく、その垣根を取り払わなければならないのではないか。3点目として、短時間制^{パートタイム}の施設は、親たちの就労への移行をほとんどサポートしていない。イングランドにおける公立の保育学校は短時間制^{パートタイム}施設であり、子どもの発達の観点からはすばらしいものだが、論理的、現実的に考えて、働く親たちが利用するのは困難である。働いてない母親にとって、子どもが学校に通い始めてからではないと仕事を探すのは無理だといっているようなものだ。これ

297

は、結果として、乳幼児期の貧困状況を改善するのにこうした場所は役に立っていないことを意味する。社会的に不利な地域のすべての施設に対して予算を増やすこと（イングランドとウェールズの学校レベルの生徒割増金と同様に）が、社会的な分断を減らしより生産的な戦略となるだろう。

3　アクセス面の拡大と質の改善の二律背反関係

　今回対象のいくつかの国では、ここ数年の間に、急速な労働市場の変化、人口動態的変化、生活における行動面での変化が見られ、（特に低年齢の子どもたちの）保育・幼児教育に対する顕著な需要の増加を伴うものとなっている。ノルウェーでは、幼稚園に在籍する1歳児と2歳児の割合は、2000年の37％から2011年の80％に増加し、エリンセター Ellingsæter は、これを「よちよち歩きの侵入」（toddler invasion）と呼んでいる。ドイツでは、3歳未満の在籍率は、2002年の9％から2011年の25％以上に増加した。フランスは、出生率の上昇と共働きに対する社会的な評価の高まりの中、公的な保育の場を増加させることに重点的に取り組んできた。一方、オランダでは女性の労働力参加の拡大に合わせ、1990年代以降公的な保育に対する需要が急速に高まってきた。アクセス面を拡大する一方で、各国は子どもの発達面における保育・幼児教育の役割に対する認識を深め、保育の質の改善にも取り組んできた。さて、この2つの面は二律背反の関係にあるのだろうか。

　確かに、ある国は質の面を後回しにして量の拡大を行ってきた。フランスでは、不利な地域に住む、社会的に低い資格しか持たない女性をチャイルドマインダーになるように促してきた。それは、保育所の十分な量が確保できない中で保育の場を確保するためであると同時に、直接的に女性の就労を増やすためでもあった。配置基準が緩められたため、3人までだったのが4人まで子どものケアをすることができるようになっている。ジャンヌ・ファニャーニ Jeanne Fagnani は、チャイルドマインダーによる利用が可能な研修とサポート体制を改善しようという自発的な動きはあるにしても、最近の改革は労働市場からの圧力によるもので、子どもの最善の利

第 10 章　共通した政策上の課題および教訓

益の観点に基づくものではないと主張している。一方で、チャイルドマインダーの賃金を直接的に規制したことで保育料は上がり、チャイルドマインダーは最も貧困な家族がもはや利用できるものではなくなり、代わりに彼らは 私 的 な保育に頼ったり、または変則勤務に従事せざるを得なくなっている。この状況は、イングランドにおける、チャイルドマインダーについての厳格な規制が質を向上させたと同時に保育料を引き上げたことをめぐる議論と一致している。低所得家庭を保育料の問題で 公 的 な保育から排除するシステムは、社会的に不利な子どもにとってけっして有益なものではないが、費用は安いが質が悪い 公 的 な保育も彼らには有益とはいえない。

　オランダでは、2005 年に民間部門の施設を拡充することを意図して、それまでの供給側への資金の提供から需要側への提供へと抜本的な転換を政府は行い、保育の需要の増大に対応した。確かに、保育の場は増えたが、プロセスの質に関する指標は悪化した。アグンドゥス Akgündüz とプランテンガー Plantenga は、この質の低下は資金の流れを転換したことによる直接的な影響ではなく、施設拡充のスピードによるものだとしている。急激な拡充に伴い、職員不足、マネジメント経験の不足、さらには監査と規制の困難さが生じたためだとする。

　一方、ノルウェーでは量の確保とともに質も向上してきた。それは、十分な政府の資金が量と質、両方の面で一度に効果をもたらしたことを意味している。2008 年の保育施設の調査によれば、民間保育施設の有資格の教員の割合は 2004 年から増加するなど、構造的な質は部門の拡充と並行して改善してきたとする。

　しかしながら、まず、急激な拡充期に伴う、職員の確保に関する短期間に生じる問題は避けられないようだ。各国はこの問題への対処方法を検討することを余儀なくされている。もしかしたら、それは短期的に職員の養成に関する要件を緩めたり、職員となった後、在職中に養成教育を受けたり支援を受ける機会を提供する方法かもしれない。フランスでは、保育所に関する要件は低くなり、専門的な資格を所持しなければならない職員は

299

50％からたった40％でよくなっている。ドイツのいくつかの州では、職員の急激な需要に応じるために、資格を短い期間でとれる方法を導入している。

次に、財源が少ない場合、二律背反関係は避けられず、質とアクセスの両方の目標を心にとどめておく以外の明確な解決方法はない。社会的に不利な子どもにとってアクセスができない限り、すばらしく質の高い施設の存在はあまり意味あるものとはいえない。このことに関していえば、例えばニュージーランドが財源をマオリやパシフィカ〔太平洋諸島〕の在籍率を改善することに使うことを公約として、政府の100％教員資格政策を緩め80％としたことは正当化できるだろう。オーストラリアで、すべての4歳児に養成教育を受けた教員へのアクセスを保証することで、質を改善しようという最近の野心的な動きは広く歓迎されている。しかし、もし十分な財源が確保できない場合、豊かな子どもは質の高い保育・幼児教育を受け、貧困な子どもは公的な保育にまったくアクセスできないという結果をもたらすかもしれないという懸念が生じている。オーストラリアは、施設を質の高いものにすることを決めたが、無償化にはしていない（どこか、イングランドにおける子どもへの権利保障と対照的である）。他方、質の低い施設へのアクセスのしやすさは、保育の補助金と子どもの成果とのネガティブな関係が認められたアメリカやカナダの研究における、懸念される原因の1つとしてクローズアップされている。

こうした質と量の緊迫関係について、いくつかの国では財源をあまりかけずに質の向上を図ろうとしている。例えば、アメリカでは、保育の質をモニターしその改善の結果を通知するにあたって、CLASS指標を用いるようにヘッドスタートプログラム事業者に要求することと併せ、ヘッドスタートの資金獲得をめぐる競争を連邦全体で行わせている。同様に、イングランドでは、乳幼児期環境評価尺度（ECERS）を用いる自己評価が、事業者を担当する地方自治体によって推奨され支持されている。こうした手法からはいくらかの成果が期待できるかもしれないが、デボラ・ブレナンDeborah Brenanとマリアンヌ・フレンチMarianne Frencheが指摘するよ

うに、物理的環境、養成訓練、賃上げのための追加的な財源なしに達成できるものには限界があるだろう。

　最後に、社会的な不利を抱える家族は、多くの場合 私 的 なケアを利用しているとしたら、 私 的 なケアの質を充実させるという政策の意義は忘れられてならない。イングランドのシュアスタート Sure Start 子どもセンターは、統合されたさまざまなサービスの拠点として成功したモデルである。そこでは、子どもたちのための滞在・遊び（stay-and-play）クラスやその他の活動、親たちや 私 的 なケアを提供する人たちに対する交流の機会や養育支援を含んでいる。子どもセンターは他の場所での似たような手法の出現を刺激した。そこには、ファニャーニ Fagnani とオーバーヒューマ Oberhuemer がそれぞれの章で証言しているように、ドイツのファミリーセンター（family centres）やフランスでの複合保育施設（multi-accueil centre）が含まれる。オーストラリアでは、統合型の子ども家族センター（child and family centre）が同様に設立されているのだが、先住民家族を対象としたものである。

4　運営：何が問題なのか？

　この小見出しにおいて、保育・幼児教育システムが運営されている方法についての4つの論点を議論し、社会的に不利な子どもたちの質の高い施設へのアクセスという視点からみて、4つの論点はどの程度問題なのかを論じている。管理運営上の2つの論点をまず考察する。保育・幼児教育に対する行政レベルでの責任と地方分権についての課題である。その後、どの部門が運営にかかわっているか、特に混合経済（mixed economy）体制の中、営利事業者が組み込まれていることから問題は生じているかどうかを検討する。最後に、労働力に関していくつかの論点を取り上げる。

行政レベルの責任の所在（管轄）について
　1つの行政所轄庁（可能ならば教育関係の省庁）の責任の下に幼児教育と保育サービスを統合することは、乳幼児期の専門家と OECD のような国

301

際組織が推奨する1つの点である（OECD, 2006; Kaga et al, 2010）。今回の研究で対象となった多くの国では、この方向に動いている。しかし、フランスでは3歳未満児のための保育所を社会福祉・保健部門での管轄、保育学校を教育部門でと2つに区分し続けている。アメリカでは、連邦政府の保育政策は保健福祉省内の管轄下にある（最近になって教育省との連携が確立されてはいるが）。イングランドでは、教育省が主導する存在であるが、労働年金省もある程度の責任を負い続けている。確かに公（フォーマル）的な責任のあり方とは、保育・幼児教育の役割に対する社会的・政治的態度を表すものだが、私たちの研究の感触では、保育・幼児教育のあり方、質、平等性に対して、行政の管轄の所在が及ぼす実際的な意義は今日強調されすぎているのかもしれないと思われる。サービスの統合・調整・改善にどう現実にかかわるかということこそが、責任の所在より重要なのかもしれない。

地方分権化

　これまでの章で繰り返し現れてきたテーマの1つとして、地域ごとのニーズや優先すべき事項に応答的であるために、管理運営の権限をより身近なところに下ろすことと、国／州（*Länder*）／地方自治体それぞれで権限を平等にすることとの間で二律背反（トレードオフ）の関係がある。この本の研究における連邦政府——ドイツ、アメリカ、オーストラリアでは、子どもたちはどこに住んでいるかによってかなり異なるサービスを受けている。一方、地域ごとの違いとはいうものは、良質の実践と失敗となる悪質の実践の両方から、新しい方法や学びを得る機会を提供するものでもある。また、地方自治体は小規模の事業者が質の向上に励むことを支援するという重要な役割を果たすことができる。その役割は、中央政府による監査システムがカバーできそうにないものだ。ただし、中央政府からの資金の提供は地方自治体がこの役割を果たすために必要ではあるが。

　連邦政府にとっては、2つの役割が重要なようだ。まずは、すべての州政府、自治体に最低基準を課す（少なくとも奨励する）ことである。次に、効果的な公開調整（open coordination）の手法を保証すること。そのこ

とによって、あるところで成功した政策を他の州や自治体でも応用したりそれを用いて工夫したりできる。オーストラリアの新しい「国の質枠組み」National Quality Framework（NQF）は、すべての州に単一の質保証の体系を導入し、職員と子どもの比率と資格要件についての最低基準を課している。これによって、いくつかの州ではかなりの変革が求められている。ただし、この「国の質的枠組み」が各州間で相互に政策的な学びを推進するものとなるかは不明だが。ドイツでは、「国家的質イニシアティブ」National Quality Initiative（2000–2006）が、拘束力のない「幼児教育のための共通枠組み」Common Framework for Early Education をもたらし、全16州の大臣によって同意された。

　地方分権化は、また財源についての課題をもたらす。1つには、中央政府から地方政府に補助される財源について、使用目的を特定（earmarked）したり、囲い込んで限定（ring-fenced）するのか、または他の支出領域に利用可能なのかという点である。この本の調査からいえるのは、サービスの基盤がきちんと確立するまでは使用目的を特定する方法が重視されるべきであり、強力な保育の質の規制がない限り、特定する方法から乖離するのはどんな場合でもリスキーかもしれないということだ。ノルウェーは、最近になって使用目的の特定から、さまざまな目的に活用できる（general purpose）包括的補助金（block grant）化した。しかし、ノルウェーではすべての子どもに保育施設を利用できる権利が保障され、保育の構造的な質に関する規制も非常に多くの点をすでにカバーしているという条件があってのものだ。今のところ、その変革は基礎自治体の動きに変化をもたらしてはいない。しかし、政府が指名する専門委員会は、変革の結果、保育の質が落ちないようにさらなる質の規制と管理を求めている。サービスの基盤が十分に確立しておらず、使用目的が特定されない場合、たとえ公的な保育・幼児教育の権利保障がなされたとしても、質およびアクセスに問題が生じる可能性がある。ドイツでは、2013年8月に権利保障が法制化されたが、保育の場を増やすことを州政府に促す力としては不十分なようだ。

もう1つの課題は、地方自治体にわたる政府の補助金が、地方自治体レベルでの質の改善に効果を及ぼすための方法についてのものだ。イギリスの経験では、政府から地方自治体への資金提供が質の観点と無関係である場合、地方が質を高めようという動機（インセンティブ）を生み出すことは難しい。地方自治体は、滅多に質向上付加給付金（quality supplement）を事業者に与える権限を活用しない。なぜなら、それは他の事業者（しばしば、サポートの必要な弱小事業者）を苦しめることになるからだ。同じように、ドイツでは州が受け取る政府の補助金の額は、質の基準とは関連性がない。一方、アメリカではウォルドフォーゲル Waldfogel とマグナソン Magnuson が記述するように、オバマ政権は州政府が質の向上を求めて一定のイニシアティブをとったなら、追加の補助金を州政府に提供することで質を高めようとしている。

「混合経済」と民間部門の役割

　調査設計の関係で、今回の調査対象の国はすべて、事業者は混合状態であるが、その大半は営利事業者でありその数は増加している。フランスでは、2002年から保育サービスは営利企業にも開かれるようになったが、これは利用できる保育の場を増やすためであることは明確だ。ノルウェーでは、保育施設の半分は民間であり、大半は親たちによる経営であるが、一方営利事業者の参入が徐々に増えている。ニュージーランドでは、2007年と2011年の間で民間事業者の数は47％増加した（一方コミュニティ施設のサービスは3％の増加であった）。オランダでは、公営の保育施設は2005年の財源改革後になくなってしまい、民間営利事業所（60％）と非営利事業所（40％）のみが残っている。ドイツでは、3分の2が非政府組織（NGO）で運営され依然として例外状態だが、営利施設は事実上ない。

　乳幼児教育の供給から利益を得ることは、それ自体倫理に反するのではないか、また援助された資金を営利事業者は、職員の賃金やその他の質改善のために投資するのではなく、株主のために吸い上げてしまうのでは

第10章　共通した政策上の課題および教訓^(レッスン)

ないかという懸念が挙がっている（例として Penn, 2012; Sumison, 2012 を参照）。また、営利事業者は高所得家庭にその〔経済的〕動機として目を向けがちだし、それによってアクセスは阻害されるかもしれない。他方、市場化のロジックによれば、親たちは保育の質とは何かを知っているし、そこに価値を見出すと想定して、営利部門事業者は親たちを惹きつけることを目的に、質を引き上げるだろうと予想する。

　この論点を例外的に調査したわずかな数の研究は、北米のものであるが、たいていの場合営利部門では保育の質は悪いとされている（Blau and Currie, 2006; Sosinsky et al, 2007; Cleveland and Krashinsky, 2009）。オーストラリアとイギリスを含む数か国では、公的に利用できるデータが営利と非営利施設間で峻別できないという事情によって研究が妨げられているが、イングランドでは公立施設が最も高いプロセスの質を保持していることが認められており、一方で非営利部門の施設は最近最も急速に質を改善しているとされる（Mathers et al, 2007）。ニュージーランドでは、民間施設の教員の有資格化の目標に向かう動きが遅く、職員たちは不十分な資格状況になっている。ノルウェーでは、基礎自治体が運営する保育施設は、養成訓練や教育を計画し実行する点で最も良い状況であることがわかっている。

　これに対して、ノルウェーとドイツでは対照的な状況が示されている。ノルウェーでは、営利部門で質の高い保育の提供がなされており、ドイツでは、非営利事業者が存在することが質の高さの保証につながっていない。ノルウェーでは、保育の質のための強力な要件（職員の資格）が、保育料（料金キャップ）と利潤の制限設定とともに存在するという仕組みが効果を発揮しているようだ。利潤を得ることは、「合理的」な場合にのみ許可される。もし、人件費が基礎自治体運営の保育施設と比較して顕著に低い場合には合理的とは認められない。このような厳しい規制は、政府の補助金が高い水準であるノルウェーでは特に重要である。政府の予算がサービスに費やされ利潤として流失していないことを保証するためにはこうした制限は必要である。

　しかしながら、営利部門はノルウェーではまだ小規模であることも記

305

述しておくべきである。もっと本格的な（substantial）営利部門、例えば大
企業については、規制を強める改革に対しては、その規模の力を用いて
抵抗するため、管理することは難しいかもしれない。このことは、オー
ストラリアでの経験からいえる教訓（レッスン）の１つでもある。オーストラリアで
は、ABCというチェーン企業が2008年の破産管財人による管理下に入
るまで、保育市場の25％を占めていた。ブレナン Brenan とフェネック
Fenech は、国の規制基準を改善しようというキャンペーンに対して、民
間部門がブレーキとしての役割を果たしてきたと主張している。

　さらに、この本の研究では、営利部門の存在がそれ自体として保育の質
の改善を導くというエビデンスはなかった。競争的な保育市場へのシフト
後のオランダの経験は、それとはまったく反対のものであり、保育の質の
低下が認められた。このことが起きるのは、保育の質とは親たちには観察
しにくいものであり、事業者には質の改善に向けた投資への 動 機 づけ（インセンティブ）
が働かないためであると思われる。このことが示すメッセージとは、民間
部門も質が高い可能性はある、だが、それは規制やしっかりした基準が
あるからであり（それらは、収益性を減じる可能性がある）、競争のプレッ
シャー（それは主には保育料によって行われる可能性がある）によるもので
はないという点である。

　この小見出しのテーマの中で取り上げるべき最後の論点に、混合経済は
保育・幼児教育の細分化（fragmentation）をもたらし、子どもたちの成長
にあたってのケアの連続性を阻害する重要な要因かもしれないというもの
がある。ノルウェーは、８か国の中で唯一、０～６歳のケアの連続性を重
視し、異なるタイプの事業者が存在するとしても、すべての年齢にわたっ
て１つの施設でカバーしている点で際立っている存在である。たぶん、親
の選択と細分化は同じコインの裏表であり、連続性に対して対価を払って
いるノルウェーの親たちにはほとんど選択肢はない。しかし、ハーシュマ
ン（Hirschman, 1970）が主張するように、公的サービスを改善するために
「声」を上げることは、選択ができるということ同様に効果的であり、ノ
ルウェーの場合、保育施設の委員会に親たちが参加していることが、保育

第 10 章　共通した政策上の課題および教訓（レッスン）

施設が地域のニードに応答的であることを保証しているのだと思われる。

労働力問題

　労働力問題は、保育・幼児教育を提供するにあたっては疑いなく中心的な要素である。職員の教育資格要件については、この章の前半でもすでに触れた。各国の調査からもう一点取り上げるテーマは賃金の問題である。もしかすると驚かれることかもしれないが、賃金の低さという問題はこの本の研究対象となったすべての国で共通するテーマとして現れている。これは、最低限の資格要件の課題が影響を及ぼしていると思われる「低い学歴、低い賃金」という労働力のあり方が見られる国だけの問題ではない。

　義務教育の教員と同額に設定されている場合を除き、高いレベルの資格を持つ職員であっても、資格の高さにかかわらず相対的に低い賃金しか受け取っていないことが見受けられる。同額に設定されているのは、フランスとイングランドで、保育学校と保育学級は、学校システムに統合されており、プリスクールの教員は小学校の教員と同じ職業グループに所属しているとされる。しかし、保育・幼児教育が学校システム外で提供されているとき、賃金は例外なく低い。ノルウェーでは、大学卒業の職員の存在がかなり多いが、高い学歴を持つ他の職業グループとの比較だけでなく、他の教員グループと比較しても賃金は低い。ニュージーランドでは、幼稚園の教員と小中高等学校の教員との賃金の平等性は労働組合の運動の成果である（May, 2005）。しかし、同じ合意内容は保育（教育・ケア）センター（care and education centres）の教員には適用されなかった。資格要件が高くなるほど、他の職業グループ、特に教員との賃金額の平等性の課題は必然的に避けられないものとなる。

　第二の課題は、異なる資格を持つ保育・幼児教育の労働者間の賃金の違いについてのものである。イギリスとオーストラリアでは、賃金はほぼ均一であり、保育労働者が高い資格を新たに得たとしても、それに応じて高い報酬を得ることはない。こうした状況においては、新しい資格を普及・促進させるだけで保育の質を改善しようという方策は、そこに賃金の上昇

が伴うという財政的な補強がない限り、短命に終わってしまうだろう。

　さらに一般論としては、必要な数の職員を採用し確保するためには、単純なことだがほどほどの賃金レベルが必要であり、それは職員の資格問題とは無関係であるということだ。ジャンヌ・ファニャーニ Jeanne Fagnani は、フランスではチャイルドマインダーの仕事を魅力的にし供給を増やすことを目的として、どのようにチャイルドマインダーの最低限の賃金保証を導入したかを記述している。アメリカでは、ウォルドフォーゲル Waldfogel とマグヌソン Magnuson が、1990 年代以降、保育労働者の賃金の上昇傾向と、離職率の減少とが一致していることを報告している。

5　より多くの支出？　または、よりスマートな支出？

　この研究から導き出される避けられない真実（truth）は、より多くの公的な資源を保育・幼児教育に投入することは、保育の質を高めることおよび、すべての子どもがそれにアクセスできることの両方を保証するのに役立つという点だ。アクセスと保育の質の組み合わせにおいて最も優れている国、フランスとノルウェーは、第 1 章で見たように GDP 比として最も高いレベルで支出をしているのだが、「保育のトライアングル」の第 3 番目のコーナー^{訳注2}に関して、すべての子どもに対する寛大な（push the boat out）政策を始めたといえる。質の高い保育・幼児教育を公正かつアクセス可能な方法で提供することは高い費用を要することであり、景気後退と財政緊縮の時代においては歓迎されない結論なのかもしれないが、表 1.4 で報告されている各国間の大きな違いが示すのは、どのような財政的な状況であろうとも各国には選択肢があるということだ。ジャンヌ・ファニャーニ Jeanne Fagnani がフランスの章で指摘しているように、フランスは財政的な制約にもかかわらず、近年においても保育・幼児教育への投資を増やし続けている。

　訳注2　つまり費用負担の少なさ、無償化の問題。

第 10 章　共通した政策上の課題および教訓

　表 1.4 は、また、5 歳未満の子どもへの公的支出が、5 歳未満の子ども
のうちでは年齢の高い子どもに集中していることも示している。これは、
3 歳、4 歳、5 歳の在籍率が大幅に高いことを反映している。しかし、す
べての章において実証されているように、より年齢の低い子どもたちの在
籍が増えている。3 歳、4 歳の子どものための資源を基に再配分しない限
り、他の政府予算から追加の財源を調達しなければならなくなる。保育・
幼児教育への支出が今後数年間で増加**しない場合**、それは保育の質の低下
をもたらす可能性がある。同時に、保育の需要の高まりの重圧によって、
保育の質とアクセスの平等性の両方を促進するためには、資源をどのよう
に費やしたら最も効果的なのか考慮することが重要となっている。私たち
は考えられ得る教訓をここにまとめている。

　最初のよくある疑問は、公的な資源が制度的に需要側へ資金提供される
（すなわち、子ども個々に伴う）のと、供給側への提供される（事業者に直接
提供される）のでは、どちらが効果的なシステムであるかという点である。
需要側への補助金は、必要に応じて保育の場の拡大を促すためのツールと
してはうまく機能しているように見えるが、この章の前半で説明した理由
の通り、保育の質を向上させるツールに必ずしもなっているわけではな
い。また、親の選択を促進するという点においても、供給側への資金提供
に比べて明らかに優れているというわけではない。というのも、親の選択
とは、幅のある利用可能な選択肢の有無に依拠しているのだが、オランダ
における事例が示すように、需要側への資金提供は、実際には、全体とし
て価格も似通っており、ごく普通（mediocre）の質の保育しかもたらさな
い。また、需要側への資金提供は、前払い方式の所得連動保育料システム
を不可能にする可能性があり、後述する論拠のためにこれは欠点の 1 つ
とみなされるだろう。さらに、供給側をサポートするいくつかの方法は、
親たちの支払い能力が低い社会的に不利な地域でのサービスを持続可能に
するためには不可欠である可能性が高い。

　全体的にみて、私たちの調査結果は OECD（2006, p 114）の主張に沿う
ものであった。OECD は、「大多数の国では、サービス施設に対する公的

資金による直接的な資金提供は、効果的な監督、規模のメリット、国全体の質の高さ、保育者や教員の効果的な養成訓練、アクセスと在籍における公平性の高さといった面で、消費者側への補助金モデルに比べ優れている」としている。他方、既存の需要側への資金提供システムは、下記のような保育の質を高める補助的な方法を組み込むことによって、より洗練され効果的にすることができるかもしれない。

このことは、資金提供メカニズムと規制メカニズムとのより良い統合の重要性を示しており、第二の明確な教訓（レッスン）をもたらす。現在、政府は資金提供メカニズムを利用して、費用負担の面で利用しやすくしたり、保育の質に影響を与える規制を改善しようとする傾向がある。しかし、資金提供が供給側に対するものであろうと需要側へのものであろうと、資金提供が質の向上につながるものでなければ、事業者が保育の質を上げようという動機（インセンティブ）づけ（および機会）を抑制する一方で、低所得家庭を費用の問題で排除するリスクももたらす。（例えば）高いレベルの資格の職員を雇用すれば、より多くの資金提供を確実に施設側が受けることができるといった質を高める補助的な方法は、驚くほど稀なものであり、政策的な注目を集める価値のあるものだろう。このような方法は、保育の質に対する投資を行う事業者の動機（インセンティブ）づけをより高める一方で、支払い能力が高くない親たちが、政府からの支援金を質の高い保育を選択することに利用する可能性を高める。

第三に、国家間での横断研究におけるエビデンスによれば、普遍的な無償保育が不可能な場合、透明性の高い所得に連動した保育料制度が強力に推奨されることになる。ノルウェーとフランス（3歳未満）の両方の国では、すべての子ども対する無償保育はなされていないが、所得に連動した保育料制度によって、アクセスが促進されるようになっている。所得のない家庭の保育料を0円に設定することは、そうした親たちが子どもをどこかに預けようと思い立ったら、子どものケアのために保育・幼児教育の場を利用できることを保証する効果的な方法であり、社会的統合の促進にもつながるだろう。ノルウェーの例は、所得連動の保育料（0円から全国

第 10 章　共通した政策上の課題および教訓^{レッスン}

的に設定されている上限の保育料まで）のシステムを通して、普遍的なアクセスがどのように達成されるかを示している。フランスなどのように公営の施設によって保育が提供されているシステムでは、所得連動保育料の制度は非常に簡単に導入できるが、ノルウェーとドイツの経験によれば、民間の事業者がかかわっている場合も機能することを示している。しかし、前述のように、所得連動の保育料制度を需要側へ支払われる補助金と組み合わせることは、少なくとも複雑なシステムとなるだろうし、単純に考えれば不可能なものといえるだろう。所得連動の保育料制度が導入不可能と考えられる場合、オーストラリアの例を検討するべきであろう。オーストラリアでは、補助金は子どもベースで支払われるが、親に還付されるのではなく直接事業者に対して支払いを行うことができる。

　第四に、保育の質の異なる面を交換することによってコストを抑えることができる**かもしれない**。各国の保育システムの開始状況によっては、高いレベルの資格を持つ保育者の賃金を高くするために、職員 1 人あたりの子ども数の比率を少し上げることは、低いレベルの資格の職員が多数いるシステムよりも望まれるかもしれない。しかし、どのような形の制度の変更であろうとも、高いレベルの資格の職員が正式にいることを条件として、段階的でなければならず、その施設が提供する教育や保育の質に注意を払う必要がある。最適なサービスのあり方は、ノルウェーのように子ども数の低い比率と大学卒業者が大多数を占めることの組み合わせのようだ。

　第五に、営利事業者が保育・幼児教育の提供に携わっているところでは、公的な財源の投入が株主の利益を促進することだけにつながらない仕組みが必要となる。ノルウェーでは、事業者の半分が民間事業者だが、政府が保育のコストの 85％ を支払っているため、職員配置に関する厳しい規制と相まって、保育料の上限設定がうまく機能しているようだ。ノルウェーよりも社会格差の大きい国において、社会的分離を予防するためには、社会的に不利な子どもたちの保育へのアクセスを確保し、利益を得るために高所得の親を求めることを事業者に思いとどまらせる、強力な

311

動機づけの仕組みの存在が重要となる。これには、社会的に不利な子どものための政府の補助金が含まれる。イングランドではそうした補助金が用いられているが、現在のところ小規模すぎて効果はあまりない。

　しかし、最後に、アクセスの改善と保育の質の向上は費用がかかるものであり、誰かがそれを支払う必要があるという不可避の論点に戻らざるを得ない。ほとんどの親たちは、質の高い保育の費用全額に近いものを負担することはできない。それは、苦労して義務教育レベルで私立学校に通わせるようなものである。オランダでは、雇い主は保育が安く利用できる制度を実現するために大きな貢献をしているが、これをより拡大して実施するのは難しく、保育の質の向上のための財源をオランダの雇用主が負担することも困難である。フランスの制度は、〔雇用主が〕従業員個々の保育費用の直接的な部分ではなく、一般的な国の保険型の拠出金を支払う制度であり、追求する価値があるかもしれないが、これは増税の1つの方法でもある。

　要するに、この調査のほぼすべての国では、すべての子どもにとって保育・幼児教育が高い質かつアクセス可能であることを保証するために、より多くの公的な資源が必要である。これには、政治的リーダーシップと長期ビジョンが必要である。

●注

1　第2章で論じられたように、北アイルランドでは、3歳児の保育は政策目標であるが、イギリスの他の地域のように保証されているものではない。

2　第2章で論じられたように、政策はイギリス内でさまざまである。ここで、またこの結論の章全体を通して、イングランドについて言及されるとき、論じられる内容はイギリス全体にではなくイングランドだけにあてはまるものである。

3　「就学前教育は強制的に行われるべきか？」『ニュージーランドヘラルド』*The New Zealand Herald*,2012年9月21日金曜日。

4　イギリスにおいて、施設がより高い資格を持つスタッフを雇用した場合、職員1人あたりの子ども数の比率を高くすることを許可するという提案が2013年の連合政権の就任後に推し進められようとしていたが、どのレベルの資格が高い比率に結びつくのかは不明であった。究極的な目標は、保育の質を向上させること、または保育のコスト、したがって親の費用負担を減らすことである（DfE, 2013）。

第 10 章　共通した政策上の課題および教訓〔レッスン〕

提案は議論の余地があるものであり、執筆の時点で棚上げされている。

●文献

Blau, D. and Currie, J. (2006) 'Preschool, day care, and afterschool care: Who's minding the kids?', in E.A. Hanushek and F. Welch (eds) *Handbook of the Economics of Education, Volume 2*, Amsterdam: North Holland, pp 1163–278.

Blau, D. and Mocan, N. (2002) 'The supply of quality in child care centers', *The Review of Economics and Statistics*, vol 84, no 2, pp 483–96.

Cleveland, G. and Krashinsky, M. (2009) 'The nonprofit advantage: Producing quality in thick and thin child care markets', *Journal of Policy Analysis & Management*, vol 28, no 3, pp 440–62.

DfE (Department for Education) (2013) *More Great Childcare – Raising Quality and Giving Parents More Choice*, London: DfE.

Ellingsæter, A.L. and Gulbrandsen, L. (2007) 'Closing the childcare gap: The interaction of childcare provision and mothers' agency in Norway', *Journal of Social Policy*, vol 36, no 4, pp 649–69.

Hirschman, A. (1970) *Exit, Voice, and Loyalty: Responses to Decline in Firms, Organizations, and States*, Cambridge, MA: Harvard University Press.〔A. O. ハーシュマン著、矢野修一訳（2005）『離脱・発言・忠誠──企業・組織・国家における衰退への反応』ミネルヴァ書房〕

Kaga, Y., Bennett, J. and Moss, P. (2010) *Caring and Learning Together*, Paris: UNESCO.

Kremer, M. (2007) *How Welfare States Care: Culture, Gender and Parenting in Europe. Changing Welfare States*, Amsterdam: Amsterdam University Press.

Lewis, J., Campbell, M. and Huerta, C. (2008) 'Patterns of paid and unpaid work in Western Europe: Gender, commodification, preferences and the implications for policy', *Journal of European Social Policy*, vol 18, no 1, pp 21–37.

Mahon, R. (2006) 'The OECD and the work/family reconciliation agenda: Competing frames', in J. Lewis (ed) *Children, Changing Families and Welfare States*, Cheltenham and Northampton, MA: Edward Elgar, pp 173–97.

Mathers, S., Sylva, K. and Joshi, H. (2007) *Quality of Childcare Settings in the Millenium Cohort Study*, Research Report SSU/2007/FR/025, Nottingham: Department of Education and Skills.

May, H. (2005) *Twenty Years of Consenting Parties. The Politics of 'Working' and 'Teaching' in Childcare 1985–2005*, Wellington: New Zealand Educational Institute (NZEI) – Te Riu Roa.

Mocan, N. (2007) 'Can consumers detect lemons? An empirical investigation of information asymmetry in the market for child care', *Journal of Population Economics*, vol 20, no 4, pp 743–80.

OECD (Organisation for Economic Co-operation and Development) (2006) *Starting Strong II: Early Childhood Education and Care*, Paris: OECD.〔OECD 編著、星三和子・首藤美香子・大和洋子・一見真理子訳（2011）『OECD 保育白書——人生の始まりこそ力強く：乳幼児期の教育とケア（ECEC）の国際比較』明石書店〕

Penn, H. (2012) 'Childcare markets: do they work?', in E. Lloyd, and H. Penn (eds) *Childcare Markets*, Bristol: Policy Press, pp 19–42.

Propper, C. (1996) 'Market structure and prices: The responses of hospitals in the UK National Health Service to competition', *Journal of Public Economics*, vol 61, no 3, pp 307–35.

Propper, C., Wilson, D. and Burgess, S. (2006) 'Extending choice in english health care: The implications of the economic evidence', *Journal of Social Policy*, vol 35, pp 537–57.

Saraceno, C. (2011) 'Childcare needs and childcare policies: A multidimensional issue', *Current Sociology*, vol 59, no 1, pp 78–96.

Shager, H.M. (2012) 'What role do peer effects play in early childhood education? Evidence from the 2003 Head Start Family and Child Experiences Survey (Faces), Doctoral dissertation, University of Wisconsin-Madison.

Sosinsky, L.S., Lord, H. and Zigler, E. (2007) 'For-profit/nonprofit differences in center-based child care quality: Results from the National Institute of Child Health and Human Development Study of Early Child Care and Youth Development', *Journal of Applied Developmental Psychology*, vol 28, no 5, pp 390–411.

Sumison, J. (2012) 'ABC Learning and Australian early childhood education and care: a retrospective audit of a radical experiment', in E. Lloyd, and H. Penn (eds) *Childcare Markets*, Bristol: Policy Press, pp 209–26.

監訳者あとがき

はじめに：本書全体の政策的含意から

　本書は、Gambaro, L., Stewart, K. and Waldfogel, J.（Eds.）*An Equal Start? Providing quality early education and care for disadvantaged children*（Policy Press, 2015）の全訳である。

　3名の編者はいずれもロンドン・スクール・オブ・エコノミクス（LSE）に在籍しており、ルドヴィクァ・ガンバロは LSE の社会排除分析センター（CASE）の研究責任者（本書執筆時点）、キティ・スチュワートは LSE の社会政策学准教授、ジェーン・ウォルドフォーゲルはコロンビア大学ソーシャルワークスクール教授および LSE の社会排除分析センター（CASE）客員教授を務めている。

　本書では、イギリス、ノルウェー、フランス、オランダ、ドイツ、ニュージーランド、オーストラリア、アメリカという8か国の専門家たちが、「社会的に不利な子どもたちに質の高い保育・幼児教育を提供するためには何が必要なのか」という共通テーマのもと、自国の保育政策における取り組みや課題について報告している。また、最終章では、それらの報告を通していくつかの共通課題や教訓（レッスン）が導き出されている。

　現在、保育・幼児教育の拡充や質の向上があらゆる国々で政策課題となっている。本書は、社会的に不利な子どもたちに焦点をあてることで、そのような課題に新たな切り口からアプローチを試みるものとして位置づけることができるだろう。そのような試みによって明らかにされた課題や教訓（レッスン）から、私たちは何を学ぶことができるだろうか。以下では、本書（特に第10章）で示された政策的な含意の中からいくつかを取り上げ、そのことを若干考えてみたい（これらは、本書で触れられたごくごく一部であることを指摘しておく。是非とも、10章全体、また本書全体に目を通していただければ幸いである）。

315

1つ目は、アクセスに関するものである。いくつかの国々の報告から明らかとなったのは、低所得家庭や移民の背景を持つ家庭の子どもたちは、そうでない子どもたちに比べて、保育・幼児教育への在籍率が低い傾向にあることである（特に3歳未満児）。このような状況に対して、アクセスを改善するための方法として、無償かつ普遍的な保育・幼児教育の有効性が指摘されている。その際、強調されているのは、「無償化は単なる費用の問題ではなく、社会的に不利な子どもを含むすべての子どもたちに保育・幼児教育を届けるための効果的な方法として捉えられるべきだ」（282頁）ということである。また、本書で取り上げられたいくつかの国々では、保育・幼児教育への在籍が法的な権利として保障されており、子どもの権利保障という視点からアクセスの問題を考えていく必要性が示されているといえるだろう。

　2つ目は、保育の質に関するものである。本書では、家庭的な背景にかかわらず、すべての子どもに質の高い保育・幼児教育を保証するための方策として、質を全体的に高めることが挙げられている。一般に、保育の質を考える視点は、カリキュラム、職員の資格、職員と子どもの比率、監査、モニタリングなどにおかれており、どの国にも共通性がある。しかし、質全体を高めるためのアプローチの中心におかれるのは、保育者（職員）資格の高度化であるとされる。大学卒業資格を持つ保育者の割合は、（保育・幼児教育の制度的位置づけを背景として）国によって大きく異なっており、ノルウェーのように一定数の大学卒業資格をもつ保育者（教員）を各施設に配置する必要がある国もあれば、大卒の保育者がほとんどいない国もある。しかし、いくつかの国の報告において、プロセスの質は保育者の資格レベルと密接な関連があることが示されており、処遇改善や研修システムの構築にとどまらず、保育者資格そのものをどのように高度化していくのかが問われているといえる。

　保育の質に関しては、もう1つ重要なことが指摘されている。それは、市場原理に基づく事業者同士の競争が質向上に結びついているというエビデンスは、本書の報告において見出されなかったということである。事業

監訳者あとがき

者間の競争は、親からは見えにくいと考えられる保育の質についてではなく、保育料をめぐるものになっているのではないかと編者たちは予測している。そのうえで、質を見えやすくするとされる「ランク付け評定」については、アクセス格差を広げる可能性があるものとして警鐘を鳴らしている。

日本への示唆

さて、本書によって提示されたこうしたいくつかの指摘を前提として、現在の日本の保育・幼児教育の状況から本書がどのような意義を持つものかということに少し触れてみたい。もちろん、日本の保育・幼児教育の状況に対する評価についても本書の読み方についてもさまざまなものが存在するのであり、以下は監訳者なりの視座に基づくものであることを断わっておかなければならない。

まず、編者たちが本書の中で繰り返し述べているのは、その国における保育・幼児教育制度の拡大局面において、アクセス、質、費用負担の安さという「保育のトライアングル」（279頁）間で生じる難しさや複雑さであるという点から論じるべきだろう。日本は、それまでの保育所抑制策を90年代後半からようやく改め（他の先進国に比べ遅れた発展だったとされる。本書の8か国の中ではイギリス、ドイツ〈旧西ドイツ地域〉に似ている）、待機児問題にも政策的に向き合い始め、2015年に子ども子育て支援新制度がスタートし大きな変革期を迎えている。さらに、ここ数年は現政権の「一億総活躍社会」構想や保育所探しに苦しむ親のブログなどをきっかけにして、保育の量の問題が焦眉になっている。また、2016年の参議院選挙で各党の公約に盛り込まれた保育・幼児教育無償化策の導入が、来年度から本格的に始まるとされている。無償化策に対しては、研究者などから待機児童問題を優先するべきだという反論もなされている。

まさしく保育・幼児教育の拡大期であり、保育をめぐる議論が政策や政治のまっただ中にあるといえるのだが、本書におけるいくつかの国と同様に（すべてではない）、量の拡大の前に質の問題はあまり焦点化されていな

いように映る。特に、先述したような保育士の資格など「構造の質」に関する議論は少ない。本年度から始まった厚生労働省「保育所等における保育の質の確保・向上に関する検討会」でも、どちらかと言えば「プロセスの質」に議論の軸はおかれているようだ。一方で、先に触れた「ランク付け評定」に関連して、日本でも現在「保育の質の『見える化』」（平成30年1月17日子ども・子育て会議など）の必要性が討議されており、本書の研究は議論の素材として有用なものだといえる。

　さらに、本書の1つの主題である子どもの貧困が日本でも社会問題化している。2008年に偶然同時期に数冊の子どもの貧困に関する書籍が発表されたこともあって、新聞やテレビなどマスコミがこの問題に注目を始めたのがきっかけであった。その後、国も「子どもの貧困対策法」を施行し法律に基づいた大綱を発表している。また、大綱に基づいて都道府県レベルを中心に各地で子どもの貧困に関する調査が実施されている。法律や大綱の中では現状であまり触れられていないが、本書からもわかるように、先進国の研究において、質の高い保育へのアクセスから最も効果がもたらされるのは、低所得や外国籍など社会的に不利な子どもたちであり、彼らに対する質の高い保育の保証が各国の重要な子ども政策の1つとされ、そのための方策が議論の俎上に上がっている（その方策は各国で異なり多岐にわたり、さらにいくつかの国では論争的な議論が展開されている。是非とも各国の章をご覧いただきたい）。

　日本で子どもの貧困が社会問題化したというのは、どのような家庭に生まれようとも平等に、子どもたちにはその成長・発達の権利が保障されるべきであるという社会的な認識が深まったということでもある。2017年に児童福祉法が改正され、その理念として子どもの権利がうたわれるようになったのもそうした流れをくむものだろう。他方で、先にも述べたように、現在待機児童解消に向けた保育の拡充が喫緊の課題として認識され、保育の場は拡大・多様化している。ただ、それは親たちの（特に、母親の）労働力確保の視点から主になされているものであり、保育の質や子どもの発達保障という権利の視点からの取り組みや議論はどれだけ行われている

だろうか。さらに言えば、貧困やマイノリティの子どもたちの権利保障の視点は含まれているだろうか。前節で論じたように、育児費用の観点からだけでなく（それももちろん重要だが）、いくつかの国で法的に裏打ちされているように子どもの権利保障の観点から、保育・幼児教育の無償化や普遍的なアクセスを議論する時代にきているのではないだろうか。

　一方で、子どもの貧困対策の議論では、日本でも社会投資的な議論もなされるようになった。その観点からすれば、保育は短期的には母親が家庭外で働くことで貧困から抜け出す機会を保障するものであり、長期的には子どもも質の高い保育から多くの便益を得ることができる、ウィンウィンの効率的で「かしこい社会投資」（281頁）ともされる。ただ、そのためには質の高さが必須となる。

　もちろん、質の高い保育のためのコストは高い。特に、政府の予算が限られているときにはいくつかの課題を背負ってしまう。各章からうかがえるように本書の8か国もさまざまな問題や矛盾を抱えている。しかし、だからといって質の問題が後回しにされてよいわけではない。さらにいえば、市場化によって子ども間の経済格差が保育の質の違いに結びつくような状況がもたらされてはならない。それは子どもの貧困対策にも逆行するものだろう。では、どうしたらいいか、本書はそうした視点に立って研究者たちが議論を積み重ね書かれたものでもあり、具体的な施策もいくつか提案されている。

　そのためにも、本書で大切にされているのはエビデンスの重視である。日本の保育政策では、エビデンス不足が指摘される。では、どのようなエビデンスの種類や枠組みが、特に、社会的に不利な子どもに対する保育政策を推し進めるためには必要なのだろうか。そうした視点も本書はもたらす。エビデンスという観点からは、日本でも先述の各地の子どもの貧困調査（北海道や沖縄県の調査）からは、特に低年齢児において保育へのアクセスに経済格差があることが見えてきた。本書における分析の枠組みなども参考に、調査を深めていく必要があるだろう。

おわりに

　編者たちも述べているように、国際比較は単なる「政策模倣」（280頁）のためにあるのではなく、自国の政策や議論のあり方を振り返り、再考するための手がかりを与えてくれるものである。ここまで述べてきたように、本書で取り上げられた国々と同様、日本にとっても保育・幼児教育におけるアクセスと質は重要な政策課題となっており、すべての子どもたちに平等で質の高い保育を保証するため今後さらなる議論が求められている。

　「社会的に不利な子どもたちにこそ質の高い保育・幼児教育を」というメッセージを持つ本書の最終的な結論は、アクセスと質の両方を改善し、すべての子どもに平等で質の高い保育・幼児教育を保証するためには、より多くの公的な資源が求められるということである。特に、日本の場合、保育・幼児教育にかける公的予算は他の先進国と比較してもかなり少ないとされており、上記の指摘はまさしくあてはまる点であろう。ただ、そのためには社会的な議論を基にした合意形成が必要となるはずである。そこでは、保育・幼児教育や子ども家庭福祉、貧困問題、外国人問題、社会政策を専門とする政策立案者・実務者・専門家だけでなく、一般市民も巻き込んだ論議が必須である。そのための素材の1つに本書がなれば幸甚である。

　翻訳、刊行にあたっては、さまざまな方にお世話になった。まず、原著の存在に気づかせてくれたのは、監訳者、山野の友人でもあるオックスフォード大学のフラン・ベネットさんだった。2010年の中道保守連立政権誕生後のイギリスの保育制度の変化について知りたいという山野に、フランさんは自らの論文を送付してくれたのだが、そこで参照なさっていたのが本書であった。編者の1人、キティ・スチュワートさんともメールで疑問点などをやりとりしたが、お忙しい時間を割いてていねいに返信をいただいた。翻訳にあたっては、特に名寄市立大学のマーティン・メドウズさんに何度かにわたってアドバイスをいただいた。キティ・スチュワー

監訳者あとがき

トさんとのやりとりにあたっては、グレッチン・ハブリックさんにもお手伝いいただいた。一方で、最大の貢献があったのは、監訳者のリクエストに快く応じていただき翻訳の労をとっていただいた訳者のみなさんであろう。翻訳原稿に対する監訳者からの細かな指摘についても、お忙しい中きちんと対応いただいた。また、翻訳の企画について最初から前向きにご検討いただいた深澤孝之さん、ていねいに原稿をお読みいただき不整合な部分などをご指摘くださり、最後の最後までねばり強く校正の労をとっていただいた伊得陽子さんにも謝辞を送りたい。

2018 年 8 月

山野　良一
中西　さやか

【執筆者紹介】 ＊所属は原著が出版された2014年時点のもの／†は編者

ユースフ・エムレ・アグンドゥス（Yusuf Emre Akgündüz）

オランダ・ユトレヒト大学経済学部博士課程の学生。研究分野は、女性の労働力参加、保育、保育の質に焦点をあてた労働経済学である。

デボラ・ブレナン（Deborah Brennan）

オーストラリア・ニューサウスウェールズ大学社会政策研究所（SPRC）教授であり、オーストラリアのジェンダーと社会政策についての代表的な研究者の1人である。*The Politics of Australian Child Care*（Cambridge University Press, 1998）の著者であり、*'No Fit Place for Women'. Women in New South Wales Politics, 1856–2006*（UNSW Press, 2006）のルイス・チャペル Louise Chappell との共同編集者である。また、ジェンダー、政治、家族政策の分野における多くの学術論文の著者でもある。最近、SPRCの研究者たちとともに「コミュニティおよび障害サービス閣僚諮問会議」のために、児童サービス事業の戦略的アセスメントについて準備した。オーストラリア政治学会連合の元代表であり、Feminism and Institutionalism international network の一員でもある。

アンネ・リセ・エリンセター（Anne Lise Ellingsæter）

ノルウェー・オスロ大学社会学・人文地理学部教授。主な研究分野は、家族政策、労働と家族関係、ジェンダーと労働、労働時間レジーム、少子化である。

ジャンヌ・ファニャーニ（Jeanne Fagnani）

フランス国立科学研究センター（CNRS）、パリ・ソルボンヌ大学名誉研究員およびパリ経済社会研究所の協力研究員（Associate Researcher）。フランスとドイツの家族政策、ワーク・ライフ・バランス政策、保育、母親の労働、少子化問題について幅広く執筆している。*Revue Française des affaires sociales*（フランス社会問題・社会保障省によって出版された査読されたジャーナル誌）の共同編集長である。

マリアンヌ・フェネック（Marianne Fenech）

オーストラリアのマッコーリー大学乳幼児研究所の上級講師。乳幼児政策、マネージメントとリーダーシップ論を学部および大学院で講義している。彼女の研究は、乳幼児の権利を促進する政策と実践を推し進めるための質の高い幼児教育への重要なアプローチを進展させている。

ルドヴィクァ・ガンバロ†（Ludovica Gambaro）

本書執筆の時点で社会排除分析センター（CASE）の研究責任者を務め、現在ロンドン

大学教育研究所の縦断研究センターの研究責任者になっている。研究のテーマは、乳幼児期サービス、家族政策、労働市場政策などである。

キャサリン・マグナソン（Katherine Magnuson）

アメリカ、ウィスコンシン大学マディソン校のソーシャルワークの准教授および貧困研究所における研究と研修部門の副所長。彼女の研究は、経済的に不利な子どもやその家族のウェルビーイングと発達に焦点をあてている。彼女は、社会経済状況の格差が子どもの発達にどのように影響しているのか、そしてこれらの影響が政策やプログラム、特に幼児教育プログラムによって、どのように変化する可能性があるかを調査している。

ヘレン・メイ（Helen May）

ニュージーランド、ダニーデンのオタゴ大学教育学部の教育学の教授であり、元学長である。ニュージーランドと国際的な舞台で、さまざまな政策イニシアチブに関するアドボカシー活動や助言に携わってきた。1990 年代の重要な業績の 1 つは、マーガレット・カー Margaret Carr とのニュージーランドの乳幼児期全国カリキュラム、テ・ファリキ（Te Whāriki）の作成だった。研究テーマは、乳幼児政策、歴史、カリキュラムについてであり、乳幼児教育の歴史と政治に関する数多くの書籍の著者でもある。

パメラ・オーバーヒューマ（Pamela Oberhuemer）

1970 年代半ばにロンドンからミュンヘンに移住し、ドイツ国立乳幼児研究所（IFP）で30 年以上働いている。ドイツ連邦家族青少年省によって委託を受けた EU27 か国の保育労働力研究の主任研究者である（その研究は、イング・シュライヤー Inge Schreyer とミッチェル・ニューマン Michelle Neuman とともに、英語とドイツ語の両方で 2010年に発表されている）。2011 年にドイツ連邦教育研究省が資金提供した、全国的イニシアチブ（Weiterbildungsinitiative Frühpädagogische Fachkräfte: WiFF）のために、ドイツ青少年研究所によって委託された、デンマーク、イングランド、ハンガリー、イタリア、スロベニア、スウェーデンの継続的な専門職教育システムの体系的分析を実施した。パメラは Early Years—An International Research Journal の 3 人の編者の 1 人である。

ヤンネケ・プランテンガー（Janneke Plantenga）

オランダ、ユトレヒト大学の経済学教授。研究は、労働市場の柔軟化、仕事と家族の調和、（ヨーロッパの）社会政策に焦点をあてている。無償労働の再分配、労働時間の変化、保育の問題、そして社会保障の現代化について幅広く著作がある。European Network of Experts on Gender Equality（ENEGE）におけるオランダの専門家およびコーディネーターである。

ジル・ラター（Jill Rutter）

「家族と児童福祉協会」Family and Childcare Trust の研究部門長で、私的な保育に関する大規模な調査研究に携わっている。現時点では、保育における消費者の権利および乳幼児期の環境に関する調査に取り組んでいる。また、かつて上級研究員として働いていた英国のシンクタンクである公共政策研究所（IPPR）の移住問題の特別研究員である。ここでは移住者の統合と公共サービスの対応に取り組んだ。IPPR に勤務する前は、ロンドン、メトロポリタン大学の教育学の上級講師であった。また、1988 年から 2001 年にかけて、ロンドンの難民評議会の政策顧問を務めた。さらに、中等学校の教師として働いたりインドの開発プロジェクトにも携わった経歴を持つ。教育と移住に関する研究に加えて、住宅や児童虐待の問題に長年関心を持っている。

キティ・スチュワート[†]（Kitty Stewart）

ロンドン・スクール・オブ・エコノミクス（LSE）の社会政策学准教授であり、社会排除分析センターの研究員である。現在の研究は、子どもの貧困と子どもたちのライフチャンスに関する政策の効果、世帯所得とさまざまな成果との関係に焦点を当てている。最近の出版物には、ジョン・ヒルズ John Hills とトム・セフトン Tom Sefton との共同編著である、*Towards a More Equal Society? Poverty, Inequality and Policy Since 1997*（Policy Press, 2009）などが含まれている。

ジェーン・ウォルドフォーゲル[†]（Jane Waldfogel）

ニューヨーク、コロンビア大学ソーシャルワークスクールの子ども・若者問題の予防を専門とする Compton Foundation Centennial 教授であり、ロンドン・スクール・オブ・エコノミクス（LSE）の社会排除分析センター（CASE）の客員教授である。公共政策が子ども・家族のウェルビーイングに及ぼす影響について広範に著作がある。現在の研究には、各国の労働と家族政策、貧困の測定と不平等、社会の流動性に関するものが含まれる。

【編者紹介】

ルドヴィクァ・ガンバロ（Ludovica Gambaro）
執筆者紹介参照

キティ・スチュワート（Kitty Stewart）
執筆者紹介参照

ジェーン・ウォルドフォーゲル（Jane Waldfogel）
執筆者紹介参照

【訳者紹介】 ＊五十音順

大野　歩（おおの　あゆみ）

山梨大学教育学部准教授。広島大学大学院教育学研究科博士後期課程単位取得満期退学。博士（教育学）。専門は保育学・幼児教育学。研究テーマは、スウェーデンにおける保育改革（保育政策・保育制度・保育実践）の分析及び、日本における保育実践観察をベースにした乳幼児期における学びの理解と質的な保育評価。共訳書に『文化を映し出す子どもの身体　文化人類学からみた日本とニュージーランドの幼児教育』（福村出版、2017）がある。

＊翻訳担当章：第 3 章

鈴木　佐喜子（すずき　さきこ）

元東洋大学教授。東京大学大学院教育学研究科博士課程修了。専門は保育学。最近の研究テーマは、保育評価、ニュージーランドの保育・幼児教育。近著に『なぜ、世界の幼児教育・保育を学ぶのか──子どもの豊かな育ちを保障するために』（共著、ミネルヴァ書房、2017）、『保育の場で子どもの学びをアセスメントする──「学びの物語」アプローチの理論と実践』（共訳、ひとなる書房、2013）、『乳幼児の「かしこさ」とは何か──豊かな学びを育む保育・子育て』（大月書店、2010）がある。

＊翻訳担当章：第 7 章

田中　葵（たなか　あおい）

千葉明徳短期大学保育創造学科准教授。筑波大学大学院体育研究科舞踊教育論修士課程修了。研究テーマは、保育における創造的なダンス・身体表現、保育者の身体表現教育。2008 年より同短期大学講師、2017 年より現職。近著に『うきうきわくわく身体表現あそび──豊かに広げよう！子どもの表現世界』（共著、同文書院、2016）がある。

＊翻訳担当章：第 2 章

南野　奈津子（みなみの　なつこ）

東洋大学ライフデザイン学部教授。米国・ワシントン大学（セントルイス）社会福祉大学院修士課程修了。社会福祉学修士。研究テーマは、児童家庭福祉、多文化ソーシャルワーク。2017 年 4 月より現職。近著に、『外国人の子ども白書』（明石書店、編著、2017）、『保育の学びを深める子育て支援の実際』（共著、大学図書出版、2017）がある

＊翻訳担当章：第 9 章

森 恭子（もり きょうこ）

文教大学人間科学部准教授。日本女子大学院人間社会研究科社会福祉学専攻博士課程後期修了。社会福祉学博士。国際ソーシャルワーク論、地域福祉論が専門。研究テーマは、多文化共生社会における外国人支援。とくにオーストラリアのソーシャルワーク教育、移民・難民支援について研究。近著に『難民のソーシャル・キャピタルと主観的統合──在日難民の生活経験への社会福祉学の視座』（現代人文社、2018）がある。

＊翻訳担当章：第8章

【監訳者紹介】

山野 良一（やまの りょういち）

沖縄大学人文学部教授。名寄市立大学特命教授。米国・ワシントン大学（セントルイス）社会福祉大学院修士課程修了。研究テーマは、貧困など社会的な不利を抱える子どもや家族についての調査分析など。児童相談所での現場経験や保育者養成校での教員経験を経て、2018 年より現職。近著に「発達格差の中の子どもたち――保育と文化資本の観点から」秋田喜代美ほか編『岩波講座 教育 変革への展望 第 3 巻・変容する子どもの関係』（岩波書店、2016）、『子どもに貧困を押しつける国・日本』（光文社新書、2014）などがある。

＊翻訳担当章：第 1・4・10 章

中西 さやか（なかにし さやか）

佛教大学社会福祉学部准教授。広島大学大学院教育学研究科博士課程後期修了。博士（教育学）。専門は保育学・幼児教育学。研究テーマは乳幼児の主体的な学びの概念化。近著に「ドイツにおける幼児期の学びのプロセスの質をめぐる議論」（『保育学研究』第 54 巻第 2 号、2016 年）、「ドイツにおける保育の教育的課題の概念化をめぐる議論」（『教育学研究』第 81 巻第 4 号、2014 年）がある。

＊翻訳担当章：第 5・6 章

保育政策の国際比較
── 子どもの貧困・不平等に世界の保育はどう向き合っているか

2018 年 9 月 20 日　初版第 1 刷発行
2021 年 3 月 30 日　初版第 2 刷発行

編　者　　ルドヴィクァ・ガンバロ

　　　　　キティ・スチュワート

　　　　　ジェーン・ウォルドフォーゲル

監訳者　　山　野　良　一

　　　　　中　西　さ　や　か

訳　者　　大　野　　　歩

　　　　　鈴　木　佐　喜　子

　　　　　田　中　　　葵

　　　　　南　野　奈　津　子

　　　　　森　　　恭　子

発行者　　大　江　道　雅

発行所　　株式会社　明石書店

〒 101-0021　東京都千代田区外神田 6-9-5
電話　03（5818）1171
FAX　03（5818）1174
振替　00100-7-24505
http://www.akashi.co.jp

装丁・組版　　明石書店デザイン室
印刷・製本　　モリモト印刷株式会社

（定価はカバーに表示してあります）　　　　　　　　ISBN978-4-7503-4707-3

子どもの貧困と教育機会の不平等
就学援助・学校給食・母子家庭をめぐって
鳫咲子著
◎1800円

子どもの貧困と教育の無償化
学校現場の実態と財源問題
中村文夫著
◎2700円

子どもの貧困と公教育
義務教育無償化・教育機会の平等に向けて
中村文夫著
◎2800円

新版 学校現場で役立つ子ども虐待対応の手引き
子どもと親への対応から専門機関との連携まで
玉井邦夫著
◎2400円

エビデンスに基づく効果的なスクールソーシャルワーク
現場で使える教育行政との協働プログラム
山野則子編著
◎2600円

子ども虐待と貧困
「忘れられた子ども」のいない社会をめざして
松本伊智朗編著
清水克之、佐藤拓代、峯本耕治、村井美紀、山野良一著
◎1900円

子どもの貧困白書
子どもの貧困白書編集委員会編
◎2800円

外国人の子ども白書
権利・貧困・教育・文化・国籍と共生の視点から
荒牧重人、榎井縁、江原裕美、志水宏吉、南野奈津子、宮島喬、山野良一 編
◎2500円

メンタルヘルス不調のある親への育児支援
保健福祉専門職の支援技術と当事者・家族の語りに学ぶ
蔭山正子著
◎2500円

精神障がいのある親に育てられた子どもの語り
困難の理解とリカバリーへの支援
横山恵子、蔭山正子編著
◎2500円

児童館の歴史と未来
児童館の実践概念に関する研究
西郷泰之著
◎3200円

子ども食堂をつくろう！
人がつながる地域の居場所づくり
NPO法人豊島子どもWAKUWAKUネットワーク編著
◎1400円

社会的困難を生きる若者と学習支援
リテラシーを育む基礎教育の保障に向けて
岩槻知也編著
◎2800円

子どもの貧困と「ケアする学校」づくり
カリキュラム・学習環境・地域との連携から考える
柏木智子著
◎3600円

子どもの貧困調査
子どもの生活に関する実態調査から見えてきたもの
山野則子編著
◎2800円

入門 貧困論
さきえあう／たすけあう社会をつくるために
金子充著
◎2500円

〈価格は本体価格です〉

子どもの貧困対策と教育支援

より良い政策・連携・協働のために

末冨芳 編著

■A5判／並製／384頁 ◎2600円

子どもの貧困問題を「なんとかしたい」と考えている全ての人のための本。子どもの貧困そのものではなく、「どのように子どもの貧困対策を進めればよいのか」に焦点をあて、最前線で挑戦を続ける研究者・実践者・当事者たちが協働した。自治体・学校関係者必携。

◆ 内容構成 ◆

第1部 教育支援の制度・政策分析

第1章 子どもの貧困対策と教育支援【末冨芳】

第2章 乳幼児期の貧困とソーシャルワーク【末冨芳・川口正義】

第3章 子どもの健康支援と貧困【中村強士】

第4章 スクールソーシャルワーカーを活かした組織的・計画的な支援【横井葉子】

第5章 ケアする学校教育への挑戦【柏木智子】

第6章 就学援助制度の「課題」【末冨芳】

第7章 制度化における学習支援【佐久間邦友】

第8章 高校からの大学進学と給付型奨学金の制度的課題【白川優治】

第9章 貧困における中退・転学・不登校【酒井朗】

第2部 当事者へのアプローチから考える教育支援

第10章 静岡市における学校プラットフォーム化【末冨芳・田中俊英】

第11章 高校内居場所カフェから高校生への支援を考える【藤原武男】

第12章 ユースソーシャルワーカーによる高校生支援【梶野光信・柊澤利也】

第13章 生活支援からの子どもへのアプローチ【畠山由美】

第14章 より効果的な学習支援への挑戦【渡剛】

第15章 当時者経験から伝えたい子どもの貧困対策【佐藤寛太久波孝典】

終章 「すべての子どもを大切にする」子どもの貧困対策【末冨芳】

ポジティブ・ディシプリンのすすめ

親力をのばす0歳から18歳までの子育てガイド

ジョーン・E・デュラント著
セーブ・ザ・チルドレン・ジャパン監修
柳沢圭子訳

◎1600円

脳からみた学習

新しい学習科学の誕生

OECD教育研究革新センター編著
小泉英明監修
小山麻紀 徳永優子訳

◎4800円

ことばの教育と学力

未来への学力と日本の教育④

秋田喜代美・石井順治編著

◎2400円

世界の幼児教育・保育改革と学力

未来への学力と日本の教育⑨

泉千勢・一見真理子・汐見稔幸編著

◎2600円

OECD保育白書

人生の始まりこそ力強く：乳幼児期の教育とケア（ECEC）の国際比較

OECD編著
星三和子・首藤美香子・大和洋子・一見真理子訳

◎7600円

OECD保育の質向上白書

人生の始まりこそ力強く：ECECのツールボックス

OECD編著
秋田喜代美・阿部真美子・一見真理子・門田理世・北村友人・鈴木正敏・星三和子訳

◎6800円

デジタル時代に向けた幼児教育・保育

人生初期の学びとその後を支援する

経済協力開発機構（OECD）編
アンドレアス・シュライヒャー著
一見真理子・星三和子訳

◎2500円

保育の質を考える

安心して子どもを預けられる保育所の実現に向けて

近藤幹生・幸田雅治・小林美希編著

◎2300円

〈価格は本体価格です〉

シリーズ 子どもの貧困
【全5巻】

松本伊智朗【シリーズ編集代表】

◎A5判／並製／◎各巻 2,500円

① **生まれ、育つ基盤**
子どもの貧困と家族・社会
松本伊智朗・湯澤直美 [編著]

② **遊び・育ち・経験** 子どもの世界を守る
小西祐馬・川田学 [編著]

③ **教える・学ぶ** 教育に何ができるか
佐々木宏・鳥山まどか [編著]

④ **大人になる・社会をつくる**
若者の貧困と学校・労働・家族
杉田真衣・谷口由希子 [編著]

⑤ **支える・つながる**
地域・自治体・国の役割と社会保障
山野良一・湯澤直美 [編著]

〈価格は本体価格です〉

幼児教育・保育の国際比較

質の高い幼児教育・保育に向けて

OECD国際幼児教育・保育従事者調査2018報告書

国立教育政策研究所 編

■A4判変型／並製／400頁　◎3600円

幼稚園、保育所、認定こども園の保育者及び園長・所長を対象にしたOECD国際調査の結果を基に、勤務環境、園での実践、研修、管理運営等に焦点を当て、質の高い幼児教育・保育の実現にむけて、日本にとって特に示唆のある内容・データを中心に整理・分析する。

●内容構成●

第1章　OECD国際幼児教育・保育従事者調査2018の概要と政策への示唆
第2章　子供、保育者、保護者間のやりとり
第3章　園長、保育者の勤務環境とその支援
第4章　園の環境と構造の質
第5章　ガバナンス、資金調達と幼児教育・保育の質
付録1　各国の幼児教育・保育の概要
付録2　付表
資料　質問紙

遊びの中で試行錯誤する子どもと保育者

子どもの「考える力」を育む保育実践

岩立京子・河邉貴子・中野圭祐 監修
東京学芸大学附属幼稚園小金井園舎 編著

■B5判／並製／168頁　◎2200円

保育実践を通して見えてきた子どもの遊びのエピソードを丁寧に読み解き、そこから浮き彫りになった遊びにおける試行錯誤の様相をまとめ、「遊び」の中で「学ぶ」とはどういうことかを明らかにする。新幼稚園教育要領の方向性に重なる時機を得た内容。

●内容構成●

序章　遊びの中で学ぶということ
1章　子どもの試行錯誤を4つの様相から捉える
2章　遊びの中で試行錯誤する子どもたち
　　──「扱う」「試す」「工夫する」「挑戦する」
3章　試行錯誤を支える保育実践
保育者の試行錯誤──おわりにかえて

〈価格は本体価格です〉

「保育プロセスの質」評価スケール

乳幼児期の「ともに考え、深めつづけること」と「情緒的な安定・安心」を捉えるために

イラム・シラージ、デニス・キングストン、エドワード・メルウィッシュ 著
秋田喜代美、淀川裕美 訳

B5判／並製 ◎2300円

本書は、英国における保育の質と子どもの発達に関する縦断研究を踏まえて開発された、保育プロセスの質評価のための尺度である。日々の保育者と子どもたちとのやりとりを、質的に、きめ細やかに捉えようとする内容であり、保育の現場で活用できるよう工夫されている。

■━━━ 内容構成 ━━━■

【サブスケール1】信頼、自信、自立の構築——自己制御と社会的発達／子どもの選択と自立した遊びの支援／小グループ・個別のかかわり

【サブスケール2】社会的、情緒的な安定・安心——社会情緒的な安定・安心／保育者の位置取り

【サブスケール3】言葉・コミュニケーションを支え、広げる——子どもと同士の会話を支えること／子どもの声を聴くこと／子どもが他者の言葉を聴くことを支えること／保育者が子どもの声を聴くことを支えること／迅速で適切な応答

【サブスケール4】学びと批判的思考を支える——好奇心と問題解決の支援／お話、本、歌、言葉遊びを通した「ともに考え、深めつづけること」／調べること／概念発達と高次の思考の支援

【サブスケール5】学び・言葉の発達を評価する——学びと批判的思考を支え、広げるための評価の活用／「ともに考え、深めつづけること」の探究を通した評価

【解説】——代表的な保育の質評価スケールの紹介と整理（淀川裕美・秋田喜代美）／保育の質的尺度ECERS-Rとの関係および日本での「保育環境評価スケール」実践からの示唆（埋橋玲子）／日本の保育実践の質のさらなる向上への示唆（秋田喜代美）

育み支え合う保育リーダーシップ

協働的な学びを生み出すために

イラム・シラージ、エレーヌ・ハレット 著
秋田喜代美 監ання修・解説
鈴木正敏、淀川裕美、佐川早季子 訳

B5判／並製 ◎2400円

保育の質の向上に重要な意味をもつリーダーシップとは何なのか。実証的なエビデンスに基づく本書では、とくに分散・共有型のリーダーシップに注目。これを園で実行していくための実践のあり方を紹介する。巻末に日本の現場に合った活用法を考える座談会を収録。

■━━━ 内容構成 ━━━■

パート1 保育におけるリーダーシップ

イントロダクション／第1章 保育におけるリーダーシップ——保育の文脈／第2章 保育におけるリーダーシップ——研究から見えるもの

パート2 保育における効果的なリーダーシップ

イントロダクション／第3章 方向づけのリーダーシップ——共通のビジョンをつくり上げること／第4章 方向づけのリーダーシップ——効果的なコミュニケーション／第5章 協働的なリーダーシップ——チーム文化の活性化／第6章 協働的なリーダーシップ——保護者の協働を促す／第7章 エンパワメントするリーダーシップ——主体性を引き出す／第8章 エンパワメントするリーダーシップ——変化の過程／第9章 教育のリーダーシップ——学びをリードする／第10章 教育のリーダーシップ——省察的な学びをリードする

パート3 省察的リーダーシップ

イントロダクション／第11章 リーダーシップの物語／文献／座談会 日本の保育現場で本書の知見をどう活かすか（安達譲×佐々木美緒子×丸山智子）／解説 日本の保育界に本書がもたらす可能性（秋田喜代美）

《価格は本体価格です》

「体を動かす遊びのための環境の質」評価スケール

保育における乳幼児の運動発達を支えるために

キャロル・アーチャー、イラム・シラージ 著
秋田喜代美 監訳・解説
淀川裕美、辻谷真知子、宮本雄太 訳

B5判／並製 ◎2300円

本書は、これまでの認知的発達、社会情動的発達のための保育環境スケールではカバーできなかった、運動による身体発達面のスケールとして開発された。また、これら三領域を関連づけて、子どもの発達全体を包括的に捉えることができるように工夫されている。

■ 内容構成 ■

【サブスケール1】身体の発達のためのカリキュラム、環境、道具や遊具
活動を促すための環境空間を作ること／可動式・固定式の設備・備品を含む道具や遊具を提供すること／粗大運動スキル／微細運動スキル

【サブスケール2】身体の発達のためのペダゴジー
子どもたちの運動にかかわること／屋外・屋内での子どもたちの身体の発達を観察し評価すること／屋内・屋外における身体の発達のために計画すること

【サブスケール3】身体活動と批判的思考を支えること
子どもたちの動きに関する語彙を支え、広げること／身体活動を通してコミュニケーションをとり、相互にかかわることで、「ともに考え、深めつづけること」を支えること／屋内・屋外で子どもたちの好奇心や問題解決の力を支えること

【サブスケール4】保護者と保育者
子どもたちの発達と彼らの学び、発達・健康にはぐくまれるものについて保育者が家庭に伝えること

【座談会】日本の保育現場で本書の知見をどう活かすか
（安家周一×楠田ゆかり×松嵜洋子）

【解説】体を動かす遊びのための環境」の社会文化的文脈（秋田喜代美）

エピソードで学ぶ 子どもの発達と保護者支援

発達障害・家族システム・障害受容から考える

玉井邦夫 著

四六判／並製／240頁 ◎1600円

保育士に求められる保護者支援で大切にしたいことは何なのか。発達障害や虐待といった、子どもと家族を取り巻くさまざまな要因の中で、子育てに関する課題意識を保護者と共有し上手に役割分担していくためのヒントを、豊富なエピソードを交えてわかりやすく描く。

● 内容構成 ●

第1章 子どもを支えること 保護者を支えること

第2章 ひとまとまりの生き物としての家族

第3章 発達障害をどうとらえるか

第4章 家族の発達が歪むということ

第5章 子どもの障害を受け容れていく
──障害受容の重要性と支援

第6章 子どもとの関わりのモデルになる

第7章 機関連携の中での保護者支援

《価格は本体価格です》

3000万語の格差

赤ちゃんの脳をつくる、親と保育者の話しかけ

ダナ・サスキンド 著
掛札逸美 訳　高山静子 解説

■A5判／並製／272頁　◎1800円

算数や国語の学力、粘り強さ、思いやり……、生まれた瞬間から最初の数年間に、親や保育者が子どもとどれだけ「話したか」ですべてが決まる。日本の子育て、保育が抱える課題とその解決策を、科学的な裏づけと著者自身の具体的な実践から示した書。

● 内容構成 ●

第1章　つながり：小児人工内耳外科医が社会科学者になったわけ
第2章　ハートとリズリー：保護者の話し言葉をめぐる先駆者
第3章　脳の可塑性：脳科学革命の波に乗る
第4章　保護者が話す言葉、そのパワー：言葉から始めて、人生全体の見通しへ
第5章　3つのT：脳が十分に発達するための基礎を用意する
第6章　社会に及ぼす影響：脳の可塑性の科学は私たちをどこへ導くのか
第7章　「3000万語」を伝え、広げていく：次のステップ
エピローグ　岸に立つ傍観者であることをやめる
解説　子どもの言葉を育む環境づくり［高山静子］
訳者あとがき［掛札逸美］

社会情動的スキル

学びに向かう力

経済協力開発機構（OECD）編著
ベネッセ教育総合研究所　企画・制作
無藤隆、秋田喜代美 監訳
荒牧美佐子、都村聞人、木村治生、
高岡純子、真田美恵子、持田聖子 訳

■A5判／上製／224頁　◎3600円

現代の社会において成功した人生を歩むためには、バランスのとれた認知的スキルと社会情動的スキルが鍵となる。本書は、人生の成功に結びつく社会情動的スキル（あるいは非認知的スキル）を特定し、そうしたスキルを育成するための方策を整理する。

● 内容構成 ●

第1章　今日の世界における教育とスキルの役割
第2章　学習環境、スキル、社会進歩：概念上のフレームワーク
第3章　人生の成功を助けるスキル
第4章　スキル形成を促進する学習環境
第5章　社会情動的スキルを強化する政策、実践、評価
付録5A　社会情動的スキルの育成に向けた取り組み：教育制度の目標とスキルフレームワーク（国/地域別）
第6章　社会情動的スキルを育む方法

〈価格は本体価格です〉